Sozioökonomische Forschungen Band 28

Herausgeber:
Prof. Dr. Ernst Dürr, Nürnberg
Prof. Dr. Egon Tuchtfeldt, Bern

Dr. Daniel Wachter

Bodenmarktpolitik

Verlag Paul Haupt Bern · Stuttgart · Wien

Die Deutsche Bibliothek – CIP-Einheitsaufnahme

Wachter, Daniel:
Bodenmarktpolitik / Daniel Wachter
Bern ; Stuttgart ; Wien : Haupt, 1993
(Sozioökonomische Forschungen ; Bd. 28)
ISBN 3-258-04850-9
NE: GT

Inhaltsverzeichnis

TEIL 2: ZIELE UND MASSNAHMEN DER BODENPOLITIK

Abbildungs- und Tabellenverzeichnis

Abbildungen

Tabellen

Vorwort

Die Idee zu diesem Buch entstand während eines Forschungsaufenthaltes in den Vereinigten Staaten. Durch meine Forschungsarbeit zu den Zusammenhängen zwischen Grundbesitzstrukturen und Bodendegradation in Entwicklungsländern kam ich mit der in den Vereinigten Staaten fest etablierten ökonomischen Teildisziplin "land economics" in engen Kontakt. Die wirtschaftswissenschaftliche Auseinandersetzung mit Bodenfragen ist dort fest institutionalisiert. Hierzulande besteht dagegen eine grosse Aufsplitterung in z.B. Agrar-, Stadt-, Umwelt- oder Regionalwirtschaft, wobei immer auch bodenökonomische Fragen unter den jeweiligen Blickwinkeln thematisiert werden. Die explizite Auseinandersetzung mit dem Bodenmarkt in seiner Gesamtheit und unter Berücksichtigung der Multifunktionalität des Bodens fristet aber ein Randdasein, fällt sozusagen "zwischen Stuhl und Bank". Es erstaunt deshalb auch nicht, dass in der schweizerischen Fachliteratur bisher eine allgemeine Einführung in die Bodenökonomie, d.h. ohne Beschränkung auf Teilgebiete, wie z.B. den landwirtschaftlichen Bodenmarkt oder den Baulandmarkt, fehlt, während es in den Vereinigten Staaten mehrere einführende Bücher über "land economics" gibt. Ich hoffe, dass es mir gelungen ist, mit diesem Buch eine zufriedenstellende allgemeine Einführung in Bodenökonomie und Bodenmarktpolitik mit besonderer Berücksichtigung des schweizerischen Problemhintergrundes vorzulegen, und damit auch eine gewisse Marktlücke zu füllen.

Verschiedenen Personen gilt es zu danken, die in der einen oder anderen Weise zur Entstehung dieses Buches beigetragen haben. Neben Daniela Diener-Roth und Hans Elsasser danke ich Heidi Meyer für die kritische Durchsicht unterschiedlicher Manuskriptfassungen. Ferner danke ich Martin Steinmann für die Hilfeleistung bei der graphischen Vereinheitlichung der Graphiken sowie Nicole North für die Fertigstellung der Druckvorlage zuhanden des Verlages. Last but not least möchte ich jenen Studierenden der Universität Zürich danken, die in der Vorlesung zum Thema dieses Buches aktiv teilnahmen. Sie brachten mich mit scheinbar "dummen Fragen" so manches Mal ins Schleudern und zwangen mich zu erneutem gründlichem Nachdenken; ihr Beitrag zu diesem Buch ist nicht unwesentlich.

Daniel Wachter   *Zürich, im Mai 1993*

1. EINLEITUNG

Mit dem vorliegenden Buch "Bodenmarktpolitik" wird ein breiter Personenkreis mit Vorkenntnissen in Nationalökonomie - z.B. Ökonomen, Geographen, Planer, Politiker - angesprochen, die an einer ganzheitlichen Sicht der Bodenmarktproblematik interessiert sind und vertiefte Einsichten in das Wesen, die Funktionsweise und die Funktionsmängel des Bodenmarktes sowie in Sinn, Zweck und Ziele der Bodenmarktpolitik gewinnen möchten. Das Buch, dessen Autor sich seit längerem mit Fragen des Bodenmarktes beschäftigt, wobei sozio- bzw. umweltökonomische Aspekte des Landschafts- und Bodenschutzes den Schwerpunkt bildeten (WACHTER 1990 und 1992), entstand aus Unterlagen zu einer entsprechenden Vorlesung, die er am Geographischen Institut der Universität Zürich für Studierende der Wirtschaftsgeographie und der Ökonomie in periodischen Abständen hält. Die einleitenden Bemerkungen in diesem ersten Kapitel nehmen deshalb schwergewichtig auf diese beiden Fachgebiete Bezug, was aber nicht heissen soll, dass mit diesem Buch ausschliesslich Ökonomen und Wirtschaftsgeographen angesprochen werden sollen.

Der Titel der vorliegenden Publikation lautet "Bodenmarktpolitik" - anstelle von beispielsweise "Bodenpolitik"[1] - , um anzudeuten, dass die Konkurrenz verschiedener Bodennutzungsarten um den knappen Boden, die Mechanismen, die diese steuern, und Möglichkeiten der politischen Einflussnahme im Vordergrund stehen, und nicht etwa juristisch-planungsrechtliche oder naturwissenschaftlich-bodenkundliche Probleme.

Die *wirtschaftswissenschaftliche* Beschäftigung mit Bodenfragen fristet heute eher ein Randdasein, während in früheren Zeiten die Bodenthematik von erstrangiger Bedeutung war. In der Wirtschaftstheorie der *Physiokratie* stand der Boden gar im Zentrum. Dieser Begriff, der "Herrschaft der Natur" bedeutet, bezeichnet die Lehrmeinungen einer Gruppe französischer Ökonomen und Staatsphilosophen in der zweiten Hälfte des 18. Jahrhunderts; Begründer war François QUESNAY (1694 - 1774), der Leibarzt des Königs Ludwig XV. von Frankreich. Die Physiokratie war im ersten Ansatz eine rein agrarische Bewegung und gilt heute als Vorgängerin des Liberalismus. Wurde die Landwirtschaft noch zur Zeit des Merkantilismus verschmäht, geringgeschätzt und in Form von Zehntenabgaben stark belastet, so galt sie später bei den Physiokraten als ehrenwert und unentbehrlich (RIEDER / HUBER 1992, 4). Die Physiokraten gingen von der Annahme aus, dass nur in der landwirtschaftlichen Produktion ein Reinertrag ("pro-

---

[1] Dennoch wird im Text zuweilen stellvertretend und gleichbedeutend der weniger präzise, aber gebräuchlichere Begriff "Bodenpolitik" verwendet.

duit net") erzeugt werden könne. Die Bewertung der Landwirtschaft als "classe productive" stand im Gegensatz zur als "steril" erachteten gewerblichen Wirtschaft ("la classe stérile"), die den Wert der von ihr produzierten Güter nur um den Betrag der von ihr aufgewendeten Kapital- und Lohnkosten erhöhe, wohingegen die landwirtschaftliche Produktion das eingesetzte Saatgut um ein Vielfaches vermehre (BLAICH 1984, 40-41). Diese Wirtschaftstheorie entsprach dem zeitgenössischen Stand der wirtschaftlichen Entwicklung. Sie fiel in eine Zeit, in der die Landwirtschaft noch eine bedeutendere Stellung innehatte und die Wirtschaft somit wesentlich bodenabhängiger war, während die gewerbliche Wirtschaft nach wie vor durch den einer Zunft angehörenden Handwerksmeister beherrscht wurde, der, mit bescheidenem Produktionskapital ausgestattet, kaum mehr als seinen Lebensunterhalt erwirtschaftete.

Bis in die Gegenwart ist allerdings die wirtschaftliche Bedeutung der Landwirtschaft stark gesunken, und der Bodenbesitz als gesellschaftlicher Machtfaktor hat seine überragende Bedeutung gegenüber dem Kapitalbesitz verloren. Die Bodenthematik hat deshalb in der Nationalökonomie auch an Bedeutung verloren. Heute ist nicht einmal mehr klar, ob der Boden - neben Arbeit, Kapital und technischem Wissen - als eigenständiger Produktionsfaktor zu betrachten sei. Die klassische Ökonomie sah im Boden noch einen eigenständigen Produktionsfaktor. Man sah in ihm insofern etwas Besonderes, als er als unvermehrbar und fix im Angebot betrachtet wurde, während die übrigen Produktionsfaktoren als angebotselastisch erachtet wurden.

Mit dem Niedergang der agrarischen und feudalen Wirtschaft und der zunehmenden Industrialisierung ab der Mitte des letzten Jahrhunderts erlebte die Technik einen rasanten Aufschwung, in die grösste Hoffnungen gesetzt wurden. Gleichzeitig erreichte die Auswanderung in Überseekolonien neue Höhepunkte, d.h. dass neue, riesige Ländereien unter den Pflug genommen wurden. Boden wurde in der Folge nicht mehr als absolut fix im Angebot und die landwirtschaftliche Produktion zunehmend mehr in Abhängigkeit der technischen Inputs als der Bodenmenge gesehen. Zudem wurde der Boden zunehmend zu einem normalen, am Markt gehandelten Gut. Diese Entwicklung führte dazu, dass der Boden nur noch als spezielle Kapitalkomponente wahrgenommen wurde (RANDALL / CASTLE 1985, 572-573). In der amerikanischen nationalökonomischen Literatur des 20. Jahrhunderts wird der Boden gänzlich dem Kapital zugeschlagen. Dies ist ein Hinweis dafür, dass in der kapitalistischen Marktwirtschaft der Boden zu einem handelbaren Marktgut geworden und völlig durchkapitalisiert ist (ZIERCKE 1980, 549; DALY / COBB 1989, 97-117).

2

In jüngerer Zeit ist allerdings ein erneutes Interesse am Boden festzustellen, und zwar im Gefolge der sich akzentuierenden Umweltproblematik. Denn der Boden ist nicht nur ein Produktionsfaktor, sondern auch ein Naturgut, und boden- und landschaftsbezogene Umweltgüter wurden in den letzten Jahrzehnten so stark zerstört und beeinträchtigt, dass sich starke gesellschaftliche Kräfte dagegen auflehnen. Als Folge ist auch das Interesse an den bodenmarktlichen Mechanismen gestiegen, die dafür verantwortlich zu machen sind (HOLZHEU 1980, 48; MAYUMI 1991).

In der *Wirtschaftsgeographie* ist eine vergleichbare Entwicklung zu konstatieren. Diesbezüglich ist an die historische Entwicklung und den Paradigmenwandel in diesem Fachgebiet zu erinnnern. In der Wirtschaftsgeographie können *zwei Hauptkonzeptionen* unterschieden werden, die vorab stark davon abhängen, ob man die Wirtschaftsgeographie als Teilbereich der allgemeinen Geographie oder als eigenständige Disziplin betrachtet (vgl. Abb. 1-1): der "lebensräumliche Ansatz" und der "raumwirtschaftliche Ansatz". Im *ersten Fall* beschäftigt sich die Wirtschaftsgeographie mit dem *Lebensraum* oder der *Landschaft*, die z.B. im Leitbild Geographie Schweiz von 1987 als Forschungsgegenstand der Geographie bezeichnet werden (vgl. LEIMGRUBER / AERNI 1988): Die Geographie untersucht "den Erdraum (die Landschaft) im Hinblick auf seine Differenzierung, Organisation, Umwandlung. ... Damit wird der Landschaftsbegriff der klassischen Geographie mit einer modernen (human)ökologischen Perspektive verbunden. ... Dabei untersucht sie die Folgen menschlicher Handlungen für die Landschaft und deren Rückwirkungen auf menschliche Tätigkeiten. Damit erarbeitet sie Grundlagen zur Beurteilung der künftigen Entwicklung, der Erhaltung oder der Regenerierung eines vielfältig genutzten Lebensraumes." Die *Wirtschafts*geographie legt nach dieser Konzeption spezielles Gewicht auf die Wechselwirkungen zwischen Landschaft bzw. Lebensraum und *wirtschaftlichen* Aktivitäten. Die Ökonomie ist also nur die Blickrichtung; es handelt sich tendenziell um einen interdisziplinären Ansatz, bei dem auch naturwissenschaftliche Sachverhalte zu berücksichtigen sind.

Der *zweite Ansatz* ist durch eine starke Anlehnung an die *Nationalökonomie* geprägt und entstand aus dem Umstand, dass in der traditionellen Nationalökonomie mit raum- und distanzlosen Theorien gearbeitet wird. Die Wirtschaftsgeographie versucht nach dieser Konzeption, die Dimension Raum in die nationalökonomischen Modelle einzubringen. Es besteht eine starke Verknüpfung zur ökonomischen Teildisziplin "Regionalökonomie", die dieselbe Zielsetzung hat. Im Rahmen dieses heute dominierenden *raumwirtschaftlichen Ansatzes* stehen nach BARTELS (1982, 44) Untersuchungen über wirtschaftliche Standortpotentiale, Standortentscheidungen (z.B. von Unternehmungen, staatlichen Behörden), Standortwirkungen, die wirtschaftliche Entwicklung von Regionen und Regionensystemen, sowie Raumwirtschafts- bzw. Regionalpolitik im Vordergrund.

Abb. 1-1: WIRTSCHAFTSGEOGRAPHIE
Wirtschaft: Forschungsobjekt oder Forschungsperspektive?

Ansatz	Forschungsobjekt	Forschungsperspektive
LEBENSRÄUMLICHER ANSATZ	Lebensraum, Landschaft	- Beeinflussung des Lebensraumes durch wirtschaftliche Aktivitäten - Einflüsse von Natur und Umwelt auf wirtschaftliche Aktivitäten

Bsp.: *"Wirtschaftsgeographie unterscheidet sich von der Geographie nicht im Objekt - der Landschaft -, sondern in der besonderen Blickrichtung oder im Betrachtungssystem. Der Mensch, homo oeconomicus, ist der zentrale Punkt, auf den wir alle beobachteten Tatsachen beziehen"* (BOESCH 1966, 11-12)

RAUMWIRTSCHAFT-LICHER ANSATZ	Wirtschaft	räumliche Aspekte, räumliche Organisation

Bsp.: *"Wirtschaftsgeographie ist die Wissenschaft von der räumlichen Ordnung und der räumlichen Organisation der Wirtschaft"* (SCHÄTZL 1978, 17-18).

Quelle: eigene Darstellung

Diese beiden Hauptansätze der Wirtschaftsgeographie sind nicht durch ein problemloses Zusammenleben gekennzeichnet, vielmehr bestanden und bestehen beträchtliche Spannungen. Der zweite, jüngere raumwirtschaftliche Ansatz kann auch als Gegenreaktion auf die erste, ältere lebensräumliche Konzeption verstanden werden. Diese war lange durch die Mängel der "Landschaftskunde" oder "Landschaftsgeographie" geprägt (vgl. HARD 1973, 156f.; SCHÄTZL 1978, 9f.), d.h. u.a. durch Naturdeterminismus, ein Vorherrschen physischgeographisch-geomorphologischer Forschungsrichtungen und eine Vernachlässigung wissenschaftstheoretischer und forschungsmethodologischer Erkenntnisse.

In der jüngeren Vergangenheit ist allerdings eine *erneute Aufwertung des lebensräumlichen Ansatzes* festzustellen, wobei man sich um eine *zeitgemässe* Reaktivierung dieses Ansatzes in der wirtschaftsgeographischen Forschung bemüht, d.h. dass die Fehler der alten Landschaftsgeographie, die sich häufig mit belanglosen Landschafts- oder Lebensraumaspekten beschäftigte, nicht wiederholt werden sollen (BOESCH 1989). Dies bedeutet, dass Probleme des Lebensraumes im Zentrum stehen sollten, d.h. dass die

4

normative Ebene einbezogen werden muss. Sodann geht es auch darum, Beiträge zur Lösung von Problemen zu leisten. Die Wiederaufwertung des lebensräumlichen Ansatzes in der Wirtschaftsgeographie hat ihren Grund insbesondere im *Problemdruck im Zusammenhang mit der Raumknappheit und der Umweltbeanspruchung aufgrund der sozioökonomischen Entwicklung,* welchen der BUNDESRAT (1987, 45) in seinem Raumplanungsbericht von 1987 klar aufzeigte: "Der Lebensraum in der Schweiz hat sich in den letzten 30 Jahren stärker und schneller verändert als in der gesamten Siedlungsgeschichte zuvor. Damit sind erfreuliche wirtschaftliche und gesellschaftliche Fortschritte verbunden. Auch die räumliche Entwicklung zeigt viele positive Seiten: Unser Land ist infrastrukturell hervorragend erschlossen, ... die Bevölkerung verfügt über gut erreichbare Einkaufsmöglichkeiten mit einem vielfältigen Angebot, und zur Erholung stehen attraktive Landschaften, Gewässer und Berge zur Verfügung. Dennoch darf die Kehrseite der Entwicklung nicht übersehen werden. Mit dem Fortschritt traten auch Probleme und Verluste fortschreitend auf: Verluste an Kulturland und an naturnahen Landschaften, an Tier- und Pflanzenarten, an Qualität von Luft, Wasser und Boden, an Wohnlichkeit von Siedlungsräumen und an Vielfalt der traditionellen Kulturlandschaft."

Die vorliegende Publikation "Bodenmarktpolitik" ist einerseits als Beitrag zur wieder intensiver geführten Bodendebatte in der Nationalökonomie, andererseits als Beitrag im Rahmen des wieder aktueller werdenden lebensräumlichen Ansatzes in der Wirtschaftsgeographie zu sehen, wird doch unser Lebensraum massgeblich durch die Wirkungsmechanismen auf dem Bodenmarkt geprägt. Besonderes Gewicht wird dabei einer ganzheitlichen Auseinandersetzung mit der Bodenmarktthematik beigemessen, d.h. dass nicht nur beispielsweise Fragen des Baulandmarktes diskutiert werden sollen, sondern ausgehend von der *Multifunktionalität des Bodens* eine umfassende Abhandlung bodenmarktlich relevanter Probleme angestrebt wird.

In Kontrast zum im historischen Ablauf wandelnden Interesse der akademischen Debatte an Bodenfragen steht die bodenpolitische Praxis, die seit Jahrzehnten eine stetig zunehmende bodenrechtliche Regelungsdichte herbeigeführt hat. Diese Entwicklung stösst zunehmend auf Widerstand. Im Zusammenhang mit den weltweiten *Deregulierungs-, Liberalisierungs- und Privatisierungsbestrebungen* (SCHWARZ 1988, WITTMANN 1992) wird in der Schweiz auch zunehmend eine Lockerung der Eingriffe in den Bodenmarkt verlangt, um den Marktkräften vermehrt zum Durchbruch zu verhelfen (NZZ 12./13.12.1992). Es besteht heute die Gefahr, dass - wenngleich viele sinnvolle Deregulierungsmöglichkeiten bestehen - das "Kind mit dem Bade ausgeschüttet" wird.

Vor diesem Hintergrund lässt sich die *Zielsetzung des vorliegenden Buches* konkretisieren. Angesichts des erneut gestiegenen Interesses an Bodenmarktfragen und des gleichzeitig sich abzeichnenden bodenpolitischen Umbruchs soll einerseits eine Reihe bodenökonomischer Grundlagen aufbereitet werden. Dabei geht es insbesondere um die Erörterung verschiedener Marktunvollkommenheiten und -versagen des Bodenmarktes. Auf der Grundlage dieser Erörterungen werden anschliessend wichtige bodenpolitische Massnahmen vorgestellt, diskutiert und einer Kritik unterzogen. Insgesamt soll somit die vorliegende Publikation dem Leser ein bodenökonomisches und -politisches Grundwissen und einen entsprechenden Argumentenkatalog für die bodenpolitische Diskussion liefern, ohne dass sie allerdings pfannenfertige Lösungen für konkrete Bodenmarktprobleme offerieren kann und will. Die Kapitel bilden übrigens relativ abgeschlossene Einheiten, die u.U. auch isoliert betrachtet werden können. Auch sollte es für Leser, die an den eher abstrakten bodenökonomischen Grundlagen weniger interessiert sind, möglich sein, die Lektüre erst im konkreteren bodenpolitischen Teil zu beginnen und nur bei Bedarf gewisse bodenökonomische Grundlagen in den vorangehenden Kapiteln nachzuschlagen.

Der Aufbau gestaltet sich wie folgt. Wie bereits angetönt gliedert sich die Arbeit in zwei Teile, wobei im ersten bodenökonomische Grundlagen und im zweiten Ziele und Massnahmen der Bodenmarktpolitik diskutiert werden. In Kapitel 2, dem ersten Kapitel des bodenökonomischen Grundlagenteils, wird auf das Wesen der Grundrente und insbesondere verschiedene Konzeptionen derselben eingegangen. In Kapitel 3 wird die Bedeutung der Grundrente erörtert, namentlich für die Bodenpreisbildung, hinsichtlich der Wirkungen auf die Landnutzung und die Beeinflussung von Investitionsentscheiden. In Kapitel 4 wird die Funktionsfähigkeit des Bodenmarktes untersucht, indem eine Reihe immer wieder genannter tatsächlicher oder angeblicher Funktionsmängel des Bodenmarktes erörtert werden. Dabei sind *Allokations-* und *Verteilungsprobleme* zu unterscheiden.

Allokation bedeutet die Zuweisung von Gütern oder Produktionsfaktoren auf unterschiedliche Verwendungszwecke. Wegen der Knappheit der Ressourcen ist eine *optimale* Allokation von grosser Bedeutung, wobei damit diejenige Zuweisung der Produktionsfaktoren auf die verschiedenen Verwendungszwecke gemeint ist, die das höchste wirtschaftliche Ergebnis zu erzeugen vermag. Wenn ein Produktionsfaktor für verschiedene Zwecke verwendet werden kann, die eine unterschiedliche Rentabilität aufweisen, sollte er vermehrt zu den Tätigkeiten mit höherer Rentabilität fliessen. Der Markt kann eine optimale Allokation zustande bringen, wenn verschiedene Rahmenbedingungen, wie z.B. vollkommene Konkurrenz oder vollständige

Information (siehe dazu Abschnitt 4.1.), gegeben sind. Sind diese Bedingungen nicht gegeben, ist mit suboptimalen Marktergebnissen zu rechnen. Eine Reihe immer wieder vorgebrachter allokativer Funktionsmängel wird in Abschnitt 4.2. erörtert.

Die effiziente Allokation von Produktionsfaktoren auf unterschiedliche Verwendungszwecke bezieht sich wie erwähnt auf die Erreichung eines maximalen Produktionsergebnisses, die Erzeugung des grösstmöglichen "Kuchens". Dabei ist der Markt blind für Fragen der Verteilungsgerechtigkeit (MISHAN 1982, 167ff.). Der Begriff der *Verteilung* (Distribution) bezieht sich in der Regel auf die Einkommens-, teilweise auch auf die Vermögensverteilung in der Gesellschaft und besitzt seine Brisanz wegen der stets gegenwärtigen Frage der Verteilungsgerechtigkeit. Zwischen Allokation und Verteilung kommt es immer wieder zu Konflikten, weil in der Realität eine gesamtwirtschaftlich verbesserte Allokation meist für gewisse Bevölkerungskreise Nachteile mit sich bringt. Daher erwächst Massnahmen zugunsten einer gesamtgesellschaftlich besseren Güterallokation immer wieder Opposition, und es werden Eingriffe in bestehende Märkte zur Erreichung einer besseren Einkommensverteilung gefordert. Verteilungspolitische Probleme des Bodenmarktes sind Gegenstand von Abschnitt 4.3.

Nach der Untersuchung verschiedener allokativer und distributiver Funktionsmängel des Bodenmarktes ergibt sich die Frage nach bodenpolitischen Eingriffen zur Korrektur unerwünschter Markteffekte. In Kapitel 5, dem ersten Kapitel des zweiten Teiles, wird zunächst eine bodenpolitische Zieldiskussion vor dem schweizerischen Hintergrund geführt. Eigentliche bodenpolitische Handlungsmöglichkeiten und Massnahmen sind dann Gegenstand von Kapitel 6, in dem allokationspolitisch motivierte Massnahmen diskutiert werden, und von Kapitel 7, das der Verteilungspolitik gewidmet ist. Mit Kapitel 8 wird angesichts der teilweise konfliktreichen Ziele und Massnahmen schliesslich versucht, Elemente einer kohärenten bodenpolitischen Strategie zu skizzieren.

Teil 1

BODENÖKONOMISCHE GRUNDLAGEN

2. DIE GRUNDRENTE

In einer Marktwirtschaft kommt den Preisen als Steuerungselemente für das Marktgeschehen eine ganz zentrale Bedeutung zu. Für den Preis der Bodennutzung wird der Begriff "Grundrente" verwendet. Sie stellt das eigentliche Schlüsselelement für das Verständnis des Bodenmarktes und aktueller bodenpolitischer Probleme dar. Der bodenökonomische Teil dieses Buches soll deshalb mit einem Kapitel begonnen werden, das der Grundrente gewidmet ist.

2.1. Zum Renten- und Grundrentenbegriff

Zunächst sollen in diesem ersten Abschnitt einige semantische Anmerkungen zum Renten- und Grundrentenbegriff angeführt werden. Wer sich anschickt, den Grundrentenbegriff für sich zu klären, muss feststellen, dass es sich um einen sehr komplexen Begriff handelt. Grundsätzlich bedeutet eine *Rente* ein Einkommen, das nicht auf Arbeitsleistung beruht. Im Alltag am geläufigsten ist wohl jene Rente, die als Unterhalts- und Fürsorgeleistung vom Staat von der Sozialversicherung gezahlt wird. Sodann wird als Rente dasjenige Einkommen bezeichnet, das als Boden- oder Kapitalrente (Kapitalzins) auf Vermögen beruht. Für die vorliegende Thematik ist nur das zweite Verständnis von Bedeutung, Rente als Fürsorgeleistung wird dagegen nicht mehr weiter verfolgt.

VAHLENs Grosses Wirtschaftslexikon definiert die Rententheorie als "Theorie zur Erklärung der Entlohnung vollkommen unelastisch angebotener Produktionsfaktoren". Dieser Rentenbegriff wurde im letzten Jahrhundert geprägt. Er entstand aus der wirtschaftswissenschaftlichen Beschäftigung mit Grundbesitzfragen. "Rente" und "Grundrente" wurden häufig stellvertretend für einander verwendet. Die Klassiker der Nationalökonomie des 19. Jahrhunderts bezeichneten als Rente ein Einkommen aus einem Faktor, das bei einem vollkommen unelastischen Faktorangebot zustande kommt (siehe Abb. 2-1). Das Einkommen aus Grundbesitz erachteten sie als Rente (auch reine Rente), weil sie davon ausgingen, dass der Boden - im Gegensatz zu den meisten anderen Gütern - von Natur aus knapp und nicht durch Produktion vermehrbar sei[2].

---

[2] Die Problematik der tatsächlichen oder angeblichen Unvermehrbarkeit des Bodens wird in den Abschnitten 4.2.1. und 6.1. intensiver erörtert.

Abb. 2-1: Reine Grundrente bei starrem Angebot

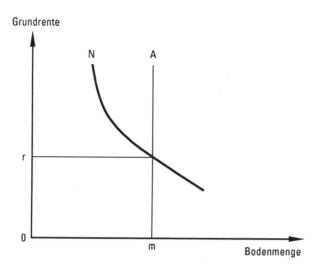

A =	Bodenangebot
N =	Bodennachfrage
r =	Grundrente
m =	Bodenmenge

Quelle: SAMUELSON / NORDHAUS (1985, 603)

Es zu beachten, dass in dieser Betrachtungsweise der Bodenbesitzer eine ausgesprochene Vorrangposition besitzt. Denn bei völlig unelastischem Angebot führt eine Nachfragezunahme (z.B. infolge einer Bevölkerungszunahme) allein zu einer Grundrentenerhöhung, nicht aber zu einer Angebotsausdehnung. Diese Betrachtungsweise ist natürlich vor dem Hintergrund der Grundbesitzverhältnisse im letzten Jahrhundert zu sehen, welche in vielen Gegenden Europas noch durch feudale Strukturen mit übermächtigen Grundbesitzern und abhängigen Pächtern gekennzeichnet waren.

Auf diese Zeit, insbesondere auf RICARDO (1817), geht auch die Idee der Grundrente als *Differentialrente* zurück. Gemäss RICARDO ist die Grundrente die Vergütung für die Benutzung der unzerstörbaren Kräfte der Natur[3]. Sie sei Differentialrente, d.h. nur die begünstigten Böden würden eine Rente abwerfen, während der Grenzboden (der schlechteste Boden), der zu einem bestimmten Zeitpunkt noch bebaut werde, rentenlos bleibe. Eine Differentialrente kann nicht nur aufgrund unterschiedlicher Bodenfruchtbarkeit entstehen, sondern auch aufgrund unterschiedlicher Lagegüte. Auf VON THÜNEN (1826) geht die Idee der Lagerente zurück,

---

[3] "Rent is that portion of the produce of the earth, which is paid to the landlord for the use of the original and indestructible powers of the soil" (RICARDO 1817, 49).

d.h. dass der marktnahe Boden gegenüber marktfernerem eine Differentialrente der Lage abwirft.

Heute wird die Grundrente nicht mehr als Rente im klassischen Sinne, also als Einkommen aus einem vollkommen unelastisch angebotenen Produktionsfaktor begriffen. Der Boden gilt aus ökonomischer Sicht nicht mehr als ein besonderes Gut, so dass die Grundrente als Preis der Bodennutzung heute ein sich aus Angebot und Nachfrage ergebender Preis wie jeder andere ist.

Nach diesen einleitenden Bemerkungen zur Semantik sollen nun in den folgenden Abschnitten einige wichtige Aspekte der Grundrententheorie näher erläutert werden. Wegen der grossen bodenökonomischen und -politischen Bedeutung wird im anschliessenden Abschnitt zuerst das Konzept der Differentialrente weiter ausgeführt. Danach wird die Idee der Grundrente als Knappheitspreis und originäres Faktoreinkommen näher erläutert. Abschliessend wird noch auf zwei weitere Sichtweisen der Grundrente hingewiesen (ungerechtfertigtes arbeitsloses Einkommen; Investitionsrendite).

2.2. Grundrente als Differentialrente und Residualeinkommen

Beim Konzept der Differentialrente ist die Grundrente als Überschuss bzw. Residualeinkommen zu betrachten, als der Teil des totalen Ertrages, der nach Abzug sämtlicher Kosten übrigbleibt (siehe dazu BARLOWE 1986, 133-145). Wir untersuchen das Residualeinkommenskonzept nachfolgend anhand der Landwirtschaft, bzw. von Landwirtschaftsbetrieben, die auf landwirtschaftlichem Boden mit variablen Produktionsfaktoren (Arbeitskräfte, Hilfsstoffe) agrarische Erzeugnisse herstellen und damit einen Gewinn (Residualeinkommen) erzielen können.

Der Sachverhalt des Residualeinkommens ist in Abb. 2-2 dargestellt. Auf der Abszisse ist die Ausbringungsmenge des Produktes (z.B. Weizen) abgetragen. Bei den Kurven handelt es sich einerseits um die Grenzkostenkurve (*GK*), andererseits um die Durchschnittskostenkurve (*DK*) der Weizenproduktion[4]. In Abb. 2-2 wird davon ausgegangen, dass der einzel-

---

[4] Herleitung aus der Kostenfunktion im Rahmen der Theorie der Unternehmung (siehe dazu SAMUELSON / NORDHAUS 1985, 461-474). Die *Kostenfunktion* gibt an, wie sich die Produktionskosten (*K*) in Abhängigkeit der Produktionsmenge (*y*) verändern. Dabei wird ein Kurvenverlauf mit einer zunächst abnehmenden Steigung und einer späteren Zunahme der Steigung unterstellt. Denn es wird angenommen, dass zunächst die eingesetzten variablen Produktionsfaktoren (z.B. Düngemittel) in ein günstigeres Verhältnis mit den fixen Faktoren (z.B. Landwirtschaftsland) treten, dass später aber diese Relation zunehmend schlechter wird (Gesetz des abnehmenden Grenzertrages). Die *Grenzkostenfunktion* entspricht der Ableitung der Kostenfunktion; sie gibt die marginale Kostenzunahme bei einer marginalen Veränderung der Ausbringungsmenge an (*dK / dy*). Die *Durchschnittskostenfunktion* bildet die durchschnittlichen Kosten in Abhängigkeit

ne Landwirtschaftsbetrieb gemessen am gesamten Markt unbedeutend ist und keinen Einfluss auf den Preis des Produktes hat. Der Preis ist somit für den Betrieb unabhängig von seiner Produktion immer gleich (Grenzertrag *GE* = Durchschnittsertrag *DE* = Produktepreis *p*). Es wird also ein exogen gegebener Preis *p* angenommen. Die optimale Ausbringungsmenge liegt bei der Menge, wo *GK* = *GE* ist (Punkt *F*). Die Ausbringungsmenge wird also solange ausgedehnt, als der Ertrag (*p*) höher als die Kosten jeder zusätzlichen Outputeinheit ist. Der totale Ertrag ergibt sich durch Multiplikation des Preises *p* mit der Ausbringungsmenge *EF* (Rechteck *AEFB*). Bei dieser Menge fallen aber nur Kosten im Umfang der Fläche *CEFD* an (Multiplikation der Menge *EF* mit den Durchschnittskosten *DF* pro Outputeinheit). Der Überschuss, das schattierte Rechteck *ABCD*, stellt die Grundrente dar.

Abb. 2-2: Grundrente als Residualeinkommen

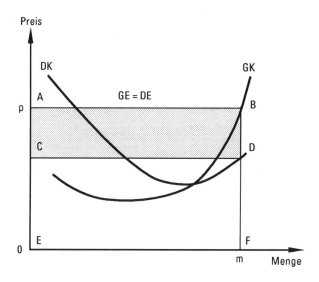

GK = Grenzkosten
DK = Durchschnittskosten
GE = Grenzertrag
DE = Durchschnittsertrag

Quelle: BARLOWE (1986, 134)

Diese Argumentations- und Darstellungsweise kann nun benützt werden, um Unterschiede der Grundrentenhöhe auf Land unterschiedlicher Qualität zu erklären (*Differentialrente* aufgrund unterschiedlicher Bodenqualität bzw. Fruchtbarkeits-, Bonitätsrente). In Abb. 2-3 ist unterstellt,

---

der Ausbringungsmenge ab (*K / y*). Die *Ausbringungsmenge* wird auf der Abszisse so lange nach rechts ausgedehnt, als der Grenzerlös (der Marktpreis des Produktes) höher als die Grenzkosten einer zusätzlich hergestellten Produkteinheit ist. Die optimale Ausbringungsmenge liegt dort, wo *GE* = *p* = *GK*.

dass drei identische Landwirtschaftsbetriebe auf Land unterschiedlicher Qualität Weizen produzieren. Es wird davon ausgegangen, dass ein einheitlicher, exogen vorgegebener Weizenpreis p herrscht.

Abb. 2-3: Differentialrente aufgrund unterschiedlicher Bodenqualität

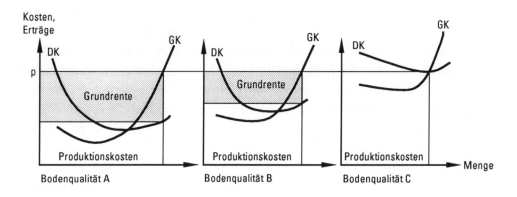

Quelle: BARLOWE (1986, 135)

Der Betrieb mit dem fruchtbarsten Land (Bodenqualität *A*) ist mit den geringsten Produktionskosten konfrontiert (tiefe Kostenkurven) und kann eine entsprechend grosse Grundrente beziehen. Der Betrieb mit dem Land mittlerer Qualität muss pro Produkteinheit mehr variable Inputs (Dünger, Schädlingsbekämpfungsmittel etc.) einsetzen und muss daher mit höheren Produktionskosten rechnen. Er erzielt auch noch einen, wenn auch geringeren Gewinn als Betrieb *A*. Beim Betrieb mit dem schlechtesten Land (Bodenqualität *C*) stellt der Absatzpreis nur mehr sicher, dass der Ertrag die Produktionskosten deckt. Es fällt keine Rente an; es handelt sich um den Grenzbetrieb[5]. Schon eine geringe Produktionskostenerhöhung oder eine Preisreduktion würden Betrieb *C* aus dem Markt werfen, während bei den anderen beiden Betrieben die Grundrente geschmälert würde.

Abb. 2-3 zeigt das eigentliche Grundproblem der schweizerischen Berglandwirtschaft im Vergleich zur Tallandwirtschaft auf. Von den im ganzen Land identischen Produktepreisen profitieren die Talbetriebe weit mehr, weil sie über günstigere natürliche Produktionsbedingungen verfügen (Topographie, Klima). Die Berglandwirtschaftsbetriebe sind in der Regel ausgeprägte Grenzbetriebe. Will man die Berglandwirtschaft erhalten, sind Massnahmen zum Ausgleich der ungünstigen Produktionsbedingungen unerlässlich (vgl. Abschnitt 6.6.3.).

---

[5] Ist der Boden so knapp, dass auch auf dem schlechtesten zur Verfügung stehenden Land eine Grundrente anfällt, so wird diese als *absolute* Rente bezeichnet (ZIERCKE 1980, 549).

15

Das Konzept der Differentialrente aufgrund unterschiedlicher Bodenqualität geht, wie bereits in Abschnitt 2.1. angetönt, auf den britischen Ökonomen David RICARDO (1817, 49-76) zurück. Ihn beschäftigten die landwirtschaftlichen Grundrenten. Seine Analyse begann mit der Annahme eines Landes mit einem Überfluss an guten und fruchtbaren Böden, von denen nur ein geringer Teil für die Ernährung der Bevölkerung gebraucht wird. Er ging davon aus, dass zunächst nur die fruchtbarsten Böden kultiviert würden und zu diesem Zeitpunkt keine Grundrenten anfielen. Renten würden erst entstehen, wenn eine Nachfrageerhöhung (z.B. infolge Bevölkerungswachstums oder Einwanderung) die Nahrungsmittelpreise ansteigen liesse und die Kultivierung von weniger ertragreichen Böden rechtfertigen würde. In RICARDOs Worten (S. 53-55): "If all land had the same properties, if it were boundless in quantity, and uniform in quality, no charge could be made for its use, unless where it possessed peculiar advantages of situation. It is only ... because land is of different qualities with respect to its productive powers, and because in the progress of population, land of inferior quality, or less advantageously situated, is called into cultivation, that rent is ever paid for the use of it. When, in the progress of society, land of the second degree of fertility is taken into cultivation, rent immediately commences on that of the first quality, and the amount of that rent will depend on the difference in the quality of these two portions of land. When land of the third quality is taken into cultivation, rent immediately commences on the second, and it is regulated as before, by the difference in their productive powers. At the same time, the rent of the first quality will rise, for that must always be above the rent of the second, by the difference between the produce which they yield with a given quantity of capital and labour. With every step in the progress of population, which shall oblige a country to have recourse to land of a worse quality, to enable it to raise its supply of food, rent, on all the more fertile land, will rise."

RICARDOs Theorie der Rentenentstehung kann mittels Abb. 2-4 illustriert werden. In diesem Beispiel werden vier Bodenfruchtbarkeitsstufen mit Erntekapazitäten von 50, 40, 30 und 25 Outputeinheiten bei einem identischen Arbeits- und Kapitaleinsatz von 100 Franken angenommen. Die Herstellung einer Produkteinheit kostet unter diesen Annahmen auf Boden der Güteklasse *A* Fr. 2.--, mit Bodenfruchtbarkeit *B* Fr. 2.50, Fr. 3.33 mit Bodenfruchtbarkeit *C* und Fr. 4.-- auf dem Boden mit der geringsten Fruchtbarkeit.

Abb. 2-4: RICARDOs Erklärung der Grundrente

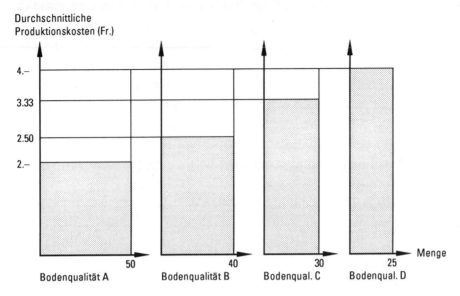

Quelle: BARLOWE (1986, 138)

Solange genügend Boden der besten Qualität zur Verfügung steht, um die gesamte Nachfrage nach Nahrungsmitteln zu befriedigen, würde der Preis des landwirtschaftlichen Erzeugnisses mit den Kosten für Arbeit und Kapital von Fr. 2.-- übereinstimmen. Es würde keine Rente anfallen, weil jeder Landwirt über gleich fruchtbaren Boden verfügt und jeder, der versuchte, den Preis zu erhöhen, von den anderen unterboten würde.

Eine veränderte Situation liegt vor, wenn Land der geringeren Qualität *B* benötigt wird, um eine gestiegene Nachfrage zu befriedigen. Der Erzeugnispreis muss auf Fr. 2.50 steigen, damit Grenzbetriebe auf *B*-Boden in den Markt eintreten. Der höhere Preis gewährt nun aber den Landwirten auf *A*-Boden eine Rente von 50 Rp. Analoges gilt für *C*- und *D*-Land. Um *C*-Land in Bearbeitung zu bringen, müsste der Erzeugnispreis auf Fr. 3.33 steigen, was einem Landwirt mit *B*-Land eine Rente von 83 Rp. und Landwirten mit *A*-Land eine Rente von Fr. 1.33 bescheren würde. Bei einem Preis von Fr. 4.-- und Kultivierung von *D*-Land erhielten die Betriebe auf den drei besseren Bodenkategorien Renten von 67 Rp., Fr. 1.50 und Fr. 2.--.

RICARDO glaubte, dass die landwirtschaftlichen Erzeugnispreise durch die Produktionskosten auf dem benötigten Boden mit der geringsten Qualität bestimmt werden. Er war der Meinung, dass die Produktpreise bei einer Ausdehnung der landwirtschaftlich genutzten Fläche, was zwangsläufig die Kultivierung von Boden geringerer Qualität voraussetze, steigen müssen[6]. Gleichzeitig aber erkannte er, dass durch die Preiserhöhung die Intensität der Bodennutzung auf den fruchtbareren Böden steigen muss (S. 56-57): "It often, and indeed commonly happens that before No. 2, 3, 4, or 5, or the inferior lands are cultivated, capital can be employed more productively on those lands which are already in cultivation. It may perhaps be found, that by doubling the original capital employed on No. 1, though the produce will not be doubled, will not be increased by 100 quarters, it may be increased by eighty-five quarters, and that this quantity exceeds what could be obtained by employing the same capital on land No. 3. In such case, capital will be preferably employed on the old land, and will equally create rent ... ."

RICARDOs These kann mit Hilfe von Abb. 2-5 graphisch noch näher erläutert werden. Wenn nur A-Böden in Gebrauch sind und der Erzeugnispreis bei Fr. 2.-- liegt, ist es für die Landwirte gewinnbringend, die Outputmenge p zu produzieren; in diesem Fall entsteht keine Rente. Wenn B-Land unter den Pflug kommt, ist es für diese Landwirte lohnend, eine Menge von j Produkteinheiten herzustellen. Der höhere Erzeugnispreis von Fr. 2.50 macht es nun aber für Produzenten auf A-Land erträglich, die höhere Menge q, d.h. intensiver zu produzieren. In gleicher Weise werden eine Ausdehnung der Landwirtschaftsfläche auf schlechtere Böden und weitere Preiserhöhungen die Nutzungsintensität weiter in Richtung s (A-Land), l (B-Land) und g (C-Land) ansteigen lassen.

Dieses Modell, nach dem Preiserhöhungen zu Nutzungsintensivierungen führen, ist durchaus relevant für das Verständnis aktueller bodenpolitischer Probleme. Denn Abb. 2-5 zeigt das Dilemma der Agrarpolitik auf, wenn sie zur Unterstützung der Landwirte die Absatzpreise künstlich erhöht (Erhöhung der Preislinie nicht wegen der Kultivierung schlechterer Böden, sondern durch staatliche Regulierung). Damit erreicht man zwar ein verbessertes Einkommen für die Landwirte, fördert aber - über die Anreize zur Intensivierung - auch Überschüsse und verschärft ökologische Probleme. Um diese Probleme zu vermeiden, wird heute mehr und mehr der Ersatz der Preisstützung durch produktionsneutrale Direktzahlungen gefordert (vgl. Abschnitt 6.6.).

---

[6] Damit ist RICARDO bezüglich der langfristigen Entwicklung der globalen Ernährungssituation im Zusammenhang mit dem Bevölkerungswachstum als Pessimist einzustufen. Im historischen Ablauf war es nun aber so, dass beispielsweise die Öffnung des amerikanischen Kontinents mehr Landfläche in Produktion brachte, deren Qualität oft besser als die bisher genutzten Böden war. Auch berücksichtigt seine Theorie den Einfluss des technischen Fortschritts auf die Quantität, die Qualität und die Preise landwirtschaftlicher Produkte nicht (ROBINSON 1989, 66-81).

Abb. 2-5: Wirkung von Preiserhöhungen und Kultivierung schlechterer Böden auf Nutzungsintensität intramarginaler Böden

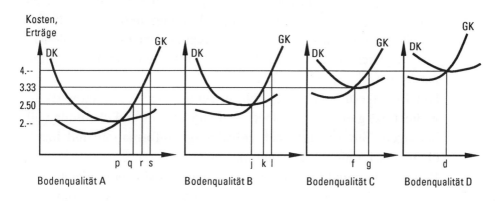

Quelle: BARLOWE (1986, 140)

Es ist nochmals hervorzuheben, dass nach RICARDO die Grundrente - gemäss der Konzeption der Grundrente als Residualeinkommen - keine Ursache für die landwirtschaftlichen Erzeugnispreise, sondern eine Preisfolge ist, da sie nur auf denjenigen Böden entsteht, deren Produktionskosten unter den durch die Produktionskosten auf dem Grenzboden bestimmten Preisen liegen (S. 62): "[R]aw produce rises in comparative value ... because more labour is employed in the production of the last portion obtained, and not because a rent is paid to the landlord. The value of corn is regulated by the quantity of labour bestowed on its production on that quality of land, or with that portion of capital, which pays no rent. Corn is not high because a rent is paid, but a rent is paid because corn is high; and it has been justly observed, that no reduction would take place in the price of corn, although landlords should forego the whole of their rent. Such a measure would only enable some farmers to live like gentlemen, but would not diminish the quantity of labour necessary to raise raw produce on the least productive land in cultivation."

Eine Differentialrente kann nicht nur aufgrund unterschiedlicher Bodenqualität entstehen, sondern auch aufgrund unterschiedlicher Lagegüte. Das Konzept der *Lagerente* geht auf Johann Heinrich VON THÜNEN, den Verfasser des 1826 erschienenen Werkes "Der isolierte Staat in Beziehung auf Landwirtschaft und Nationalökonomie", zurück. Er postulierte, dass die Grundrente bzw. die Lagerente - er nennt sie eigentlich Landrente - eines Grundstücks allein durch die Distanz zum städtischen Absatzmarkt bestimmt werde. Bei den Erörterungen zur Lagerente ging VON THÜNEN von einigen vereinfachenden Annahmen aus, welche einerseits die Land-

19

oberfläche und deren Charakteristika, andererseits die darauf lebende Bevölkerung betreffen[7]:

- Die Landoberfläche setzte er als völlig eben und in jeder Beziehung homogen voraus. Es bestehen keine Verkehrshindernisse; die Verkehrsverbindungen sind von jedem Punkt auf der Ebene in alle Richtungen gleich. Zudem sind die Transportkosten direkt proportional zur Distanz.
- Die Bevölkerung, welche sich ausschliesslich der Landwirtschaft widmet, ist gleichmässig über das Land verteilt und ebenfalls völlig homogen. Sie verfügt über vollständige Information und handelt ökonomisch rational (gewinn-, nutzenmaximierend).
- Bodenqualität und Produktionsbedingungen sind überall gleich.
- In diesem homogenen Raum, dem "isolierten Staat", befindet sich eine einzige Stadt, die den dispers verteilten landwirtschaftlichen Produktionsbetrieben als Absatzzentrum für ihre Produkte dient.

In seinen eigenen Worten drückte VON THÜNEN (1826, 15) dies wie folgt aus: "Man denke sich eine sehr grosse Stadt in der Mitte einer fruchtbaren Ebene gelegen, die von keinem schiffbaren Flusse oder Kanale durchströmt wird. Die Ebene selbst bestehe aus einem durchaus gleichen Boden, der überall der Kultur fähig ist. In grosser Entfernung von der Stadt endige sich die Ebene in eine unkultivierte Wildnis, wodurch dieser Staat von der übrigen Welt gänzlich getrennt wird. Die Ebene enthalte weiter keine Städte als die *eine* grosse Stadt, und diese muss also alle Produkte des Kunstfleisses für das Land liefern, so wie die Stadt einzig von der sie umgebenden Landfläche mit Lebensmitteln versorgt werden kann. Die Bergwerke und Salinen, welche das Bedürfnis an Metallen und Salz für den ganzen Staat liefern, denken wir uns in der Nähe dieser Zentralstadt - die wir, weil sie die einzige ist, künftig schlechthin die Stadt nennen werden - gelegen."

Er beobachtete - unter den spezifischen wirtschaftlichen und technischen Bedingungen des frühen 19. Jahrhunderts - , dass, wenn landwirtschaftliche Produkte für einen zentralen Markt auf Boden gleicher Qualität produziert werden, auf Betrieben in Marktnähe wesentlich höhere Einkünfte anfallen als auf solchen in Marktferne. In jener Zeit, als das Transportwesen durch Ochsen und Karren gekennzeichnet war, waren die Transport-

---

[7] Interessant ist, wie VON THÜNEN (1826, 11-12) in dieser Frühphase der Nationalökonomie diese analytische Vorgehensweise rechtfertigt: "Noch bitte ich die Leser, die dieser Schrift ihre Zeit und Aufmerksamkeit schenken wollen, sich durch die am Anfang gemachten, von der Wirklichkeit abweichenden Voraussetzungen nicht abschrecken zu lassen, und diese nicht für willkürlich und zwecklos zu halten. Diese Voraussetzungen sind vielmehr *notwendig*, um die Einwirkung einer bestimmten Potenz - von der wir in der Wirklichkeit nur ein unklares Bild erhalten, weil sie daselbst stets im Konflikt mit anderen gleichzeitig wirkenden Potenzen erscheint - für sich darzustellen und zum Erkennen zu bringen."

kosten sehr bedeutsam und stiegen mit zunehmender Distanz steil an, so dass der Anbau eines Produktes schon in einer Distanz von wenigen Kilometern zum Absatzort unrentabel wurde: "Wir haben angenommen, 1. dass die Zentralstadt der einzige Marktplatz für das Getreide sei; 2. dass in dem ganzen Staat kein schiffbarer Kanal sei, und alles Getreide zu Wagen nach der Stadt gebracht werden müsse. Unter diesen Umständen normiert der Getreidepreis in der Stadt für das ganze Land. Auf dem Lande kann aber der Wert des Korns nicht so hoch sein, als der Marktpreis in der Stadt ist, denn um diesen Preis zu erhalten, muss das Korn erst nach der Stadt gefahren werden, und so viel, wie dieses kostet, um so viel geringer ist der Wert des Korns auf dem Lande als in der Stadt" (S. 18). ... "Je entfernter das Gut vom Marktplatze ist, desto grösser sind die Transportkosten des Getreides, folglich umso geringer der Wert desselben auf dem Gute selbst" (S. 39).

Diese Überlegung und ihre Bedeutung für die Lagerente sind in Abb. 2-6 graphisch dargestellt. Die Produktionskosten für das Getreide sind im ganzen isolierten Staat gleich. Der Marktpreis (*p*) für das Landwirtschaftsprodukt im Zentrum (*Z*) ist gegeben. Die Differenz zu den Produktionskosten stellt den Gewinn für die Landwirte dar, der jedoch mit zunehmender Distanz zur Stadt durch Transportkosten aufgefressen wird. Je näher ein Betrieb zur Stadt gelegen ist, desto grösser ist die nach Abzug der Transportkosten verbleibende Lagerente[8]. Punkt *G* stellt den Grenzstandort dar, bei dem der Erlös gerade noch die Transport- und Produktionskosten zu decken vermag und die Lagerente auf null sinkt. Bei Punkt *Z* sinken dagegen die Transportkosten auf null und die Lagerente weist den höchsten Wert auf.

VON THÜNEN (1826, 166) beschreibt diese Zusammenhänge - es ist jetzt vom Roggen die Rede - wie folgt: "Für den Käufer hat der aus der Nähe zu Markt gebrachte Roggen ebenso vielen Wert als der aus der Ferne, und es kümmert ihn nicht, ob dieser oder jener mehr hervorzubringen gekostet habe. Was nun der Produzent aus der Nähe der Stadt für seinen Roggen mehr erhält, als was er ihm kostet, das ist für ihn reiner Gewinn. Da dieser Gewinn dauernd ist und jährlich wiederkehrt, so gibt auch der Grund und Boden seines Guts eine jährliche Rente. *Die Landrente eines*

---

[8] $R = E(p-a) - Efk$
wobei
R =   Lagerente pro Flächeneinheit
E =   Produktionsmenge pro Flächeneinheit
p =   Marktpreis pro Produkteinheit
a =   Produktionskosten pro Produkteinheit
f =   Transportrate pro Distanzeinheit
k =   Entfernung des Produktionsstandortes vom Absatzzentrum

Guts entspringt somit also aus dem Vorzug, den es vor dem durch seine Lage ... schlechtesten Gute, welches zur Befriedigung des Bedarfs noch Produkte hervorbringen muss, besitzt."

Abb. 2-6: Lagerente

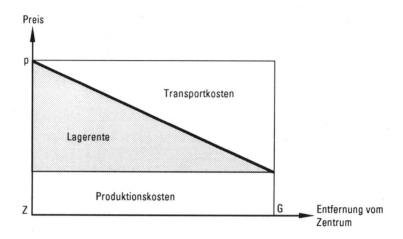

Quelle: eigene Darstellung

In Abb. 2-7 wird die Lagerente für einzelne Betriebe in unterschiedlicher Distanz zum Absatzort in analoger Weise zu Abb. 2-3 dargestellt. Im linken Diagramm ist schraffiert die Grundrente zu sehen, die auf marktnahem Boden anfällt. Bei Böden in weiterer Entfernung müssen vom Produktepreis die Transportkosten abgezogen werden, die anfallen, um die Erzeugnisse am Marktort abzuliefern. Der tiefere Nettopreis (nach Abzug der Transportkosten vom Bruttopreis) in den marktfernen Orten hat eine verkleinerte Rente zur Folge.

Der tiefere Preis bewirkt auch eine weniger intensive Produktion bzw. einen geringeren Einsatz von variablen Inputs, obwohl die marktfernen Böden ebenso produktiv sind wie die marktnahen. Die tiefere Rente an marktfernen Orten ist also sowohl dem tieferen Nettopreis per se, als auch der dadurch bewirkten geringeren Nutzungsintensität zuzuschreiben.

Abb. 2-7: Lagerente aufgrund unterschiedlicher Distanz zum Absatzmarkt

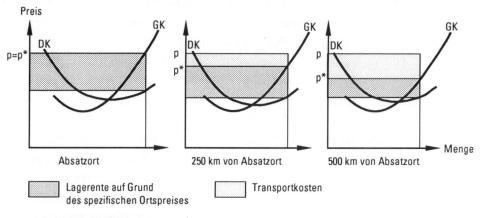

p = Marktpreis im Zentrum
p^* = Ortspreis (Marktpreis - Transportkosten)

Quelle: BARLOWE (1986, 135)

2.3. Grundrente als Knappheitspreis und originäres Faktoreinkommen

Boden ist insbesondere in hochentwickelten Volkswirtschaften und in dicht besiedelten Gebieten knapp. Unter Allokationsgesichtspunkten muss dem Faktor Boden ein Knappheitspreis zukommen. Der Preis für die Nutzung des knappen Faktors Boden ist in Abhängigkeit von Angebot und Nachfrage im allgemeinen positiv. Insoweit ist die Grundrente kein Überschuss bzw. Residualeinkommen. Aus der Sicht der Preistheorie ist die Grundrente vielmehr als originäres Faktoreinkommen zu betrachten (ZIERCKE 1980, 549). In diesem Sinn argumentierte SIEBER (1970, 13-17): "Der Nationalökonom definiert die Grundrente als den *Preis der Bodennutzung.* Bisweilen fügt er hinzu, sie sei der Preis der *reinen* Bodennutzung. Dies tut er, um anzudeuten, dass Geldbeträge, die man oft als Rentenbestandteil auffasst, in Wirklichkeit nicht Grundrente, sondern etwas anderes sind. Am besten kommt wohl die Grundrente zum Ausdruck im marktmässigen Pacht-, Miet- oder Baurechtspreis, den man dem Bodeneigentümer für ein *nicht überbautes* Areal bezahlt. ... Bei *überbautem* Areal sind die Pacht- und Mietpreise nur zu einem Teil Grundrente; der andere Teil setzt sich aus Kapitalzins, Amortisations- und Unterhaltsbeiträgen, Sachversicherungsprämien, Objektsteuern, Verwaltungskosten und anderen Bestandteilen zusammen. ... Ein wesentliches theoretisches Problem der Grundrente ist natürlich die Frage nach den Bestimmungsgründen, d.h. die Frage, welche Faktoren für die jeweilige Höhe der Rente verantwortlich sind. ... [Es ist] festzustellen, dass auch die Grundrente unmittelbar durch Angebot und Nachfrage bestimmt wird: durch das Angebot an Bodennutzung einerseits, durch die Nachfrage nach Bodennutzung anderseits."

In Abb. 2-8 ist der Sachverhalt der Grundrente als Faktorpreis graphisch dargestellt. Es ist eine Bodenangebotskurve abgebildet, die sich durch beträchtliche Starrheit bzw. geringe Elastizität auszeichnet. Die angebliche oder effektive Starrheit des Bodenangebots stellt einen zentralen Diskussionspunkt in der bodenpolitischen Debatte dar, der in Kapitel 4 ausführlicher erörtert wird. Über das Bodenangebot soll hier nur soviel gesagt sein, dass zwischen dem physischen Bodenbestand *M* - der fix gegebenen Landfläche einer Region, eines Landes - und dem Angebot im ökonomischen Sinn *(m)* zu unterscheiden ist. Letzteres ist im allgemeinen preisabhängig, d.h. bei steigender Grundrente wird das Bodenangebot zunehmen. Die Bodenangebotskurve ergibt sich allerdings nicht aus den Produktionskosten des Bodens, da dieser dem Menschen von der Natur zur Verfügung gestellt ist.

Abb. 2-8: Grundrentenbestimmung aus dem Zusammenspiel von Angebot und Nachfrage

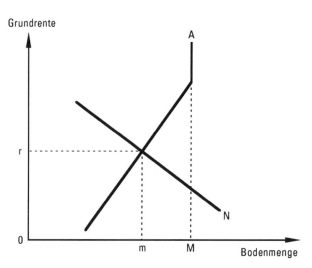

Quelle: MEIER / FURRER (1988, 41)

Die Nachfrage nach Boden wird grundsätzlich durch das Wertgrenzprodukt[9] bestimmt, das mit dem Boden erwirtschaftet werden kann. Boden

---

[9] Begriff der Preistheorie: Mengenmässige Grenzproduktivität eines Produktionsfaktors multipliziert mit dem Marktpreis des durch diesen Faktor hergestellten Gutes (SAMUELSON / NORDHAUS 1985, 511f.). Die Wertgrenzproduktüberlegung trifft auf die Nachfrage von Produzenten nach dem Produktionsfaktor Bo-

wird solange nachgefragt, als das Wertgrenzprodukt grösser als der Preis der Bodennutzung ist. Bei einem hohen Preis der Bodennutzung ist die Nachfrage nach Boden gering, da nur wenige Verwendungszwecke bzw. Wirtschaftssubjekte ein entsprechend hohes Wertgrenzprodukt erwirtschaften können. "Niederwertige" Bodennutzungen werden möglicherweise gar nicht am Markt nachfragen können. Und es wird allgemein sparsam mit dem Boden umgegangen. Dagegen ist die Nachfrage bei einem tiefen Preis gross, da nur ein geringes Wertgrenzprodukt für die Nachfrageausübung notwendig ist.

Das Wertgrenzprodukt ist allerdings nur ein Ausgangspunkt. Weitere wichtige Nachfragemomente sind beispielsweise das Bedürfnis nach Inflationsschutz ("Flucht in die Sachwerte"), Kapitalanlageüberlegungen sowie Spekulationsabsichten. Auf diese Faktoren, die von vielen Autoren als fundamentale Kritikpunkte bezüglich der Funktionsfähigkeit des Bodenmarktes angeführt werden, wird näher in Abschnitt 4.3. eingegangen.

Aufgrund der spezifischen Angebots- und Nachfragekonstellation ergibt sich der Gleichgewichtspreis der Bodennutzung. In der Schweiz mit dem geringen Bodenbestand und der bevölkerungs- und einkommensbedingt hohen Nachfrage ist ein hohes Grundrentenniveau geradezu zwingend.

Es gilt allerdings zu bedenken, dass - im Gegensatz zu homogenen Gütern wie z.B. Milch - nicht nur *ein* Gleichgewichtspreis der Bodennutzung besteht. Die Inhomogenität des Gutes Boden, auf die wir bei der Differentialrentendiskussion bereits gestossen sind und von der in Abschnitt 4.2.4. noch die Rede sein wird, sowie die unterschiedlichen Verwendungszwecke des Gutes Boden führen dazu, dass es unzählige Teilmärkte mit ganz unterschiedlichen Bodennutzungspreisen gibt. Beim Angebot und bei der Nachfrage nach Bodennutzung ist nach SIEBER (1970, 17) "nicht an Bodennutzung schlechthin zu denken; Angebot und Nachfrage muss man vielmehr auf Boden einer näher umschriebenen *Qualität* beziehen. Darunter kann man Boden einer bestimmten *Fruchtbarkeit* in bezug auf vegetabilische oder mineralische Stoffe verstehen oder Boden einer bestimmten *Lagegüte* oder solche mit der Möglichkeit eines bestimmten *Intensitätsgrades der Bewirtschaftung*. Das ist einleuchtend, denn landwirtschaftlicher Boden an einer schattigen Winterhalde lässt sich ebenso wenig mit demjenigen einer fruchtbaren Ebene gleichsetzen, wie Boden mit dem hervorragenden Standort der 'Loeb-Ecke' in Bern mit solchem an der Brunngasse oder in der Matte. Es ist somit unmittelbar immer die Grundrente eines Bodens be-

---

den zu (z.B. Nachfrage nach Industrieflächen). Für die konsumptive Nachfrage (z.B. Nachfrage nach Wohnraum) gilt sinngemäss der Grenznutzen.

stimmter Qualität durch das Angebot und die Nachfrage von Boden *dieser Qualität* bestimmt. Boden anderer Qualität ist für die Grundrente des betrachteten Bodens nur indirekt relevant, das heisst bloss insoweit, als er einen Einfluss auf dessen Angebot und Nachfrage hat."

In welchem Verhältnis stehen die beiden bisher diskutierten Grundrentenkonzeptionen - Differentialrente und Knappheitspreis? Die Sichtweise der Grundrente als Knappheitspreis hängt historisch mit der Integration der klassischen Grundrententheorie in die allgemeine Preistheorie der Grenznutzenschule und in das neoklassische Lehrgebäude[10] ab der Mitte des 19. Jahrhunderts, mit der zunehmenden Kapitalisierung des Bodens und dem Übergang von der Feudalgesellschaft zur kapitalistischen Industriegesellschaft zusammen (KALLENBERGER 1979, 35-41; DEISS u.a. 1989, 42f.). Die ökonomischen Klassiker gingen alle von der Arbeitswerttheorie aus, wonach sich der Wert und letzlich auch die Preise der Güter nach der in deren Produktion eingeflossenen Arbeit bemessen. Die Grundrente konnte deshalb nach ihrer Denkweise kein originäres Faktoreinkommen, sondern nur leistungsloses Residualeinkommen sein. Mit der Grenznutzentheorie der sog. Wiener Schule wird die Arbeitswertlehre der Klassiker über Bord geworfen, und die Produktionsfaktoren Arbeit, Kapital und Boden werden als gleichwertige Produktionsfaktoren definiert. Deren Entlöhnung (Faktorpreise) richtet sich nach der Nutzenproduktion der letzten Faktoreinheit, die zur Produktion des Gutes nötig ist.

Trotz dieser Entwicklung der Wirtschaftstheorie ist jedoch das Differentialrentenkonzept nicht gänzlich irrelevant geworden; die beiden Grundrentenkonzeptionen - Differentialrente und Knappheitspreis - stehen nicht im Widerspruch zueinander, sondern ergänzen sich durchaus (SIEBER 1970, 18): "In dünn besiedelten Ländern ... gibt es am Rande der Besiedlung z.T. noch Boden, dessen Nutzung ohne Bezahlung einer Rente erhältlich ist. Auch unter europäischen Verhältnissen war dies in der Vergangenheit noch recht oft der Fall. Das hat frühere Rententheoretiker, insbesondere den englischen Klassiker *David Ricardo* zur Ansicht gebracht, dass die Grundrente der Ertragsdifferenz oder - was praktisch auf dasselbe hinausläuft - der Produktionskostendifferenz zwischen rentenlosem Boden von schlechtester Lage- oder Fruchtbarkeitsqualität einerseits und Böden mit höherer Fruchtbarkeits- oder Lagequalität anderseits entspreche. Daher

---

[10] Die Neoklassik bezeichnet ein Lehrsystem, das sich aus der Grenznutzenschule entwickelt hat, und gilt als das gegenwärtig dominierende Theoriegebäude der Ökonomie. Während die grundlegenden Erklärungsprinzipien der Grenznutzenschule - methodologischer Individualismus (die Idee, dass grundsätzlich alle Phänomene auf individuelle Entscheidungsakte zurückgeführt werden können), Rationalität und Gleichgewichtsorientierung - beibehalten werden, ist die Neoklassik durch grosse Anstrengungen zur Präzisierung und Axiomatisierung ihres theoretischen Systems gekennzeichnet.

nannte man diese Theorie Differenzialrententheorie. Sie spielte in der Nationalökonomie lange eine grosse Rolle .... . [A]ls man sich Rechenschaft darüber ablegte, dass auch Boden von schlechtester Fruchtbarkeit oder Lage eine Rente tragen kann, ... [war es nicht mehr gestattet], die Grundrente lediglich als eine Differenzialrente zu betrachten; man musste darlegen, wieso auch der schlechteste Boden u.U. eine Rente erzielt. Das ist, wie gesagt, dann der Fall, wenn er durch ein entsprechendes Verhältnis von Angebot und Nachfrage knapp wird, d.h. wenn die bei der Rente null nachgefragte Bodennutzungsmenge grösser ist als die Menge, die bei diesem Preis angeboten wird. Natürlich bleibt von der klassischen Theorie soviel richtig, dass Böden mit besserer Qualität der Lage oder Fruchtbarkeit eine höhere Rente zu erzielen vermögen. Ihr Mehrertrag hat nämlich eine entsprechend grössere Nachfrage zur Folge. Dass besonders gut gelegener Boden in den Zentren der Grossstädte aus diesem Grund z.T. phantastische Renten abwirft, ist zu bekannt, als dass es hier näher dargelegt werden müsste."

Die klassische Differentialrententheorie muss also nicht über Bord geworfen, sondern neu interpretiert werden. Die Grundrente auf besonders fruchtbarem oder gut gelegenem Boden ist nicht mehr einfach als Überschuss zu sehen, sondern es wird dafür eine höhere Nachfrage und Zahlungsbereitschaft seitens der Nachfrager bestehen, und es wird somit ein höherer Knappheitspreis als für schlechteren Boden resultieren (siehe dazu auch Abschnitt 3.2.1.).

2.4. Weitere Sichtweisen

Neben den beiden Sichtweisen der Grundrente als Differentialrente und als Knappheitspreis bestehen noch weitere, die von gewisser politischer oder ideengeschichtlicher Bedeutung sind und die nachfolgend dargelegt werden sollen.

2.4.1. Grundrente als ungerechtfertigtes arbeitsloses Einkommen

Die Grundrente wurde in der Geschichte der Wirtschaftstheorie beispielhaft für das Wesen der Rente als Vorzugseinkommen aufgrund einer besonderen Stellung der Rentenbezieher im Wirtschaftsprozess. Es sei an die in Abschnitt 2.1. erwähnte Vorstellung der nationalökonomischen Klassiker erinnert, dass der mengenmässig beschränkte Boden durch ein völlig unelastisches Angebot gekennzeichnet sei, welches eine "reine Rente" hervorbringe. Dies würde beispielsweise bedeuten, dass es bei einer Nachfragezunahme (z.B. infolge Bevölkerungswachstums und vermehrten Nahrungsmittelbedarfs) nicht zu einer Ausdehnung des Bodenangebots käme, sondern dass allein eine Preisreaktion bzw. eine vergrösserte Rente der Grundeigentümer resultierte. Es sei auch an RICARDOs Idee der Grundrente als Differentialrente erinnert. Dieses ohne besondere Leistung des Bodeneigentümers anfallende Einkommen ist nach RICARDO nicht notwendig, um das Land in Bearbeitung zu halten, es müssen dazu lediglich die variablen Kosten gedeckt sein.

Die nationalökonomischen Klassiker erlebten eine Agrarproduktion, die überwiegend durch die Beziehung von Grossgrundbesitzern zu nichtbesitzenden, abhängigen Bauern gekennzeichnet war. Die überwiegend einseitig fixierte Pacht, die die Bauern zu entrichten hatten, führte beim Grossgrundbesitzer zur Entstehung eines arbeitslosen Einkommens und begründete so eine Sonderstellung im Wirtschaftsprozess. Die einseitigen Eigentumsverhältnisse und die monopolistische Festsetzung der Pachtzinsen durch die Grundbesitzer bedingten eine sozial negative Bewertung des Grundrenteneinkommens. Dieses auf historischen Erfahrungen aufgebaute negative Werturteil wurde erhalten oder sogar noch verstärkt im Zusammenhang mit der Entstehung und dem Wachstum der städtischen Grundrenten als Folge der Industrialisierung und Urbanisierung. Die Wohnungs- und Mietzinsprobleme der Arbeitnehmer führten zu sozialen Spannungen, und das schlechte Ansehen der Grundeigentümer blieb erhalten (ZIERCKE 1980, 550).

Vor diesem Hintergrund war es für viele Beobachter ein leichter Schritt, die Grundrente als ungerechtfertigtes Einkommen zu interpretieren, für das die Bodenbesitzer keine Leistung erbrächten und das sie aufgrund einer "Monopolsituation" bezögen. Diese Sicht der Grundrente vertrat beispielsweise Henry GEORGE (1879), der Begründer der "Einsteuerbewegung" (Single Tax Movement), der die ganze Grundrente wegsteuern wollte und damit den Staatshaushalt glaubte finanzieren zu können. Im deutschen Sprachraum hat solches Gedankengut auch Tradition. Neben Karl MARX, der die Grundrente als Monopolgewinn der privaten Grundeigentümer brandmarkte, sei insbesondere Adolf DAMASCHKE (1902) erwähnt. Wegen seiner Auffassung, dass die Grundrente ein Produkt der Zusammenarbeit aller sei, forderte er die Sozialisierung der Grundrente (siehe dazu Abschnitt 7.1.2.). Das geschilderte Gedankengut ist heute nicht vollends verschwunden. In Kapitel 7 wird auch auf aktuellere diesbezügliche Vorschläge eingegangen, beispielsweise den Vorschlag der Trennung von Verfügungsrecht über den Boden, welches der Allgemeinheit zustehe, und Bodennutzungsrechten, die von Privaten gegen die Entrichtung einer Nutzungsgebühr in der Art von Pacht- oder Baurechtszinsen erworben werden könnten.

2.4.2. Grundrente als Investitionsrendite

In den vorhergehenden Abschnitten wurde der Umstand, dass der Boden auch als Kapitalanlage dienen kann, nur nebenbei erwähnt. Es wurde meist von selbstnutzenden Bodeneigentümern (meist Landwirten) ausgegangen, wobei auch die Trennung von Eigentum und Nutzung mitberücksichtigt wurde (Miet-, Pachtwesen) - allerdings unter Ausklammerung des Investitions- und Renditekalküls. Der Boden wurde gleichsam als Gut dargestellt, das dem Menschen von der Natur zur Verfügung gestellt wird, ohne dass irgendwelche Produktionskosten anfallen, und das den Besitzern Differential- und Knappheitsrenten beinahe ohne ihr Zutun einbringt.

Viele Bodenbesitzer mussten jedoch ihren Boden einmal kaufen - nur in wenigen Fällen wird er über Generationen vererbt. Für solche Wirtschaftssubjekte wird der Bodenkauf eine Investition sein, die sie aus Renditeerwägungen getätigt haben. In ihrer Denkart ist der Boden mehr eine spezielle Kapitalart als ein dem Menschen zur Verfügung gestelltes Naturgut. Die Grundrente ist in dieser Sichtweise nichts mehr als Kapitalzins. Das Kapitalgut "Boden" wird mit anderen Anlagen verglichen, und die relative Rendite entscheidet darüber, ob weiter darin investiert wird, ob die bestehenden Investitionen gehalten werden oder ob auf andere Kapitalanlagen ausgewichen wird.

Die Kapitalisierung des Bodes ist heute eine Realität und beeinflusst das Geschehen auf dem Bodenmarkt in ganz entscheidender Weise.

3. BEDEUTUNG DER GRUNDRENTE

Die Erörterung verschiedener Grundrentenkonzepte allein der Begriffsdefinition willen ist natürlich unbefriedigend. Die Grundrententheorie ermöglicht jedoch die Einsicht in verschiedene bodenmarktliche und -politische Problemkreise, da die Grundrente die zentrale Schlüsselgrösse am Bodenmarkt darstellt. Dabei scheinen die nachfolgend zur Diskussion gelangenden Aspekte vorrangig: die Bestimmung von Miet- und Pachtzinsen sowie Bodenpreisen (Abschnitt 3.1.), die Wirkungen auf die Landnutzung (Abschnitt 3.2.) sowie die Beeinflussung von Investitionsentscheiden (Abschnitt 3.3.).

3.1. Bestimmung von Kontraktrenten und Bodenpreisen

3.1.1. Bestimmung von Kontraktrenten

Eine Kontraktrente wird von BARLOWE (1986, 131) als die effektiv gezahlte Rente bezeichnet, die vertraglich zwischen Bodenbesitzer und Bodennutzer festgelegt wird. In einem System funktionierender Märkte werden sich die tatsächlich bestehenden Renten auch in den Kontraktrenten, d.h. Miet- und Pachtzinsen, niederschlagen. Dass die Grundrente die Miet- und Pachtzinsen bestimmt, wurde bereits in Abschnitt 2.3. bei der Diskussion der Grundrente als Knappheitspreis angetönt, so dass hier eine summarische Darlegung genügen sollte.

Kontraktrenten im Umfang der total anfallenden Renten stellen die erforderlichen markträumenden Knappheitspreise der Nutzung entsprechender Grundstücke dar. Denn bei einer Kontraktrente, die tiefer angesetzt ist als die tatsächliche Rente, ergibt sich eine Übernachfrage, die nur mit Rationierung oder Schwarzmarktphänomenen (Bestechungsgelder) überwunden werden könnte. Liegt die Kontraktrente über der tatsächlichen Rente, entsteht ein Überangebot, da sich nicht genügend Wirtschaftssubjekte finden, die zu diesem Bodennutzungspreis Boden nachfragen (vgl. auch Abschnitt 7.1.1.).

Unterschiede zwischen Kontrakt- und tatsächlicher Rente können in der Realität dennoch entstehen, beispielsweise wegen unvollkommener Information der Marktteilnehmer, da es nicht einfach ist, für ein bestimmtes Grundstück die tatsächliche Rentenhöhe genau zu ermitteln. Deshalb werden häufig "Faustregeln" oder andere administrativ leicht handhabbare

Verfahren eingesetzt. Unterschiede können auch auftreten, wenn die Vertragsparteien nicht über dieselbe Marktmacht verfügen (z.B. bei einer monopolähnlichen Bodenbesitzstruktur). Ferner können staatliche Regulierungen (z.B. Miet-, Pachtzinskontrollen) zu einem Auseinanderklaffen von Kontrakt- und Grundrente führen.

3.1.2. Bedeutung für die Bodenpreisbildung

Zwischen Grundrente und Bodenpreis besteht ein enger Zusammenhang. Der Bodenpreis entspricht normalerweise dem Gegenwartswert aller zukünftig erwarteten periodischen Erträge bzw. Grundrenten. Um diesen Gegenwartswert zu erhalten, müssen die in Zukunft anfallenden periodischen Grundrenten geschätzt und abdiskontiert werden. Die *Diskontierung* trägt dem Umstand Rechnung, dass Wirtschaftssubjekte ein gegenwärtiges Einkommen einem in der Zukunft anfallenden Einkommen vorziehen. Ein Betrag von Fr. 10'000 in fünfzig, zehn oder gar nur einem Jahr vom gegenwärtigen Zeitpunkt entfernt ist - unabhängig von einer allfälligen inflatorischen Geldentwertung - weniger wert, als wenn das Einkommen heute anfallen würde. Denn der Betrag könnte heute verzinslich angelegt werden und würde im Laufe der Zeit anwachsen. Bei einem Verzinsungssatz von 5% würden z.B. Fr. 10'000 in fünfzig Jahren auf den Wert von Fr. 114'674 anwachsen[11].

Die Diskontierung ist der umgekehrte Vorgang[12] der Verzinsung und stellt eine negative Prämie für das Warten auf zukünftige Erträge dar. Die Diskontierung bewirkt, dass ein Grundstück, welches eine Grundrente für unendliche Zeit erbringt, dennoch einen Bodenpreis besitzt, der die Summe der Grundrenten der nächsten zehn bis zwanzig Jahre nicht übersteigt.

Die Diskontierung sei anhand eines Beispiels erläutert. Gegeben sei ein Grundstück, das während n Jahren eine jährliche Grundrente g von Fr. 1000 abwirft. Die erwartete Grundrente in einem zukünftigen Jahr hat je-

---

[11] Aufgrund der Zinseszinsformel: $g_n = g_0(1 + i)^n$, wobei

g_0 = Betrag (z.B. Grundrente) zum Zeitpunkt 0

g_n = Betrag im n-ten Jahr

n = Anzahl Jahre

i = Jahreszinssatz ($Y\% = y/100$)

$(1 + i)^n$ = Verzinsungsfaktor

[12] $$g_0 = \frac{g_n}{(1 + i)^n}$$ wobei $1/(1 + i)^n$ = Abzinsungs- oder Diskontierungsfaktor.

doch in der Gegenwart aus den genannten Gründen einen Marktwert von weniger als Fr. 1000. Diskontiert zu 5% hat die in einem Jahr nach dem Ausgangspunkt anfallende Grundrente einen Gegenwartswert von Fr. 952.40, die in zehn Jahren anfallende Grundrente einen Wert von Fr. 613.90 und die in zwanzig Jahren anfallende Rente einen Wert von Fr. 376.90. In Abb. 3-1 sind die Gegenwartswerte der jährlich anfallenden Grundrente abgebildet.

Abb. 3-1: Gegenwartswerte einer jährlich anfallenden Grundrente von 1000 Franken bei Diskontierungssatz von 5%

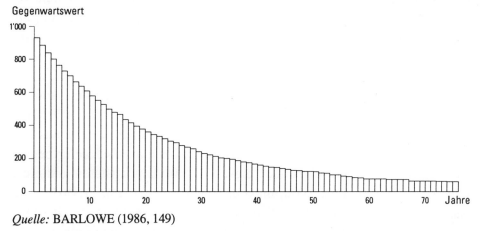

Quelle: BARLOWE (1986, 149)

Die Addition der diskontierten, unendlich anfallenden Grundrente kann mit der folgenden *Kapitalisierungsformel* ausgedrückt werden[13]:

---

[13] Herleitung:

$$P = \frac{g}{1+i} + \frac{g}{(1+i)^2} + \frac{g}{(1+i)^3} + ... + \frac{g}{(1+i)^n}$$

$$P = g\left[\frac{1}{1+i} + \frac{1}{(1+i)^2} + \frac{1}{(1+i)^3} + ... + \frac{1}{(1+i)^n}\right]$$

$$P = gq + gq^2 + gq^3 + ... + gq^n \qquad \text{mit } q = 1/(1+i)$$

$$P = q(g + gq + gq^2 + gq^3 + ... + gq^n)$$

Der Klammerausdruck ist eine unendliche geometrische Reihe; wenn $|q| < 1$, so ist er definitionsgemäss gleich $g/(1-q)$.

$$P = q\frac{g}{1-q} = g\frac{q}{1-q} = g\frac{(1/1+i)}{1-(1/1+i)} \qquad . \text{ Durch Erweiterung um } (1+i) \text{ ergibt sich: } P = g/i$$

Die Kapitalisierungsformel lässt sich natürlich auch leichter begründen: $g = P \cdot i$, d.h. die Grundrente ist die Verzinsung des Bodenwertes; daraus ergibt sich: $P = g/i$

33

$$P = \frac{g}{i}$$

wobei: P = Bodenpreis

g = konstante, periodisch anfallende Grundrente (z.B. Fr. 1000 pro Jahr)

i = Zinssatz

Im oben genannten Fall mit einer Grundrente von Fr. 1000 und einem Zinssatz von 5% ergibt sich (1000 : 0.05) ein Grundstückpreis von Fr. 20'000. Bei einem Zinssatz von 4% betrüge der Preis Fr. 25'000, und bei einem Kapitalisierungszins von 10% würde er noch Fr. 10'000 betragen.

Dabei ist es nun allerdings so, dass bei der Kapitalisierung nicht immer die zur Zeit tatsächlich erzielte Rente zugrunde gelegt wird, sondern eine für die Zukunft erwartete. Erhofft man bei einer Rente von Fr. 1000 und einem Zinssatz von 4% aus irgendeinem Grund für die Zukunft eine Rente von Fr. 2000 statt bloss Fr. 1000, so wird man als Käufer bei der Berechnung des Kaufpreises auch diese Fr. 2000 kapitalisieren und einen höheren Betrag als Fr. 25'000, maximal einen solchen von Fr. 50'000 bezahlen. Bezogen auf die derzeitige Rente von Fr. 1000 rentiert allerdings das in den Bodenkauf gesteckte Vermögen zunächst weniger als 4%. Bei einem Kaufpreis von beispielsweise Fr. 40'000 beträgt die Rendite am Anfang nur 2.5%[14]. Das ändert sich aber, sobald die Rente entsprechend der Erwartung tatsächlich auf Fr. 2000 steigt. In diesem Fall erhöht sich die Rendite auf 5%. Erfolgt der Anstieg sehr rasch, so wird die vorübergehend untermarktmässige Verzinsung und der damit bewirkte Verlust recht bald durch eine übermarktmässige Verzinsung ausgeglichen.

Aus den bisherigen Ausführungen über die Beziehungen zwischen Grundrente und Bodenpreis geht hervor, dass die Grundrente als primäre und der Bodenpreis als sekundäre Erscheinung zu betrachten ist. Hohe oder niedrige Bodenpreise sind also die Folge einer hohen oder niedrigen (wirklichen oder erwarteten) Grundrente und nicht deren Ursache (SIEBER 1970, 16).

Diese Grundüberlegungen komplizieren sich allerdings in der Realität. Der Bodenpreisbildungsprozess modifiziert sich insbesondere mit dem Einbezug des Wirtschaftswachstums sowie der Geldentwertung, von der

---

[14] In diesem Fall ist der *Verkehrswert* höher als der *Ertragswert*. Dabei kann auch der Verkehrswert als Ertragswert interpretiert werden, bei dem nicht der gegenwärtige, sondern der in Zukunft erwartete Ertrag kapitalisiert wird.

wir bisher völlig abgesehen haben. Sodann ist der komplexe Problembereich der Bodenspekulation zu erwähnen. Die notwendigen Erweiterungen an den obigen - im Grundsatz aber durchaus gültigen - Überlegungen sollen jedoch nicht hier, sondern erst in Abschnitt 4.3. vorgenommen werden.

3.2. Wirkungen auf die Landnutzung

Die Grundrente hat einen wesentlichen Einfluss auf die Intensität der Landnutzung. Wie in Abschnitt 2.2. bei den Erörterungen zur Differentialrente erwähnt wurde, erkannte bereits RICARDO, dass bei einem Ansteigen der landwirtschaftlichen Erzeugnispreise, das mit der Kultivierung schlechterer Böden einhergeht, und mit dem Anwachsen der Grundrente auf den bereits genutzten Böden die Intensität der Bodennutzung auf den intramarginalen Böden ansteigt (siehe Abb. 2-5). Die Bedeutung der Grundrente für die Landnutzung soll in diesem Abschnitt nun noch etwas eingehender diskutiert werden. Zunächst werden allerdings in Abschnitt 3.2.1. die weiter unten verwendeten Begriffe des Nutzungspotentials und der Gebotsrente eingeführt. In den darauffolgenden Abschnitten wird auf die Faktorsubstitution (Ersatz von Boden durch Kapital bei steigender Grundrente), die Nutzungssegregation bei mehreren Nutzungsarten sowie das Landnutzungsmodell von VON THÜNEN und dessen Bedeutung für die Stadtstruktur eingegangen.

3.2.1. Nutzungspotential und Gebotsrente

Unterschiede der Grundrente wurden bisher mehrheitlich mit Bodenfruchtbarkeit (RICARDO-Modell) und Lage (THÜNEN-Modell) erklärt. Damit verfügen wir natürlich noch über keine umfassende Erklärung der Rentenentstehung, bzw. keinen umfassenden Katalog von Motiven der Nachfrage nach Boden. Bei der Diskussion der Grundrente als Knappheitspreis wurde der Blick bereits auf weitere Attraktivitätsfaktoren geöffnet, die die Nachfrage nach Boden bestimmen. Weitere Aspekte, die sich in der Grundrente niederschlagen können, sind beispielsweise Erschliessungsmassnahmen der öffentlichen Hand (Verkehr, Ver-, Entsorgung), Nähe zu Schulen oder Erholungseinrichtungen oder eine schöne Aussicht. EPPING (1977, 114f.) strukturiert die Qualitätsvariablen von Grundstücken wie folgt nach:
(a)   solchen, die die natürlichen Eigenschaften des Grundstückes beschreiben, und

(b)   solchen, die die künstlich vom Menschen geschaffenen Qualitäten an-
        geben; dazu gehören:
        -     private und öffentliche Investitionen, die auf dem Grundstück
              bereits getätigt sind,
        -     Lagefaktoren, sowie
        -     planungs- und sonstige rechtliche Nutzungbeschränkungen.

Zu den *natürlichen Eigenschaften* eines Grundstückes gehören die
Bodenqualität, die Grösse, die Beschaffenheit des Untergrundes, vorhandene Bodenschätze, wertvolle darauf befindliche Natur- und Landschaftsgüter, Sonneneinstrahlung, Niederschlagsmenge und dergleichen. Grosse Bedeutung kommt den bereits auf dem Grundstück getätigten *öffentlichen und
privaten Investitionen* zu. Dabei handelt es sich beispielsweise um An-
schlüsse an Kommunikations- und Versorgungssysteme der materiellen Infrastruktur, aber auch um Gebäude und sonstige bauliche Anlagen. Die
zweite wichtige Komponente der menschlich geschaffenen Bodenqualitäten
bilden Lagefaktoren. In der Existenz solcher Lagefaktoren schlägt sich die
Tatsache nieder, dass der Ertrag bzw. Nutzen einer Tätigkeit nicht nur von
den Investitionen auf diesem Grundstück abhängt, sondern in hohem Masse
auch von den auf den Grundstücken der näheren und weiteren Umgebung
ausgeübten Tätigkeiten. *Nutzungsbeschränkungen des Planungsrechts* oder
ähnliche gesetzliche Normen (z.B. Festsetzung von Art und Höchstmass der
erlaubten Nutzung) bestimmen die innerhalb der Menge theoretisch möglicher Nutzungen effektiv rechtlich erlaubten Nutzungen[15].

Der kumulative Effekt all dieser Faktoren, die - unter Berücksichtigung der spezifischen Angebots- und Nachfragebedingungen - Einfluss auf
die Grundrentenhöhe ausüben, kann als das *Nutzungspotential* des Bodens
bezeichnet werden[16]. Diejenigen Grundstücke mit dem höchsten Potential
werfen die höchsten Grundrenten ab. In Abb. 3-2 ist dieser Zusammenhang
zwischen Nutzungspotential und Grundrente graphisch dargestellt. Böden
in der Nähe von *A* weisen ein hohes Nutzungspotential - und demzufolge
eine hohe Grundrente - auf. Mit abnehmendem Nutzungspotential sinkt
auch die Rente.

---

[15] In diesem Zusammenhang wird gerne von einer *Intensitätsrente* gesprochen (SIEBER 1970, 17), womit
die Rente bezeichnet werden soll, die sich aus der - rechtlich definierten - Möglichkeit eines bestimmten Intensitätsgrades der Bewirtschaftung ergibt.

[16] Engl. "land use capacity". Wie bereits angedeutet wird in der Realität das Nutzungspotential stark durch
planerische Massnahmen und rechtliche Regelungen beeinflusst, welche der freien Preis- / Grundrentenbil-
dung Grenzen setzen.

Abb. 3-2: Zusammenhang zwischen Nutzungspotential und Grundrente

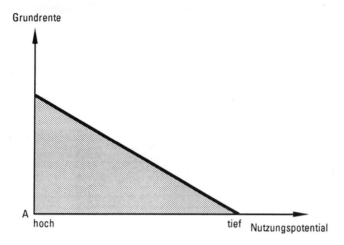

Quelle: BARLOWE (1986, 143)

Wichtig ist nun die Einsicht, dass, wie bereits bei der Diskussion der Grundrente als Knappheitspreis dargelegt wurde, das Nutzungspotential und die Grundrente auch die Zahlungsbereitschaft potentieller Bodennutzer bestimmen. Um diesen Aspekt der Zahlungsbereitschaft potentieller Bodennachfrager auszudrücken, wird deshalb - insbesondere in der Stadtökonomie - von *Gebotsrenten*[17] gesprochen. Je höher das Nutzungspotential, desto höher das Rentengebot (vgl. die Konzeption der Grundrente als Knappheitspreis und originäres Faktoreinkommen). Nutzungspotential und Gebotsrente werden im weiteren Verlauf dieses Kapitels benötigt, um die Zusammenhänge zwischen Grundrente und Landnutzung darzulegen.

3.2.2. Faktorsubstitution - intensivere Bodennutzung bei höherer Grundrente

Nun soll dargelegt werden, dass eine hohe Grundrente, insbesondere im relativen Bezug zu den Preisen anderer Produktionsfaktoren, einen sparsameren Umgang bewirkt (RICHARDSON 1978, 19-20; PFANNSCHMIDT 1990, 37-38); der Faktor Boden wird durch Kapital ersetzt, was zu einer intensiveren Bodennutzung führt. Zur Erläuterung dieser Aussage sei auf Abb. 3-3 Bezug genommen, die die Faktorsubstitution im Wohnungsbau in Abhängigkeit der Grundrente zeigt. In Abb. 3-3 wird der Einfachheit halber davon ausgegangen, dass die Bevölkerung und die Wohnungsnachfrage

---

[17] Engl. "bid rent" (ALONSO 1964); wird ins Deutsche auch oft mit Biet- oder Bieterrente übersetzt.

homogen sind (z.B. keine soziale Schichtung); die einzige Variation, die zugelassen wird, liegt beim Faktorverhältnis der Wohnungsproduktion.

Abb. 3-3: Faktorsubstitution

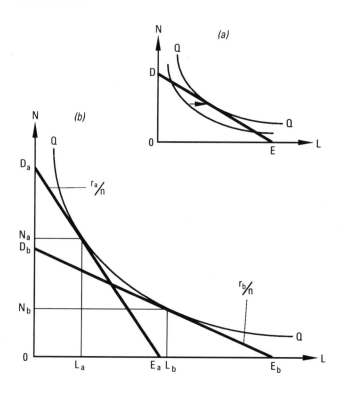

$L =$ Boden (L nach engl. "land")
$N =$ übrige Produktionsfaktoren (N nach engl. "non-land factors")
$QQ =$ Isoquante
$DE =$ Isokostenlinie
$r =$ Grundrente
$r_a =$ hohe Grundrente am zentralen Standort *A*
$r_b =$ tiefe Grundrente am peripheren Standort *B*
$n =$ Preis der Nutzung der übrigen Produktionsfaktoren

Quelle: nach RICHARDSON (1978, 19)

QQ stellt die Isoquante für die Produktion einer bestimmten Menge Wohnungen dar, wozu Boden (L) und andere Inputs (z.B. Kapital; N) eingesetzt werden müssen. Die Isoquante ist der geometrische Ort aller Kombinationen zweier Produktionsfaktoren, die die gleiche Outputmenge erzeugen (SAMUELSON / NORDHAUS 1985, 595). Sie deutet an, dass eine bestimmte Anzahl Wohnungen mit unterschiedlichem Faktorverhältnis hergestellt werden kann. Von links oben nach rechts unten nimmt der relative Bodenverbrauch (im Vergleich zu den anderen Faktoren) zu. Links oben könnte ein Bauort *A* beispielsweise in der Innenstadt einer grösseren Agglomeration sein, wo eine hohe Grundrente (r_a) besteht, rechts unten dagegen ein Bauort *B* beispielsweise in einer peripheren Landgemeinde, wo die Grundrente (r_b) niedrig ist. An beiden Bauorten sei der Preis der übrigen benötigten Produktionsfaktoren identisch (*n*).

Um das optimale Faktorverhältnis an den beiden Wohnstandorten bestimmen zu können, sind allerdings noch die Isokostengeraden für die beiden Standorte zu bestimmen (vgl. Abb. 3-3a). Die Isokostengerade (*DE*) ist die geometrische Darstellung der Isokostengleichung, die bei gegebenen Faktorpreisen alle Kombinationen beider Inputs *L* und *N* für dieselbe Gesamtkostensumme angibt *(K = r·L + n·N)*. *DOE* ist der Bereich möglicher Faktorkombinationen für die gegebene Kostensumme *K*. Grössere Kostensummen verschieben die Isokostengerade nach rechts, kleinere nach links.

Nun ist die Minimalkostenkombination zu suchen, d.h. derjenige Punkt, bei dem die Kosten minimal sind bei einer gegebenen Ausbringungsmenge bzw. die Ausbringung maximal ist bei gegebenen Kosten. Die gegebenen Bedingungen werden in einem Tangentialpunkt von Isoquanten und Isokostengeraden erfüllt (Abb. 3-3a), da bei zwei Schnittpunkten dieser beiden Kurven eine Ausdehnung der Produktion mit gleichen Kosten oder eine Senkung der Kosten bei gleicher Produktionsmenge erreicht werden können.

Für die zwei erwähnten Wohnstandorte (Innenstadt, periphere Landgemeinde) ergeben sich (siehe Abb. 3-3b) wegen der unterschiedlichen Faktorpreisverhältnisse unterschiedliche Isokostenlinien. Am Bauort *A* mit der hohen Grundrente r_a weist die Isokostenlinie die Steigung r_a/n auf[18], am Standort *B* mit der tiefen Grundrente r_b die Steigung r_b/n. Es ist ersichtlich, dass am Bauort mit dem teuren Land relativ weniger Boden als am Bauort mit dem billigen Land verwendet wird. Deshalb sind z.B. sehr teure Innenstadtlagen dichter bebaut als ländliche Gebiete[19].

In der Realität - wenn die in Abb. 3-3 unterstellten restriktiven Annahmen gelockert werden - ist es nun allerdings nicht immer so, dass hohe Grundrenten bzw. hohe Bodenpreise mit intensiven Bodennutzungen einhergehen. Im Wohnungsbereich sind beispielsweise Luxusvillenviertel, die sich durch extensive Bodennutzung auszeichnen, an Orten mit sehr hohen Grundrenten angesiedelt. Andererseits sind in vielen Städten herunterge-

---

[18] Zur Bestimmung der Steigung der Isokostenlinie ist die oben erwähnte Isokostengleichung abzuleiten:

$$N = -\frac{r}{n}L + \frac{K}{n} \implies \frac{dN}{dL} = -\frac{r}{n}$$

[19] Dieser ökonomische Mechanismus wird in der Realität natürlich durch planungsrechtliche Eingriffe modifiziert.

kommene oder verslumte Gebiete mit sehr grosser Bevölkerungsdichte an Lagen tiefer Grundrente zu finden. Diese Phänomene liegen in sozialen Ungleichheiten und unterschiedlicher Rentenzahlungsfähigkeit begründet, wovon oben - durch die Annahme einer homogenen Bevölkerung - abgesehen wurde.

3.2.3. Nutzungskonkurrenz und -segregation bei mehreren Nutzungsarten

Unsere Diskussion war bisher nur von einer Landnutzungsart, in der Regel einer landwirtschaftlichen (z.B. Weizenproduktion) ausgegangen. Das Bild ändert sich, wenn wir, uns der Realität annähernd, mehrere Landnutzungsarten zulassen. Diese müssen um den knappen Boden konkurrieren, wobei der Grundrente bei der Bodenallokation auf die verschiedenen Verwendungszwecke eine zentrale Bedeutung zukommt.

Abb. 3-4: Beziehung zwischen Nutzungspotential, Grundrente und Bodenallokation

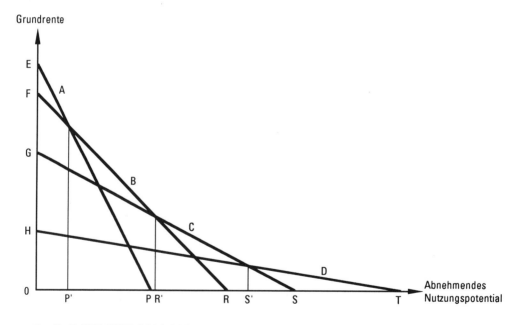

Quelle: BARLOWE (1986, 151)

Unterschiedliche Bodennutzungen weisen unterschiedliche Standortanforderungen auf. Diese Unterschiede können so interpretiert werden, dass unterschiedliche Bodennutzungen über unterschiedliche *Rentendreiecke* verfügen (siehe Abb. 3-4). Die individuellen Rentendreiecke unter-

40

schiedlicher Bodennutzungen können sich beträchtlich in Grösse und Form unterscheiden. In Abb. 3-4 ist beispielsweise das Rentendreieck *EOP* der Bodennutzung *A* so zu interpretieren, dass sie auf wenigen Standorten mit für sie hohem Nutzungspotential eine sehr hohe Grundrente zu erzielen vermag, die jedoch bei einer Standortverlagerung auf andere Böden sehr stark reduziert wird. Wie weiter unten noch gezeigt werden wird, stellen z.B. gewisse höherwertige Dienstleistungen im Banken- und Versiche-rungssektor oder bestimmte Bereiche des Detailhandels, welche auf sehr gute Erreichbarkeit durch einen grossen Kundenkreis angewiesen sind, sol-che Nutzungen dar, die an hochzentralen oder sonst ausgezeichnet erschlos-senen Orten eine sehr hohe Rente generieren können, dies aber schon in ge-ringer Entfernung nicht mehr zu leisten vermögen. Ein Beispiel aus der Landwirtschaft wären gut besonnte Hanglagen, die für den Rebbau geeignet sind. Solche Hanglagen gibt es nur wenige; dort kann aber eine sehr hohe Rente erwirtschaftet werden.

Das Rentendreieck *HOT* der Bodennutzung *D* dagegen stellt eine bei-nahe ubiquitäre Bodennutzung dar, die praktisch überall existieren könnte. In der Schweiz wäre dies beispielsweise die milchwirtschaftliche Bodennut-zung, die im ganzen Land ausser im Hochgebirge - theoretisch also auch an der Bahnhofstrasse in Zürich - stattfinden könnte, wenn sie dort nicht ver-drängt worden wäre.

Damit ist schon die Nutzungskonkurrenz angedeutet, welche durch das Übereinanderlegen der Rentendreiecke versinnbildlicht wird. Theore-tisch könnte jede der vier Nutzungen Boden zwischen dem Ursprung (Bö-den höchsten Nutzungspotentials) und ihrem eigenen Grenzstandort (Schnittpunkt ihrer Rentenlinie mit der Abszisse) belegen. Es wird sich aber auf jedem Boden diejenige Nutzung durchsetzen, die die höchste Rente zu generieren vermag. Die "niederwertigen" Nutzungen mit geringerer Rentenzahlungsfähigkeit werden verdrängt. In Abb. 3-4 verdrängt Boden-nutzung *A* an Böden höchsten Potentials alle anderen Nutzungen. Boden-nutzung *B* kann sich jedoch beim Schnittpunkt der Rentenlinien der Nut-zungen *A* und *B* gegenüber *A* durchsetzen (d.h. ab Punkt *P'*), da sie nun eine höhere Rentenzahlungsfähigkeit als *A* hat. Bei Punkt *R'* wird Nutzung *C* gegenüber den Nutzungen *A* und *B* konkurrenzfähig. Ab Punkt *S'* schiesslich vermag die ubiquitärste der vier Nutzungen zu existieren.

3.2.4. Landnutzungsmodell von J. H. VON THÜNEN

Bei seiner Raumnutzungstheorie ging es VON THÜNEN um die wichtige standorttheoretische Frage, inwiefern die räumliche Struktur und die Intensität der Bodennutzung durch ökonomische Gesetzmässigkeiten erklärt werden können. In Abschnitt 2.2. wurde bereits VON THÜNENs Idee der Differentialrente der Lage vorgestellt, die aufgrund der Kosten des Transports der rund um die Stadt angebauten Produkte an den Absatzort entsteht. Er liess es jedoch nicht dabei bewenden, sondern die Lagerente diente ihm als Werkzeug für seine Raumnutzungstheorie, die auf dem eben geschilderten Gedankengut basiert. Er setzte sich in seinem bereits zitierten Werk aus dem Jahre 1826 selber folgende Aufgabe (S. 15-16): "Es entsteht nun die Frage: Wie wird sich unter diesen Verhältnissen der Ackerbau gestalten, und wie wird die grössere oder geringere Entfernung von der Stadt auf den Landbau einwirken, wenn dieser mit der höchsten Konsequenz betrieben wird? Es ist im allgemeinen klar, dass in der Nähe der Stadt solche Produkte gebauet werden müssen, die im Verhältnis zu ihrem Wert ein grosses Gewicht haben ... und deren Transportkosten nach der Stadt so bedeutend sind, dass sie aus entfernten Gegenden nicht mehr geliefert werden können, sowie auch solche Produkte, die dem Verderben leicht unterworfen sind und frisch verbraucht werden müssen. Mit der grösseren Entfernung von der Stadt wird aber das Land immer mehr und mehr auf die Erzeugung derjenigen Produkte verwiesen, die im Verhältnis zu ihrem Wert mindere Transportkosten erfordern. Aus diesem Grunde allein werden sich um die Stadt *ziemlich scharf geschiedene konzentrische Kreise* bilden, in welchen diese oder jene Gewächse das Haupterzeugnis ausmachen. Mit dem Anbau eines andern Gewächses, als Hauptzweck betrachtet, ändert sich aber die ganze Form der Wirtschaft, und wir werden in den verschiedenen Kreisen ganz verschiedene Wirtschaftssysteme erblicken" (Hervorhebung D.W.).

Das Nutzungspotential des Bodens bei VON THÜNEN ist alleine von der Distanz zum Absatzort und den Transportkosten abhängig. Anfangs des 19. Jahrhunderts stand die Konkurrenz verschiedener *landwirtschaftlicher* Erzeugnisse um den knappen Boden im Zentrum. Jedes Anbauprodukt verfügt über ein entsprechend den produktspezifischen Preis-, Produktions- und Transportcharakteristika eigenes Rentendreieck.

Abb. 3-5: THÜNEN-Modell der Bodennutzung

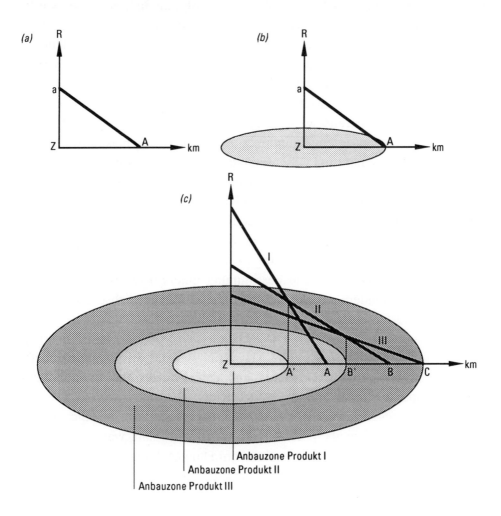

Quelle: eigene Darstellung

In Abb. 3-5a ist die Lagerente im Einproduktefall mit der Rentenlinie *aA* dargestellt. Ihr Schnittpunkt mit der Ordinate hängt vom Marktpreis des Produktes und den Produktionskosten, ihre Neigung von den Transportkosten ab: je höher die Transportkosten, desto steiler die Rentenlinie. Punkt *A* stellt den Grenzstandort für diese Bodennutzung dar; in grösserer Entfernung vom Zentrum fallen Verluste an. Durch eine Rotation der Rentenlinie um das Stadtzentrum Z (Abb. 3-5b) resultiert als räumliches Muster eine kreisrunde Anbaufläche für das Produkt. Werden weitere Produkte eingeführt (Abb. 3-5c), die durch unterschiedliche Rentendreiecke gekennzeichnet sind, werden die Landwirte jeweils jenes Produkt anbauen,

43

welches die höchste Lagerente abwirft. Dass der Anbau innerhalb eines Kreises in Stadtnähe gleichzeitig intensiver erfolgt als in Stadtferne, wurde bereits in Abschnitt 2.2. mittels der Grenzkostendiagramme und in diesem Abschnitt weiter oben mittels des Faktorsubstitutionsdiagramms erläutert. Konkret ist das Modell so zu interpretieren, dass in Stadtnähe rasch verderbliche und arbeits- und kapitalintensive Produkte hergestellt würden (z.B. Gemüse), in einem zweiten Ring um die Stadt vielleicht Getreide angebaut würde, das bereits weniger Arbeits- und Kapitaleinsatz erfordert und leicht zu transportieren ist, und in einem dritten Ring beispielweise extensive Weidewirtschaft und Käseproduktion angesiedelt wären, welche nur noch gelegentliche Käse- und Viehtransporte in die Stadt erfordern.

Im Original unterschied VON THÜNEN (1826) vor dem spezifischen historischen Hintergrund folgende Kreise (siehe Abb. 3-6):

1. *Freie Wirtschaft* (S. 16ff.): Damit bezeichnet er eine intensive Landwirtschaft mit grossem Dünger- bzw. Dungeinsatz, "die in der Fruchtfolge keiner Vorausbestimmung unterworfen ist". Hier werden insbesondere schnell verderbliche Gartengewächse und Milch produziert.

2. *Forstwirtschaft* (S. 129 ff.): Die Stadt hat einen Bedarf an Brennholz, Bauholz, Kohlen usw. VON THÜNEN siedelte die Forstwirtschaft wegen des grossen Gewichts und der dadurch bedingten hohen Transportkosten bereits im zweiten Kreis an.

3. *Fruchtwechselwirtschaft* (S. 161 ff.): Hier findet eine weniger intensive Anbauweise als in der "freien Wirtschaft" statt, weil die Bodenfruchtbarkeit anstatt mit zugekauftem Dünger durch Fruchtwechsel - allerdings ohne reine Brache - erhalten wird, wobei teilweise auch wenig ertragreiche Pflanzen zwischengeschaltet werden. Wechsel zwischen Getreideanbau und Anbau von Brachfrüchten, meist Hackfrüchten und Klee.

4. *Koppelwirtschaft* (S. 163): Dies ist eine in Norddeutschland gebräuchliche Bezeichnung für die Feldgraswirtschaft. Dabei wird ein und dieselbe Parzelle zeitweise als Acker, zeitweise als Weide genutzt.

5. *Dreifelderwirtschaft* (S. 163): Zwei Drittel der Kulturfläche werden bebaut, wobei der Getreidebau vorherrscht. Ein Drittel liegt brach, und die Brache wird rotiert.

6. *Viehzucht* (S. 167ff.): Hier wird in der Form extensiver Weidewirtschaft produziert; natürliches Dauergrasland.

7. *Kultivierbare Wildnis.*

Abb. 3-6: THÜNENsche Kreise

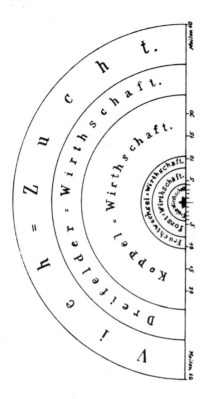

Quelle: VON THÜNEN (1826, 272)

Hinsichtlich der Relevanz des THÜNEN-Modells für die Erklärung realer Tatbestände, sind zunächst die restriktiven Annahmen, die in Abschnitt 2.2. dargelegt worden waren, in Frage zu stellen. Schon VON THÜNEN selber lockerte gewisse Prämissen, z.B. die physisch-geographischen Rahmenbedingungen durch die Einführung einer linienförmigen Wasserstrasse (vgl. Abb. 3-7). Ferner sind die Transportkosten, die zentrale Erklärungsvariable für den räumlichen Differenzierungsprozess, dank den Fortschritten in der Transporttechnologie (höhere Geschwindigkeiten, niedrigere Transportkosten, Kühltransporte etc.) für den Landwirtschaftssektor kaum noch von entscheidender Bedeutung (VOLKART-FÜRRER 1982).

Abb. 3-7: THÜNENsche Kreise: Modifikation bei variiertem Verkehrssystem (Fluss)

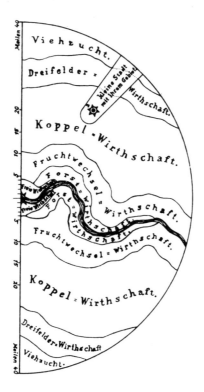

Quelle: VON THÜNEN (1826, 273)

3.2.5. Stadtstruktur

Das THÜNEN-Modell wurde später auf die Stadt zur Erklärung deren Struktur übertragen. In diesem Bereich ist die Theorie heute von Bedeutung und relevant. Denn die interne Struktur einer Stadt kann in beträchtlichem Ausmass mit der Lagerente erklärt werden, wobei letztere nicht durch Transportkostenunterschiede, sondern durch den Nutzen der *Erreichbarkeit* bestimmt wird. Die Übertragung des THÜNEN-Modells auf die Stadt geht vor allem auf ALONSO (1964) zurück.

In seinem Gleichgewichtsmodell des städtischen Grundstücksmarktes maximieren alle Wirtschaftssubjekte ihren Gewinn bzw. Nutzen. Verschiedene Nutzungen konkurrieren um den Boden. ALONSO setzt voraus, dass die Stadt nur ein Zentrum besitzt, dass vollkommene Markttransparenz besteht, dass es keine Transportprobleme gibt und dass keine Bau- und Nutzungsauflagen existieren. Die Renten, die die Nachfrager für die Bodennutzung zu zahlen bereit sind (die Gebotsrenten), hängen von der Entfernung vom städtischen Zentrum ab. Kernelement seines Modells ist die Bieter-funktion[20]. Dabei handelt es sich um die Kurve jener Rentenbeträge, die ein potentieller Bodennutzer für eine bestimmte Aktivität in einer bestimmten Entfernung vom Stadtzentrum zu zahlen bereit ist, wobei die Randbedingung darin besteht, dass sein Gewinn (bei Unternehmen) bzw. Nutzen (bei Konsumenten, Wohnungsnachfragern) in jeder Entfernung vom Zentrum gleich ist. Auf einen Wohnungsnachfrager bezogen, der ein bestimmtes Einkommensbudget zur Verfügung hat, der für das Pendeln an den Arbeitsplatz im Zentrum - mit der Entfernung von der Stadt zunehmende - Transportkosten auf sich zu nehmen hat, und der sein gesamtes Einkommen für Wohnungsmiete und Pendelkosten ausgibt, bedeutet dies, dass er im Stadtzentrum sein gesamtes Einkommen für die Wohnungsmiete bieten könnte. Das Rentengebot reduziert sich aber wegen der Pendelkosten mit zunehmender Distanz von Stadtzentrum. Analoges gilt für ein Unternehmen, das ein gewisses Gewinniveau halten will. Da im Geschäftszentrum der höchste Umsatz erwirtschaftet werden kann, kann auch eine hohe Rente geboten werden. Wegen des sinkenden Umsatzes in Abhängigkeit der Zentrumsferne sinkt auch die Rentenzahlungsfähigkeit.

Abb. 3-8: Bieterfunktionen städtischer Bodennutzungen

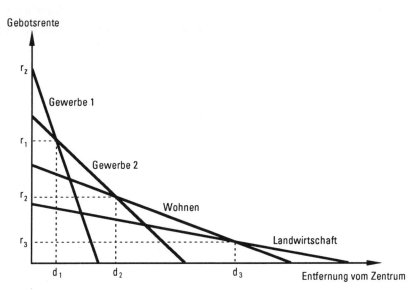

Quelle: VICKERMAN (1984, 554), ZIERCKE (1980, 554)

Der Preis für Boden in einer bestimmten Entfernung zum Stadtzentrum wird durch die jeweils höchste Gebotsrente der konkurrierenden Bo-

---

[20] Engl. "bid rent function".

dennutzungen bestimmt (siehe Abb. 3-8). Aufgrund der relativen Renten-zahlungsfähigkeit ist Gewerbenutzung *1* (z.B. Verkauf) besonders im Zentrum ökonomisch attraktiv. Verkaufsgeschäfte, welche in besonderem Masse auf Erreichbarkeit angewiesen sind, können im Zentrum die übrigen Nutzungskategorien ausstechen. Die Rentenlinie fällt jedoch steil ab, weil schon in kurzer Entfernung die notwendigen Besucherfrequenzen fehlen. Die nächstdominante Nutzung stellt Gewerbenutzung *2* dar (z.B. Büronutzung). Bei den in diesem Beispiel bestehenden Preis-/Einkommensrelationen unterliegt das Gut Wohnen im Zentrum, es ist jedoch ab Entfernung d_2 am Markt überlegen[21]. Die Steigung der Kurven der Gebotsrenten ist somit Indikator der Präferenz für die City-Nähe. Der Ansatz von ALONSO erklärt und beschreibt so das Ansteigen der städtischen Grundrenten und Bodenpreise in Abhängigkeit von der Produktivität alternativer Nutzungen. Durch die Rotation der Rentenlinien um das Stadtzentrum erhalten wir wiederum ein Muster aus konzentrischen Ringen (Abb. 3-9).

Die durch die Konkurrenz um den städtischen Boden verursachte Zunahme der Bodenpreise gegen das Stadtzentrum hin tritt in Tab. 3-1 und Abb. 3-10 am Beispiel der Stadtregion Zürich zu Tage, wenngleich zu bedenken ist, dass in die zugrundeliegende Statistik sehr unterschiedliche Grundstücke mit unterschiedlichen Zonenvorschriften Eingang gefunden haben, Grundstücke also, die nicht vergleichbar sind. Das allgemeine Bild stark gegen das Zentrum, die Stadt Zürich, ansteigender Bodenpreise ist dennoch zweifellos gültig.

---

[21] In der Realität kommt es nicht unbedingt zu einer totalen Dominanz einer Nutzung in einer bestimmten Zone. Es sind häufig Nutzungskombinationen zu finden, z.B. Verkaufsnutzung im Erdgeschoss und Büronutzungen in den darüberliegenden Geschossen.

Abb. 3-9: Interne Struktur der Stadt nach dem THÜNEN-Modell

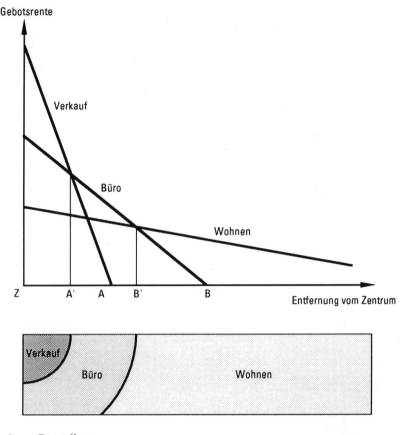

Quelle: eigene Darstellung

Tab. 3-1: Durchschnittspreise der 1990 im Kanton Zürich umgesetzten Grundstücke in Franken / m² (Freihandverkäufe)

Regionen	Unbebaute Grund-stücke Bauzonen	Rang	Bebaute Grund-stücke	Rang
Zürich	1591.--	1	4912.--	1
Glattal	1124.--	2	2474.--	2
Limmattal	1087.--	3	1675.--	4
Pfannenstiel	927.--	4	1934.--	3
Zimmerberg	814.--	5	819.--	9
Furttal	747.--	6	1315.--	5
Unterland	663.--	7	539.--	11
Winterthur + Umg.	642.--	8	1136.--	7
Knonaueramt	627.--	9	1154.--	6
Oberland	561.--	10	856.--	8
Weinland	377.--	11	749.--	10

Quelle: STATISTISCHES JAHRBUCH DES KANTONS ZÜRICH (1992, 46)

Abb. 3-10: Räumliche Struktur der Bodenpreise im Kanton Zürich

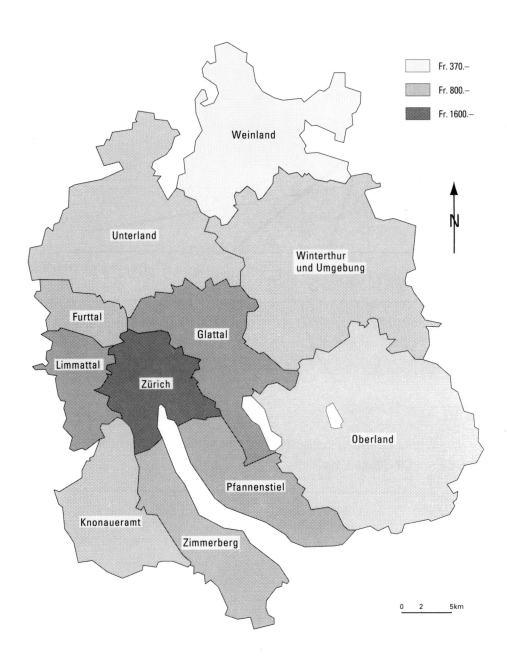

Quelle: Werte "Unbebaute Grundstücke Bauzonen" aus Tab. 3-1

Der Wettbewerb um den Boden ist ein Prozess, der sich ohne Unterlass abspielt und durch die individuelle und relative Veränderung der Rentendreiecke im dynamischen Wirtschaftsprozess angetrieben wird. Die City-Ausdehnung in grossen Städten beispielsweise und die dadurch bewirkte Verdrängung der Wohnnutzung ist die Folge des Wachstums und der gesteigerten Rentenzahlungsfähigkeit zentraler Dienstleistungsfunktionen, bzw. - in der hier verwendeten Terminologie - der Vergrösserung des Rentendreiecks der Gewerbenutzung mit der höchsten Zentrumspräferenz.

Abb. 3-11: Dynamische Betrachtung der Rentendreiecke

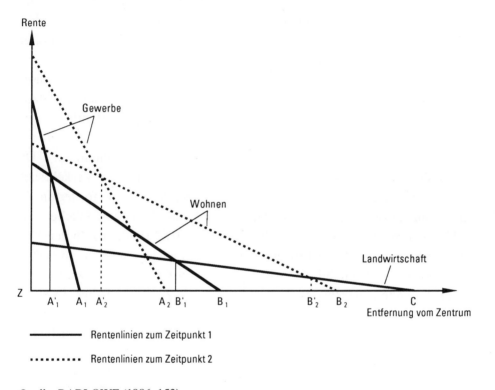

Quelle: BARLOWE (1986, 153)

Dieser Prozess ist in Abb. 3-11 dargestellt. Das Rentendreieck der Gewerbenutzung war in einem frühen Stadium der Stadtentwicklung noch klein; ebenso das Rentendreieck der Wohnnutzung. Mit dem Stadtwachstum vergrössern sich die Dreiecke (gestrichelte Linien), und Grundstücke, die früher für die Wohnnutzung gebraucht wurden, werden von der Gewerbenutzung übernommen. Dabei ergeben sich spezielle Probleme im Übergangsbereich von der Gewerbenutzung zur Wohnnutzung. Liegenschaftenbesitzer rechts des ursprünglichen Übergangs bei Punkt A'_1 werden die

Ausdehnung der Gewerbenutzung bis zum Punkt A'_2 antizipieren und mit Unterhalt und Investitionen in die bisherigen Gebäude zurückhalten, um in nicht allzu ferner Zukunft mit der neuen Nutzung besser angepassten Investitionen oder durch Bodenverkauf an die höherwertige Nutzung einen grossen Gewinn zu erzielen. Leider verwirklicht sich diese Hoffnung nicht immer oder nur zeitlich stark verzögert. In einer solchen Situation kann es in den schlecht unterhaltenen Übergangszonen zu Verslummungserscheinungen kommen. Diese Probleme der innerstädtischen Übergangszone[22] sind vor allem in den wenig reglementierten, stärker den Marktkräften überlassenen amerikanischen Grossstädten festzustellen; unter europäischen Bedingungen, wo im allgemeinen verbindliche Zonenpläne solche Spekulation erschweren - es muss nicht nur auf eine Veränderung des Rentendreiecks, sondern auf eine Veränderung der Nutzungsvorschriften spekuliert werden - , treten sie nur abgeschwächt auf.

Am Stadtrand ergeben sich Nutzungskonflikte zwischen der städtischen und der landwirtschaftlichen Nutzung. In früheren Phasen der Stadtentwicklung, als der Autobesitz wenig verbreitet und das öffentliche Verkehrsnetz beschränkt war, wohnten die meisten Leute in unmittelbarer Zentrumsnähe (ursprüngliche, steilere Rentenlinie der Wohnnutzung). Die Motorisierung der Gesellschaft, der Ausbau des öffentlichen Verkehrsnetzes und die relative Verbilligung von Verkehrsleistungen förderten die Suburbanisierung und die Zersiedelung der Landschaft (gestrichelte Rentenlinie der Wohnnutzung; siehe PFANNSCHMIDT 1990, 38). In den Vereinigten Staaten ist dieser Prozess ebenfalls am ausgeprägtesten zu verfolgen, weil die (Auto)mobilität ausgesprochen günstig ist. Ferner wird wegen des landesweiten Überflusses an Agrarland wenig zu dessen Schutz in Stadtnähe unternommen, und durch das System der Property Tax (Besteuerung des Vermögenswertes des Grundeigentums) werden Landwirtschaftsbetriebe, die in den Einflussbereich einer Stadt gelangen und deren Steuerwert dadurch steigt, rasch zur Aufgabe gezwungen, da der landwirtschaftliche Ertragswert zur Bezahlung der bereits an der höheren Nutzung orientierten Steuerlast nicht mehr ausreicht (DOVRING 1987, 243-246).

3.3. Beeinflussung von Investitionsentscheiden

Auf der Ebene einzelner Wirtschaftssubjekte sind die oben beschriebenen Prozesse häufig mit Investitionen verknüpft (EPPING 1977, 117f.). Der Nutzer eines Grundstücks übt auf diesem eine bestimmte Tätigkeit aus. Da-

---

[22] Engl. "zone of transition".

zu kombiniert er gemäss seiner gegebenen Produktionstechnik Teile des auf dem Grundstück vorhandenen Angebots an öffentlichen und privaten Investitionen, die, wie in Abschnitt 3.2.1. erwähnt, zu den Qualitätsvariablen eines Grundstücks gehören, mit Investitionselementen nach eigener Wahl. Dabei ist gleichgültig, ob der Nutzer ein Haushalt ist, das Grundstück also für eine konsumptive Tätigkeit (z.B. Wohnen im Eigenheim) genutzt wird, oder ob es sich um ein Unternehmen handelt, dessen Tätigkeit in der Produktion und / oder dem Verkauf von Gütern und Dienstleistungen besteht. Das Ergebnis der Tätigkeit kann, den unterstellten Zielsetzungen folgend, durch den erzielten Gewinn bzw. den Nutzen gemessen werden.

Für den Investitionsentscheid von entscheidender Bedeutung ist der Verlauf des Ertragsstromes über die Zeit, verglichen mit den Kosten der Investition (z.B. Bodenerwerb). Gerade wenn es um Investitionen in Grund und Boden im städtischen Bereich geht, lassen sich natürlich Boden und Kapital bzw. Grundrente und Kapitalzins nicht mehr sauber trennen, da städtischer Boden eine hohe Kapitalkomponente aufweist (Bauten, Infrastrukturen; siehe dazu SIEBERs Definition der Grundrente in Abschnitt 2.3.). Je nach Investitionsart können dabei unterschiedliche Ertrags- und Kostenverläufe auftreten. In Abb. 3-12 sind Kosten- und Ertragsverläufe abgebildet, die für eine Investition in einen Geschäftskomplex zutreffen könnten. Die Ertragskurve *AEL* deutet an, dass der Komplex nach der Fertigstellung in einer Anfangsphase, bei der noch nicht alle Räumlichkeiten belegt sind, relativ geringe Erträge (*A0*) einbringt, die dann aber im Laufe der Zeit steigen, nach *E* Jahren den Höchststand erreichen, dann aber wegen der Alterung der Anlagen und der Ausstattung wieder sinken.

Beim Geschäftskomplex fallen auch Betriebskosten an (*DS*), die der Einfachheit halber als konstant angenommen werden. Darunter fallen z.B. Unterhalts-, Reparaturkosten, Steuern, Versicherungsprämien etc. Die Linie *BM* schliesslich bildet die Kosten der Finanzierung ab. Diese setzt sich aus der Verzinsung und der Tilgung der Schulden zusammen, die für den Bau und den Grundstückserwerb aufgenommen werden mussten, wobei hier unterstellt wurde, dass sämtliches Kapital Fremdkapital sei, das bis zum Jahr *M'* zurückgezahlt sein muss. Der Kurvenverlauf weist eine sinkende Tendenz auf, weil - bei einer unterstellten konstanten Schuldentilgungsrate - eine anfangs hohe, dann sinkende Zinsbelastung auf dem noch geschuldeten Kapital anfällt[23].

---

[23] Wird bei der Investition ganz oder teilweise Eigenkapital verwendet, ändert sich grundsätzlich nichts an der Argumentation, da auch bei der Benutzung von Eigenkapital (kalkulatorische) Kosten in Rechnung zu stellen sind.

Abb. 3-12: Erträge und Kosten bei Immobilieninvestitionen

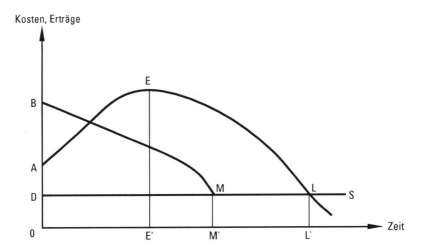

AEL = Ertragsverlauf
BM = Kosten der Finanzierung
DS = Betriebskosten

Quelle: BARLOWE (1986, 159), EEKHOFF (1987, 83)

Um die Rentabilität der Investition zu ermitteln, müssen die Ertrags-
und Kostenströme unter Verwendung der Diskontierungsmethode (siehe
Abschnitt 3.1.2.) zur Errechnung der Gegenwartswerte zukünftiger Kosten
und Erträge kapitalisiert werden. In erster Linie muss natürlich für einen
positiven Investitionsentscheid der Ertrag über den Kosten liegen; es muss
aber auch eine mit alternativen Investitionen vergleichbare Rendite erreicht
werden können. Erwarten die Investoren eine unbefriedigende oder gar
eine negative Rendite, bleibt die Investition aus.

RÄTZER (1987, 26-27) schildert das Investitionskalkül in Abhängigkeit der Ertragsentwicklung im Bereich des Mietwohnungsbaus. Eine Investition in ein Miethaus ist für einen Anleger dann interessant, wenn er über
die ganze Anlagedauer mindestens eine Rendite erwarten kann, wie sie auf
anderen, risikomässig vergleichbaren Anlagen ebenfalls erzielbar wäre.
Dies drückt er so aus, dass der Barwert der künftigen Erträge (inkl. Wie-
derverkaufswert) abgezinst zu dem erforderlichen Marktzins i, mindestens
so gross sein muss wie der Kaufpreis bzw. die Erstellungskosten:

$$W_0 \leq \sum_{t=1}^{T} \frac{E_t}{(1+i)^t} + \frac{W_T}{(1+i)^T}$$

wobei W_0 =   Erstellungskosten bzw. Kaufpreis im Jahre 0
            W_T =   Wert der Liegenschaft zum Verkaufszeitpunkt T
            E =   Jährliche Mieteinnahmen
            i =   Zinssatz

W_T, der Wert der Liegenschaft zum Verkaufszeitpunkt, ist wiederum abhängig von den dannzumal erwarteten Erträgen. Letztlich sind so die erwarteten Erträge bis zum Ende der Lebensdauer des Gebäudes, d.h. bis zum Abbruch im Jahr D von Bedeutung. Zu diesem Zeitpunkt entspricht der Wert der Liegenschaft dem Bodenpreis (BP) minus den Abbruchkosten (AK). Über die ganze Lebensdauer gerechnet lautet somit die Investitionsbedingung:

$$W_0 \leq \sum_{t=1}^{D} \frac{E_t}{(1+i)^t} + \frac{BP_D - AK_D}{(1+i)^D}$$

wobei D =   Jahr des Abbruchs
            BP =   Bodenpreis
            AK =   Abbruchkosten

Die Krise im schweizerischen Wohnungsbau anfangs der neunziger Jahre beispielsweise lässt sich dadurch erklären, dass die Bau-, Boden- und Finanzierungskosten (W_0) derart stark angestiegen waren und die für eine befriedigende Rendite erforderlichen Mieten so hoch anstiegen, dass sie am Markt kaum realisierbar wurden, dass die Gewinnaussichten im Wohnungsbau also negativ beurteilt wurden (RAST 1990, 6). Andererseits kann der Prozess der Umwidmung und Nutzungsintensivierung bzw. der Verdrängungswettbewerb im Boden- und Immobilienmarkt dadurch erklärt werden, dass bei Umwidmung höhere Erträge erwartet werden, die auch unter Berücksichtigung der anfallenden Finanzierungskosten die Neuinvestition rechtfertigen.

4. DER BODENMARKT - PROBLEME DER MARKTSTEUERUNG

4.1. Funktionen des Bodenmarktes

In einer Marktwirtschaft produzieren die Menschen nicht direkt für ihre eigenen Bedürfnisse, sondern spezialisieren sich im Rahmen der Arbeitsteilung auf bestimmte Aktivitäten. Um den Austausch zu ermöglichen, müssen Käufer und Verkäufer miteinander in Verbindung gebracht werden. Regelungen und Mechanismen, die dies ermöglichen, können als Markt bezeichnet werden. Dabei werden sowohl Produktionsfaktoren als auch Endprodukte ausgetauscht. In der Marktwirtschaft kommt dabei den Preisen, die aufgrund des Zusammenspiels von Angebot und Nachfrage gebildet werden, eine zentrale Bedeutung zu. Der Bodenmarkt hat aus ökonomischer Sicht verschiedene wichtige Funktionen zu erfüllen (HARVEY 1987, 26-33).

- *Möglichst optimale Allokation des Bodens auf verschiedene Verwendungszwecke:* In der Einleitung wurde bereits der Begriff "Allokation" definiert und erwähnt, dass eine optimale Allokation diejenige Zuweisung von Gütern oder Produktionsfaktoren auf die verschiedenen Verwendungszwecke bedeutet, die das höchste wirtschaftliche Ergebnis zu erzeugen vermag. Die Zuteilung der Produktionsfaktoren, im vorliegenden Zusammenhang des Bodens, auf bestimmte Verwendungszwecke sollte in marktwirtschaftlicher Sicht über die Preise erfolgen, da sich darin die Präferenzen bestimmter Bodennutzer für einen bestimmten Boden niederschlagen. Eingriffe in den Marktmechanismus führen zu Wohlstandsverlusten, da der Boden nicht für die jeweils höchstwertige Nutzung mit der höchsten Rentengenerierungsfähigkeit, sondern für eine niederwertigere Nutzung - mit entsprechenden Opportunitäts- bzw. Nutzungsverzichtskosten - verwendet würde. Die Konkurrenz verschiedener Nutzungsarten um den Boden wurde bereits - in statischer Weise - in Kapitel 3 dargelegt.

- *Aufzeigen von Nachfrageveränderungen:* Kommt es aus irgend welchen Gründen zu Nachfrageveränderungen nach Boden, muss sich - bei sonst gleich bleibenden Bedingungen - die Grundrente bzw. der Bodenpreis verändern (siehe Abb. 4-1). Ansonsten kommt es zu einer Überschussnachfrage (im Falle einer Nachfragezunahme) oder einem Überschussangebot (in Falle einer Nachfrageabnahme). Nachfrageveränderungen werden hauptsächlich durch folgende Faktoren

verursacht: Erwartungen hinsichtlich zukünftiger Erträge aus Bodennutzungen, Besteuerung von Bodennutzungen, Einkommensentwick-
lung, Bevölkerungsentwicklung, Präferenzen (z.B. Wunsch nach
Eigenheim anstelle einer Mietwohnung) oder institutionelle Faktoren
(z.B. Beschränkung des Grundstückkaufes durch Ausländer).

Abb. 4-1: Preiswirkung einer Nachfragezunahme (*N₁*) und einer -abnahme (*N₂*)

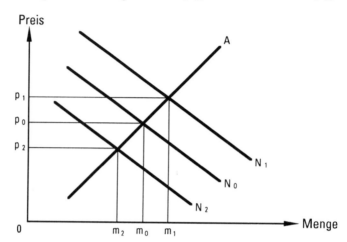

Quelle: HARVEY (1987, 29)

- *Anpassung des Angebots an eine veränderte Nachfrage:* Steigt die
  Nachfrage nach Boden für eine bestimmte Bodennutzung - und damit
  auch der Preis dieser Bodennutzung - , entsteht ein Anreiz für die
  Bodenbesitzer, mehr Boden für diesen Verwendungszweck zur Verfügung zu stellen. Erhöht sich beispielsweise die Nachfrage nach Bü-
  roräumlichkeiten und damit das Rentenangebot dieser Nutzung, be-
  mühen sich die Bodeneigentümer, wegen der gestiegenen Rentabilität
  mehr Büroraum anzubieten, sei es durch Umwidmung von Wohnraum oder durch Neubau. Verringert sich dagegen z.B. im Zuge der
  Desindustrialisierung die Nachfrage nach Industrieflächen und sinkt
  damit auch die Rentabilität des Angebots von Industrieflächen, wird
  versucht diese umzuwidmen.
- *Aufzeigen von veränderten Angebotsbedingungen:* Ergeben sich Veränderungen beim Angebot an Boden, muss sich bei sonst gleich bleibenden Bedingungen der Preis der Bodennutzung verändern (siehe
  Abb. 4-2). Angebotsveränderungen werden beispielsweise durch folgende Faktoren verursacht: raumplanerische Massnahmen (Ein- und
  Auszonungen, Festlegung oder Änderung von Ausnützungsziffern
  etc.), Besteuerung (z.B. Baulandsteuer), veränderte Kosten (z.B. Er-

schliessungskosten). Würde eine Preisreaktion verhindert, käme es zu einer Überschussnachfrage (im Falle einer Angebotsabnahme) oder einem Überschussangebot (in Falle einer Angebotszunahme).

Abb. 4-2: Preiswirkung einer Angebotszunahme (*A₁*) und einer -abnahme (*A₂*)

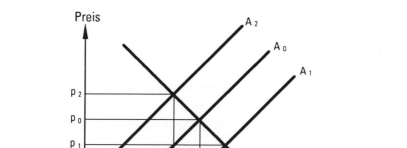

Quelle: HARVEY (1987, 31)

- *Anpassung der Nachfrage an ein verändertes Angebot:* Auf veränderte Angebotsbedingungen kann wiederum durch eine veränderte Nachfrage reagiert werden. Stark steigende Bodenpreise können beispielsweise zu einem Nachfragerückgang nach freistehenden Einfamilienhäusern und einem Nachfrageanstieg nach bodensparenderen Wohnungsformen (z.B. Reihenhäuser) führen.

Es ist nun allerdings darauf hinzuweisen, dass in der Wirtschaftstheorie für das optimale Funktionieren von Märkten verschiedene *Bedingungen* vorausgesetzt werden (PEARCE u.a. 1978, 59-60). Kriterien für einen vollkommenen (homogenen) Markt sind: eine grosse Zahl von Käufern und Verkäufern, die als einzelne das Marktgeschehen nicht beeinflussen können; Nutzenmaximierung der Nachfrager; Gewinnmaximierung der Anbieter; homogene Güter; keine persönlichen, räumlichen und zeitlichen Präferenzen der Marktteilnehmer; Punktmarkt (raum-, distanzloser Markt); häufige Transaktionen in kleinen Produkt- oder Faktoreinheiten; vollkommene Markttransparenz für Anbieter und Nachfrager; unendlich schnelle Reaktionen der Marktteilnehmer sowie Fehlen externer Effekte[24]. Ein unvollkommener Markt liegt vor, wenn mindestens eine der Bedingungen des

---

[24] Externe Effekte sind Einflüsse, die durch die Aktivität einer Wirtschaftseinheit (Konsument oder Produzent) auf andere Wirtschaftseinheiten ausgeübt werden, ohne dass diese Einflüsse abgegolten werden; siehe dazu Abschnitt 4.2.7.

vollkommenen Marktes nicht erfüllt ist. In einem unvollkommenen Markt wird deshalb mit einer suboptimalen Allokation von Produktionsfaktoren zu rechnen sein.

Der Bodenmarkt ist kein idealer Markt; die meisten der genannten Bedingungen treffen in der Realität nicht zu (TURVEY 1957; EEKHOFF 1987, 184-188; DEISS u.a. 1989, 46-56; WURTZEBACH / MILES 1991, 9f). Immer wieder wurde deshalb - sowie wegen den durch den Bodenmarkt ausgelösten Verteilungsproblemen - an der Funktionsfähigkeit des Bodenmarktes Kritik geübt (siehe z.B. KALLENBERGER 1979, MACKSCHEIDT 1982). Darüber hinaus gibt es eine ethische Position, die den Boden als Lebensgrundlage schlechthin nicht als handelbares Marktobjekt anerkennen will. So meint beispielsweise ROSENBERGER (1992), Boden sei kein markttaugliches Gut, da er einmalig, nicht vermehrbar sei und "Boden ... - neben Luft und Wasser - Lebensgrundlage schlechthin [ist]. Der Mensch kann ohne diese Elemente nicht leben, und jeder hat durch sein blosses Dasein ein natürliches Recht auf sie." Nachfolgend wird zunächst auf eine Reihe immer wieder vorgebrachter Kritikpunkte eingegangen, die die Funktionsfähigkeit im Sinne der optimalen *Allokation* betreffen (Abschnitt 4.2.). Danach wird gesondert auf die *Verteilungsproblematik*, die durch die Funktionsweise des Bodenmarktes hervorgerufen wird, eingegangen (Abschnitt 4.3.).

4.2. Allokationsprobleme

4.2.1. Nichtvermehrbarkeit des Bodens

Insgesamt ist die Bodenfläche eines Landes gegeben und völlig preisunelastisch. Aus dieser Tatsache wird häufig gefolgert, dass auch das Angebot für einzelne Nutzungen völlig oder nahezu unelastisch auf Preisänderungen reagiere und dass der Markt zumindest auf der Angebotsseite nicht funktioniere (dass also die Funktion der Anpassung des Angebots an eine veränderte Nachfrage nicht erfüllt werde). Hierbei sei an die Idee der Klassiker vom starren Bodenangebot (senkrechte Angebotskurve; siehe Abschnitt 2.1.) erinnert.

Beim Bodenangebot sollte zunächst der Klarheit halber zwischen dem physischen Bestand und dem ökonomischen Angebot unterschieden werden (BARLOWE 1986, 14; DOVRING 1987, 55, MEIER / FURRER 1988, 40). Beim physischen Konzept geht es um den absoluten Bestand an Boden. In der Schweiz stehen uns 41'284 km² Fläche zur Verfügung. Ein Grossteil der menschlichen Nutzungen findet aber nur auf etwa einem Drittel der gesamten Fläche statt (siehe Abb. 4-3).

Abb. 4-3: Übersicht über die Fläche der Schweiz

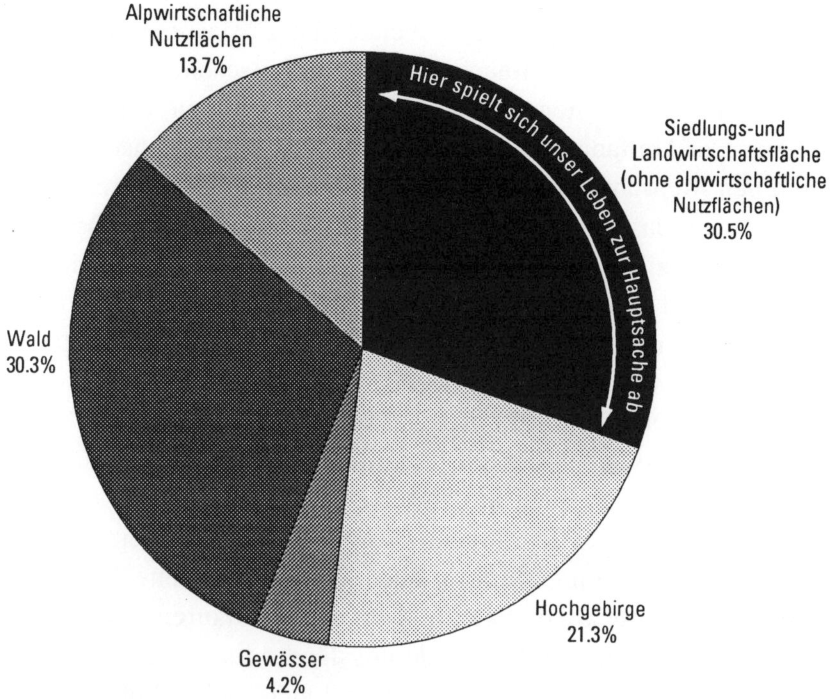

Alpwirtschaftliche
Nutzflächen
13.7%

Hier spielt sich unser Leben zur Hauptsache ab

Siedlungs-und
Landwirtschaftsfläche
(ohne alpwirtschaftliche
Nutzflächen)
30.5%

Wald
30.3%

Hochgebirge
21.3%

Gewässer
4.2%

Quelle: eigene Darstellung, Daten BFS (1992, 39)

Rund ein Fünftel des Landes besteht aus Hochgebirge. Flüsse und Seen nehmen ca. 4% der Fläche ein. Ein Drittel ist Wald, und 14% der Fläche entfallen auf Alpweiden und Heuwiesen. Auf den rund 12'600 km^2, auf denen sich das menschliche Leben hauptsächlich abspielt, findet ein intensiver Wettstreit um den Boden statt, da Bodenansprüche für Wohnzwecke, für Arbeitsplätze, für eine breite Palette von Infrastrukturen, für Erholungszwecke, für Freizeiteinrichtungen, für die Landwirtschaft sowie für ökologische Ausgleichsflächen stark miteinander in Konkurrenz stehen.

Die Enge des schweizerischen Lebensraumes und die Knappheit des Bodens kommen in der Bevölkerungsdichte zum Ausdruck. Während die Schweiz ingesamt bei einer Einwohnerzahl von 6,9 Mio. Einwohnern (1991) eine Bevölkerungsdichte von 165 Einwohnern pro km^2 aufweist, erreicht diese im schweizerischen Mittelland einen Wert von rund 400 Einwohnern pro km^2, was über den Werten in ausgesprochen urbanen Ländern, wie z.B. den Niederlanden (1990: 350 Einwohner pro km^2) oder

Belgien (1990: 326 Einwohner pro km^2), liegt. Die Konkurrenz um den knappen Boden wird in Zukunft bei sich fortsetzendem Wirtschafts-, Bevölkerungs- und Einkommenswachstum weiter zunehmen.

Der für menschliche Zwecke nutzbare Boden ist in der Schweiz klar begrenzt; der Boden kann nicht vermehrt werden. Theoretisch könnten zwar die Waldflächen, die verbleibenden naturbelassenen Flächen sowie - mit einem beträchtlichen finanziellen und technischen Auswand - auch sog. "unproduktive" Flächen für menschliche Nutzungen verfügbar gemacht werden. Der Umfang der Beeinträchtigungen des Lebensraumes Schweiz durch den Menschen wird von weiten Kreisen aber als bereits übermässig betrachtet, so dass die verbleibenden Freiflächen als schützenswert erachtet werden, oder z.B. durch raumplanerische Massnahmen oder Massnahmen des Natur- und Landschaftsschutzes bereits geschützt sind. Den rigorosesten Schutz erhielt dabei der Wald, der seit dem Erlass des Forstpolizeigesetzes (Bundesgesetz betreffend die eidgenössische Oberaufsicht über die Forstpolizei vom 11. Oktober 1902) in seiner ganzen Fläche geschützt ist[25].

Die Nichtvermehrbarkeit des Bodens stellte sich in früheren Zeiten dem Menschen noch nicht in demselben Ausmass als Problem. Im letzten und zu Beginn dieses Jahrhunderts sorgten in der Schweiz beispielsweise Flusskorrektionen und Meliorationen dafür, dass neue Flächen für die Landwirtschaft, für Siedlungen und für Infrastrukturen gewonnen werden konnten. Die klassischen Einwanderungsländer für Emigranten aus Europa (USA, Kanada, Australien) boten während vieler Jahrzehnte Raum, um den menschlichen Siedlungsraum auszudehnen. Die heutige "Frontier" befindet sich in den Entwicklungsländern, wo der menschlich genutzte Raum zulasten tropischer Waldgebiete immer noch ausgedehnt wird, was unter ökologischen Gesichtspunkten natürlich äusserst fragwürdig ist.

Vom fix gegebenen, nicht vermehrbaren physischen Bestand an Boden ist das *Angebot* im *ökonomischen* Sinn zu unterscheiden. Das ökonomische Angebot umfasst nur jenen Teil der totalen physischen Oberfläche, den die Menschen nutzen können. Boden wird zu einer Ressource im ökonomischen und technischen Sinn, wenn danach eine Nachfrage besteht, wenn die verschiedenen potentiellen Nutzer darum konkurrieren und dem Boden einen Wert und einen Preis geben. Das Bodenangebot hängt von der Verkaufsbereitschaft der Besitzer ab. Die Bereitschaft, Boden zu verkaufen, ist nicht bei jedem Preisangebot gleich hoch. Bei steigendem Preis wächst die Verkaufsbereitschaft, und mehr Boden wird angeboten. Denn die Anbieter sind bestrebt, den Ertrag aus ihrem Vermögen zu erhöhen; je

---

[25] Dieser quantitative Schutz wurde auch im Waldgesetz, welches am 1.1.1993 das Forstpolizeigesetz ablöste, uneingeschränkt übernommen.

höher der Preis ist, desto grösser ist die Wahrscheinlichkeit, dass er den vom Eigentümer mit der bisherigen Nutzung erzeugten oder subjektiv festgelegten Ertragswert übersteigt. Es kommt zu einem Bodenangebot. Aus der Sicht des Bodenbesitzers als potentieller Anbieter ist somit die Wahrscheinlichkeit eines Angebots hoch, wenn der Ertragswert kleiner ist als der Bodenpreis. Umgekehrt besteht eine geringe Angebotswahrscheinlichkeit, wenn der Ertragswert den Bodenpreis übersteigt[26]. Das ökonomische Bodenangebot ist somit im Gegensatz zum Bodenbestand nicht fix gegeben. Der Zusammenhang zwischen Bodenbestand und Verkaufsbereitschaft lässt sich graphisch darstellen; in Abb. 4-4 ist aber unterstellt, dass ab einem gewissen Punkt (*M*) das Angebot völlig preisunelastisch wird, d.h. dass die Menge angebotenen Bodens sich auch bei massiven Preiserhöhungen nicht vergrössert.

Abb. 4-4: Zusammenhang zwischen Bodenbestand und Verkaufsbereitschaft

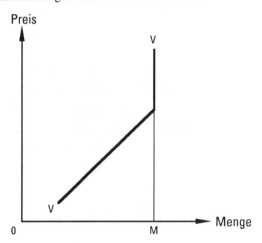

$M =$ Bodenbestand, Gesamtfläche
$V =$ Verkaufsbereitschaft

Quelle: MEIER / FURRER (1988, 41)

Auch wenn man von einem preiselastischen Bodenangebot ausgeht, bewirkt die Unvermehrbarkeit des Bodens dennoch im langfristigen Zeitablauf einen relativen Anstieg von Grundrente und Bodenpreisen. SIEBER (1970, 47f.) schreibt, dass sich auf lange Frist das Auf und Ab der Bodenpreise nicht längs einer horizontalen, sondern einer per saldo ansteigenden Linie abspielt. Es bestehe ein *säkularer Trend des Bodenpreisanstiegs.*

---

[26] Die diesbezüglichen empirischen Untersuchungen sind leider nur sehr spärlich. Eine der wenigen Untersuchungen zeigt jedoch die wichtigsten Verkaufsgründe für Landwirtschaftsland im Kanton Zürich 1990/91 (RIEDER / HUBER 1992, 37) (Aufzählung nach Häufigkeit in abnehmender Reihenfolge): Erbteilung, Rendite, Landabtausch, Gesundheit/Alter, finanzieller Engpass, Hofauflösung.

Trotz den mangelhaften statistischen Grundlagen in der Schweiz wissen wir, dass das Ausmass der Grundrenten- und Bodenpreissteigerungen in der Vergangenheit beträchtlich gewesen ist. Ursachen dafür erkennt er sowohl auf der Nachfrage- als auch auf der Angebotsseite. Angebotsmässig sei entscheidend, dass der Boden eben nicht vermehrbar sei und die Angebotskurve, im Gegensatz zu derjenigen anderer Güter, kaum nach aussen verschoben werden könne. Als nachfrageseitige Teuerungsfaktoren erwähnt er als grundlegende Hauptursachen das Bevölkerungswachstum[27], das gestiegene reale Volkseinkommen pro Kopf der Bevölkerung[28] sowie die durch das Wirtschaftswachstum verstärkte Nachfrage nach Boden zu produktiven Zwecken[29], welche alle zu einer Rechtsverschiebung der Nachfragekurve beitragen (vgl. auch Abschnitt 2.3., Grundrente als Knappheitspreis).

Nach EEKHOFF (1987, 184) verstellt die Betrachtungsweise vom Boden als unvermehrbarem Gut, das nahezu unelastisch auf Preisänderungen reagiere, bei dem der Markt auf der Angebotsseite nicht funktioniere und bei dem deshalb das Preissystem für die Zuweisung des knappen Bodens nicht brauchbar sei, den Blick für Nutzungsänderungen und insbesondere für den engen Zusammenhang zwischen den verschiedenen Teilmärkten. Nach EEKHOFF verhindern Nutzungsänderungen von "niederwertigen" zu "höherwertigen" Bodennutzungen und allgemein die Intensivierung der Bodennutzungen letztlich, dass eine absolute Obergrenze der Bodennutzung (Punkt *M* in Abb. 4-4 und 4-5) erreicht wird. Auch auf anderen Faktormärkten sei das Gesamtangebot in ähnlicher Weise begrenzt wie das Bodenangebot. Durch Produktivitätsfortschritte könnten nicht nur Arbeitsstunden und Rohstoffe, sondern auch Boden eingespart werden. EEKHOFF (1987, 184-186) verdeutlicht dies mit der folgenden beispielhaften Argumentation.

Unterstellt man, dass die Gesamtfläche eines Landes in landwirtschaftliche Flächen einerseits und Ödland und Gewässerflächen andererseits aufgeteilt ist, so besteht die Möglichkeit, Ödland zu kultivieren und Gewässer trocken zu legen, zuzuschütten etc., um die landwirtschaftliche Fläche auszuweiten. Es ist anzunehmen, dass die Kosten für solche Verfahren mit zunehmender Kultivierung steigen. Dann ergibt sich eine Angebotsfunktion für landwirtschaftliche Flächen, die entsprechend den Kosten der Kultivie-

---

[27] In den 40 Jahren zwischen 1950 und 1990 fand eine kontinuierliche Einwohnerzunahme um über 44% von 4,7 Mio. auf 6,9 Mio. statt (STATISTISCHES JAHRBUCH DER SCHWEIZ 1993, 30).

[28] Das reale Bruttoinlandprodukt der Schweiz hat sich zwischen 1950 und 1990 um den Faktor 3,5 erhöht, pro Kopf der Bevölkerung um den Faktor 2,4 (STATISTISCHES JAHRBUCH DER SCHWEIZ 1993, 35).

[29] Z.B. Zunahme der Zahl der Erwerbstätigen (und damit in etwa der Arbeitsplätze) zwischen 1965 und 1991 von 3,025 Mio. auf 3,560 Mio. (STATISTISCHES JAHRBUCH DER SCHWEIZ 1993, 46).

rung, der Entwässerung etc. ansteigt (siehe Abb. 4-5). Wie auf anderen Märkten hängt somit die angebotene Menge an landwirtschaftlichen Flächen vom Preis ab, und der Verlauf der Angebotsfunktion wird durch die Herstellungskosten bestimmt.

Abb. 4-5: Angebot und Nachfrage nach land- und forstwirtschaftlichen Flächen

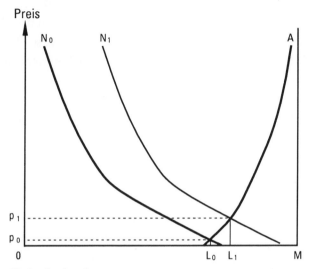

$M =$ Gesamtfläche des Landes
$N =$ Nachfrage nach landwirtschaftlichen Flächen
$A =$ Angebot an landwirtschaftlichen Flächen
$OL =$ Landwirtschaftsfläche
$LM =$ Ödland und Gewässer

Quelle: nach EEKHOFF (1987, 185)

Eine Zunahme der Nachfrage nach landwirtschaftlichen Flächen (Rechtsverschiebung der Nachfragekurve von N_0 auf N_1 in Abb. 4-5) erhöht den Bodenpreis von p_0 auf p_1. Ödland und Gewässerflächen im Umfang von $L_0 L_1$ werden in diesem Fall in Landwirtschaftsland umgewandelt. Je höher der Preis für landwirtschaftliche Flächen, desto mehr Ödland und Gewässerflächen werden in landwirtschaftliche Flächen umgewandelt.

Eine Erhöhung des Bodenpreises hat ihrerseits Rückwirkungen auf die Nachfrage (vgl. die Funktionen des Bodenmarktes in Abschnitt 4.1.). Die Nachfrage nach landwirtschaftlichen Flächen ist mit der Nachfrage nach landwirtschaftlichen Erzeugnissen verknüpft. Bei steigendem Bodenpreis steigen von der Kostenseite her vor allem die Preise derjenigen landwirtschaftlichen Güter, die besonders bodenintensiv hergestellt wurden. Die Konsumenten werden versuchen, diese Güter durch weniger bodenintensiv hergestellte Güter zu substituieren, d.h. durch Güter, die weniger Boden in Anspruch nehmen. Die Produzenten landwirtschaftlicher Güter werden versuchen, den teurer gewordenen Faktor Boden durch andere Faktoren (Arbeit, Kapital, technisches Wissen) zu ersetzen. Sie werden den Boden intensiver bewirtschaften. Die Preissignale werden auch den technischen Fortschritt in diese Richtung lenken (Erforschung besserer Bewässerungsmethoden, ertragreichere Sorten, etc.).

Solche Anpassungsreaktionen vollziehen sich auf allen Teilmärkten für Grundstücke, auch bei Industrie-, Gewerbe- oder Wohnungsbauflächen. Angebot und Nachfrage lassen sich grundsätzlich in einem Marktprozess ausgleichen, und der Preis steuert die Anpassungsprozesse. Wenn man die raumplanerisch festgelegte Bauzonenfläche als gegeben annimmt, kann abgesehen von der Überbauung noch freistehenden Geländes durch Umbauten, Nutzungsverdichtungen und Abriss vorhandener Gebäude für Neubau zusätzliche Fläche gewonnen werden[30]. Nach EEKHOFF sagt die Feststellung, die Bodenfläche sei ein unvermehrbares Gut, also für die Bodenmarktpolitik wenig aus. Das Bodenangebot sei auf den einzelnen Märkten keineswegs starr. Es stellt sich natürlich die Frage, ob in der Realität der Prozess der Zweckänderung genügend spielen kann, oder ob er durch institutionelle, planungsrechtliche, steuerliche und andere Regelungen behindert wird (zu den bodenpolitischen Folgerungen aus dem Problem der Nichtvermehrbarkeit des Bodens, siehe Abschnitt 6.1.).

4.2.2. Immobilität des Bodens

Eine der bedeutendsten Charakteristiken des Bodens ist seine räumliche Fixiertheit. Es handelt sich um eine "Immobilie", die nicht verladen und zwischen verschiedenen Märkten verschoben werden kann (BARLOWE 1986, 30f.). Lokalisation und Erreichbarkeit sind von entscheidender Bedeutung für die Nutzbarkeit eines Grundstückes. Wenn auch für eine bestimmte Bodennutzung im allgemeinen mehr als nur gerade ein Grundstück zur Verfügung steht, so kann dennoch nicht billiger Boden hin zu Hochpreislagen transportiert werden. Es wird immer wieder die These vertreten, die Immobilität des Bodens sei eine gravierende Marktunvollkommenheit, weil das Bodenangebot nicht auf räumliche Preisunterschiede reagieren könne; in der Preistheorie wird davon ausgegangen, dass bei unterschiedlichen Renditen verschiedener Verwendungszwecke die Produktionsfaktoren zu

---

[30] Eine im Rahmen des Nationalen Forschungsprogrammes "Boden" erarbeitete Studie (GABATHULER u.a. 1990, 71-98) zeigte auf, dass in der Schweiz innerhalb der bestehenden Siedlungen noch gewaltige Flächenreserven vorhanden sind. In und auf den bestehenden Wohngebäudevolumen fänden sich Nutzflächenreserven für gegen 3 Mio. Einwohner und über 2 Mio. Wohnungen, ohne dass dafür unüberbautes Land - auch innerhalb der Bauzonen - beansprucht werden müsste.

den rentableren wanderten, bis es zu einem Ausgleich der Faktorentgelte käme. Eine Konsequenz aus der Immobilität besteht darin, dass der Bodenmarkt in starkem Masse ein lokaler Markt ist (WURTZEBACH / MILES 1991, 9), d.h. es ist existieren kaum nationale oder gar internationale Märkte wie für die meisten Industrie- oder Landwirtschaftsprodukte.

Ohne Zweifel hat jedes Grundstück spezifische Lagemerkmale und ist nicht mit anderen Grundstücken beliebig austauschbar. Jedoch bestehen auf den einzelnen Teilmärkten (z.B. für landwirtschaftliche Grundstücke, Wohnungen oder Gewerbeflächen) durchaus enge Substitutionsbeziehungen zwischen verschiedenen Grundstücken. So gibt es beispielsweise in grösseren Agglomerationen eine grosse Zahl ähnlicher Wohnungen oder Gewerbegrundstücke (z.B. ähnlich bezüglich Lage zum Stadtzentrum oder Ausstattungsqualität), die einen recht grossen Markt mit vergleichbaren Handelsobjekten ermöglichen.

Der Ausgleich zwischen räumlichen Teilmärkten erfolgt auf dem Bodenmarkt über die Nachfrageseite. In welchem Ausmass solche Ausgleichsmechanismen spielen, hängt von den Transportkosten in einem weiten Sinn ab (Kosten der Standortverlagerung, zeitliche und monetäre Pendelkosten etc.). Je tiefer diese Verlagerungskosten von Bodennutzungen sind, desto geringer wiegt der Umstand der Immobilität des Bodens. Wie wir bereits in Kapitel 3 bei der Diskussion der Bedeutung der Grundrente gesehen haben, gibt es mehr und weniger standortgebundene Bodennutzungen. Bestimmte Bodennutzungen können nur an wenigen, spezifischen Lagen ausgeführt werden (z.B. hochzentrale Dienstleistungen sind auf ganz spezifische Lagen höchster Erreichbarkeit angewiesen), während andere ubiquitärer sind (z.B. Wohnen). Eine Verringerung der Kosten der Raumüberwindung wirkt deshalb vor allem auf die weniger standortgebundenen Nutzungen mobilisierend (zu den bodenpolitischen Folgerungen aus dem Problem der Immobilität des Bodens, siehe Abschnitt 6.2.).

4.2.3. Monopolartige Angebotsstruktur

Ein weiterer Kritikpunkt an der Funktionsfähigkeit des Bodenmarktes betrifft die tatsächlich oder angeblich monopolartige Angebotsstruktur, die dem Ideal der vollkommenen Konkurrenz, charakterisiert durch eine atomistische Angebots- und Nachfragestruktur, widerspricht.

Diesem Kritikpunkt liegen teilweise historische Ursachen zugrunde, wie bereits in Abschnitt 2.4.1. bei der Diskussion der Grundrente als ungerechtfertigtes arbeitsloses Einkommen angedeutet wurde. Die nationalökonomischen Klassiker lebten in einer Zeit, in der der (landwirtschaftliche) Bodenmarkt durch feudale Strukturen gekennzeichnet war, wo die Grundeigentümer durchaus eine monopolähnliche Stellung innehatten. Zudem verwendeten sie den Monopolbegriff nicht im ganz strengen Sinn (*ein* Anbieter). Adam SMITH etwa bezeichnete alle Marktformen als Monopole, die von derjenigen der freien Konkurrenz abweichen, d.h. jede Art von begünstigter Marktstellung war für ihn ein Monopol. Auch Karl MARX hatte auf die Begrifflichkeit einen bedeutenden Einfluss. Er verstand unter einem Monopol die alleinige oder überwiegende Verfügungsgewalt einer einzelnen Person, einer Gruppe oder Klasse über ökonomische Bedingungen (KALLENBERGER 1979, 5 und 26). Die Ideen und Vorstellungen aus jener Zeit haben trotz geänderter Umstände bis heute einen gewissen Einfluss.

Sofern das Eigentum an Grundstücken breit gestreut ist, funktioniert der Wettbewerb der Eigentümer um die besten Nutzungen. Mit gravierenden Abweichungen von der gesamtwirtschaftlich günstigsten Nutzung der Flächen ist nicht zu rechnen. Die Monopolwirkungen, die jedoch auftreten können, wenn grosse Teile der Bodenfläche in einer Hand liegen, sollen am Extremfall aufgezeigt werden, in dem ein Bodenbesitzer über sämtliche Grundstücke verfügt (EEKHOFF 1987, 207-208). Ein solcher Monopolist ist in der Lage, den Grundstückspreis zu beeinflussen, indem er einen Teil des Bodens ungenutzt lässt oder nur sehr extensiv nutzt. Die Verluste bei diesen Grundstücken lassen sich möglicherweise überkompensieren, wenn die Gewinne aus den übrigen Grundstücken wegen des künstlich niedrig gehaltenen Angebots genügend stark steigen. Voraussetzung einer solchen monopolistischen Ausbeutung der Nutzer sind eine preiselastische Nachfrage und unterschiedliche Nachfrageelastizitäten auf den einzelnen Teilmärkten.

Es sei angenommen, dass der Monopolist seine Grundstücke als Bauland oder als landwirtschaftliche Flächen anbieten kann (siehe Abb. 4-6). Auf dem Teilmarkt für Bauland sei die Nachfrage wenig elastisch und die maximal erzielbare Grundrente sehr hoch (Nachfragekurve N_B). Auf dem Markt für landwirtschaftliche Nutzungen sei die Nachfrage sehr elastisch und die maximal erzielbare Grundrente niedrig (Nachfragekurve N_L). Die Nachfrage nach landwirtschaftlichen Flächen ist von rechts nach links abgetragen worden. Da die Gesamtfläche gegeben ist (M) und vom Monopolisten nicht verändert werden kann, wird der Monopolist versuchen, die vorhandene Fläche so auf die beiden Teilmärkte zu verteilen, dass er eine maximale Gesamtrente erhält.

Abb. 4-6: Aufteilung der Gesamtfläche auf Bauland und landwirtschaftliche Flächen bei monopolistischem Angebot

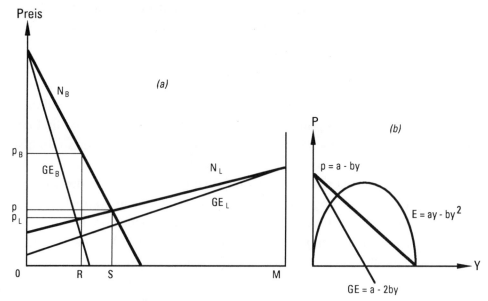

M = Gesamtfläche des Landes
N_L = Nachfrage nach landwirtschaftlichen Flächen
GE_L = Grenzerlös für landwirtschaftliche Flächen
N_B = Nachfrage nach Bauland
GE_B = Grenzerlös für Bauland
OS = Bauland bei vollständiger Konkurrenz
OR = Bauland unter Monopolbedingungen
SM = Landwirtschaftsland unter Konkurrenzbedingungen
RM = Landwirtschaftsland unter Monopolbedingungen
p = einheitlicher Pachtpreis unter Konkurrenzbedingungen
p_B = Pachtpreis für Bauland unter Monopolbedingungen
p_L = Pachtpreis für Landwirtschaftsland unter Monopolbedingungen

Quelle: EEKHOFF (1987, 207)

Die Grenzerlöskurve für Bauland GE_B gibt an, um wieviel der Gesamterlös aus dem Angebot von Bauland steigt, wenn eine zusätzliche Flächeneinheit angeboten wird. Die Herleitung der Grenzerlöskurve ist in Abb. 4-6b dargestellt. Bei einer linearen Nachfragefunktion vom Typ $p = a - by$ ergibt sich eine Ertragsfunktion $E = py = ay - by^2$. Der Grenzertrag wird durch Differenzierung nach der Menge bestimmt: $GE = a - 2by$. Beim Schnittpunkt der Grenzerlösfunktion mit der Abszisse ist das Erlösmaximum erreicht. Der Monopolist wird aber eine kleinere Bodenmenge anbieten; er wird sein Flächenangebot nur bis zu dem Punkt ausdehnen, an dem der Grenzerlös GE_B gleich den Grenzkosten ist.

Die Grenzkosten des Baulandangebotes werden durch die Opportunitätskosten der Flächenverwendung bestimmt. Jede Flächeneinheit, die als Bauland genutzt wird, könnte auch für eine landwirtschaftliche Nutzung verwendet werden, d.h. es entstehen Opportunitätskosten in der Höhe des entgangenen Grenzerlöses aus der alternativen landwirtschaftlichen Nutzung. Die Grenzerlöskurve für die landwirtschaftliche Nutzung GE_L ist ebenfalls in Abb. 4-6 dargestellt; sie ist wiederum spiegelbildlich von rechts nach links abgetragen.

Der Monopolist wird das Baulandangebot nur so weit ausdehnen, bis der Grenzerlös GE_B gleich den Grenzkosten (dem entgangenen Grenzerlös GE_L) wird. Bei dieser Verteilung des Bodens auf die beiden Verwendungszwecke kann der Monopolist den Pachtpreis für Bauland auf p_B und den Pachtpreis für landwirtschaftliche Flächen auf p_L festsetzen. Er strebt also eine Preisdifferenzierung zwischen den Nutzungsarten an, um seine Gesamtrente zu maximieren. Diese monopolistische Aufteilung der Flächen auf verschiedene Nutzungen ist gesamtwirtschaftlich nicht optimal. Das gesamtwirtschaftlich optimale Flächenangebot wird nicht dort erreicht, wo der Grenzerlös gleich den *privaten* Grenzkosten ist. Die Optimalbedingung der Wirtschaftstheorie lautet, dass das optimale Angebot dort liegt, wo der Preis gleich den *gesellschaftlichen* Grenzkosten ist. Das Baulandangebot müsste also solange vermehrt werden, bis der Pachtpreis für eine Baulandeinheit auf das Niveau des Pachtpreises für eine Einheit der landwirtschaftlichen Nutzfläche fällt. Dies ist im Schnittpunkt der Nachfragekurven N_B und N_L der Fall. Gesamtwirtschaftlich optimal wäre ein einheitlicher Pachtpreis in der Höhe von p.[31]

Gewisse Autoren (z.B. TSCHÄNI 1986) beklagen nun wegen der ungleichen Verteilung des Bodenbesitzes, insbesondere der starken Stellung institutioneller Anleger, in der Schweiz monopolartige Strukturen. Dass die ungleiche Bodenbesitzverteilung ein *verteilungspolitisches Problem* darstellt, bestreitet kaum jemand. Ob jedoch die ungleiche Besitzverteilung, die nicht durch ein vollumfängliches Monopol gekennzeichnet ist, die Allokationsfunktion fundamental stört, ist schwieriger nachweisbar. Das wichtige aktuelle bodenpolitische Problem der Bodenhortung, welche mit dem Monopolmodell in Einklang stehen würde, kann ebenso mit einer unzweckmässigen Bodenbesteuerung erklärt werden (vgl. dazu die Diskussion der Baulandsteuer in Abschnitt 6.1.3.).

---

[31] Wenn EEKHOFF schreibt, gesamtwirtschaftlich optimal wäre ein einheitlicher Pachtpreis p, so widerspricht dies den Überlegungen in Kapitel 3 zur Nutzungskonkurrenz und -segregation im Raum bei Vorhandensein mehrerer Bodennutzungsarten, die auch ohne Monopol zu räumlichen Unterschieden der Grundrente führt (vgl. z.B. das THÜNEN-Modell in Abschnitt 3.2.4.). Der scheinbare Widerspruch löst sich auf, wenn man bedenkt, dass EEKHOFFs Darlegungen zum Bodenmonopol von einem raum- und distanzlosen Punktmarkt ausgehen, auf dem - in Abweichung dessen, was in Abschnitt 4.2.2. zur Immobilität des Bodens gesagt wurde - analog zu den meisten Industrigütermärkten ein im Gesamtraum einheitlicher Pachtpreis möglich wäre.

Abgesehen vom generellen Bodenmonopol steht aber hier auch noch ein anderer Aspekt des monopolartigen Bodenangebots im Vordergrund, und zwar das durch die *Immobilität des Bodens* ermöglichte *lokale* Bodenmonopol. Denn viele Bodennutzungen sind an spezielle Standorte gebunden, so dass postuliert wird, dem lokalen Bodenbesitzer komme eine monopolartige Stellung zu[32]. Auf diesen Problemkreis sind wir bereits bei der Diskussion der Immobilität des Bodens eingegangen. Es wurde dort gezeigt, dass für die meisten Grundstücke Substitutionsmöglichkeiten bestehen und daher auch kaum von lokalen Monopolen gesprochen werden kann (zu den bodenpolitischen Folgerungen aus der Monopolproblematik, siehe Abschnitt 6.3. und Kapitel 7).

4.2.4. Heterogenität des Gutes "Boden" und unvollständige Information

Bei der mikroökonomischen Wettbewerbs- und Preistheorie ist jeweils das Vorhandensein eines homogenen Gutes unterstellt. Nun sind allerdings Grundstücke nicht homogen; jedes einzelne Grundstück weist spezielle Eigenschaften auf (Lage, Neigung, Exposition, Ausstattungsqualität, Umgebungsqualität etc.). Die Produkte auf dem Bodenmarkt können nicht in demselben Ausmass standardisiert werden, wie dies bei Industrieprodukten in der Regel der Fall ist (WURTZEBACH / MILES 1991, 9). Stellt dieser Umstand die Funktionsfähigkeit des Bodenmarktes in Frage? Hierbei ist zu bedenken, dass es ohnehin viele Märkte gibt, wo heterogene Güter gehandelt werden und dass ein Trend hin zu unstandardisierten Gütern, Spezialanfertigungen etc. besteht, der namentlich durch neue Produktionstechnologien und die Entwicklung der Nachfragestrukturen unterstützt wird. Und die übrigen Produktionsfaktoren sind auch alles andere als homogen; beim Produktionsfaktor Arbeit denke man dabei etwa an die Segmentierung nach Arbeitern, Fachkräften etc.

Zudem können Grundstücke in Teilmärkten zusammengefasst werden (z.B. Wohnbauland-, Industrielandmarkt etc.). Innerhalb eines Teilmarktes ist die Substituierbarkeit zwar nicht vollkommen, aber doch beträchtlich. Grundstücke mit ähnlichen Lagemerkmalen können ebenfalls zu Teilmärkten zusammengefasst werden, die regional, nach Siedlungstypen, nach der Lage innerhalb von Siedlungen etc. gegliedert werden können. Zwischen

---

[32] Vgl. z.B. BERNOULLI (1946, 66): " Für viele öffentliche Bauten wird die Platzfrage zu einem wahren Leidensweg, denn mit zufälligen Abschnitten kann sich ein Theater, ein Museum, ein Rathaus schliesslich doch nicht behelfen. Für derartige Anlagen braucht es eine Anlage ersten Ranges, mindestens eine ganz besondere Lage - eine Monopollage; und damit einen Monopolpreis."

den einzelnen Teilmärkten bestehen mehr oder weniger enge Interdependenzen, die zum grossen Teil über den Markt laufen.

Es ist unbestritten, dass die Heterogenität des Gutes "Boden", d.h. die geringe Standardisierung, die Marktübersicht erschwert; Preisstatistiken sind nur von beschränkter Bedeutung, da ganz unterschiedliche Objekte darin einfliessen (EPPING 1977, 167-168). In der Schweiz kommt noch hinzu, dass es um die Statistiken äusserst schlecht bestellt ist (DEISS u.a. 1989, 58). Angaben über den schweizerischen Bodenmarkt gibt es kaum, obwohl die mangelhafte Datenlage schon seit langem beklagt wird (z.B. SIEBER 1970, 49). Eine gesamtschweizerische Bodenpreisstatistik fehlt. Nur in einigen wenigen Kantonen (z.B. Kanton Zürich) werden Bodenpreise systematisch erfasst und ausgewertet. Wegen der grossen wirtschaftlichen und politischen Brisanz der Bodenpreise und zur Wahrung der Vertraulichkeit dieser Daten ist der Detaillierungsgrad der veröffentlichten Statistiken gering (KUSTER 1989, 13). Diese mangelhafte Information über den Bodenmarkt hat zur Folge, dass für vergleichbare Grundstücke sehr unterschiedliche Preise gezahlt werden können. Und die Transaktionskosten, die mit einem Kauf- oder Verkaufsakt verbunden sind, können wegen des grossen Aufwandes für die Informationsbeschaffung sehr hoch sein. Unter diesen Umständen kommt den Immobilienmaklern zur Verflüssigung des Marktes eine grosse Bedeutung zu (WURTZEBACH / MILES 1991, 10; zu den bodenpolitischen Folgerungen aus dem Problem der Heterogenität des Bodens, siehe Abschnitt 6.4.).

4.2.5. Langfristigkeit von Bodennutzungen und Trägheit des Bodenmarktes

Städtische Bodennutzung impliziert hohe öffentliche und private Bauinvestitionen. Wegen der Langlebigkeit der Bauten sind die laufenden Investitionen im Vergleich zum Bestand klein. Für Neubauten werden relativ lange Planungs- und Erstellungszeiten benötigt. Zudem verursacht eine Nutzungsänderung in der Regel beträchtliche Kosten, da Um- und Neubauten heute derart komplex geworden sind (bau- und planungsrechtliche Rahmenbedingungen). Die jeweiligen Bestände sind also weitgehend auf relativ weit zurückliegende Investitionen zurückzuführen (HARVEY 1987, 41). Das kurzfristige Angebot an städtischen Bodennutzungen (z.B. Wohnungen) ist somit sehr unelastisch (siehe Abb. 4-7). Dies bedeutet, dass sich Nachfrageveränderungen auf dem Bodenmarkt kurzfristig in starken Preisausschlägen niederschlagen können, und viel Zeit vergeht, bis das Angebot auf die neuen Umstände reagiert. Gewährt man aber gebührend Reaktionszeit, entschärft sich das Problem; die langfristige Angebotskurve ist wesentlich elastischer.

Abb. 4-7: Kurz- und langfristiges Wohnungsangebot

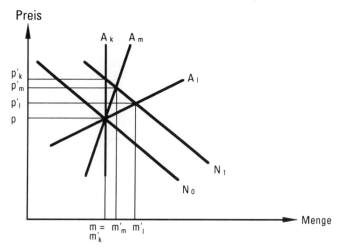

N_0, N_1 = Nachfragekurven
A_k = kurzfristiges Angebot
A_m = mittelfristiges Angebot
A_l = langfristiges Angebot
p'_k = kurzfristiger Preis nach Nachfrageausdehnung auf N_1
p'_m = mittelfristiger Preis nach Nachfrageausdehnung auf N_1
p'_l = langfristiger Preis nach Nachfrageausdehnung auf N_1

Quelle: HARVEY (1987, 41)

Es gibt immer wieder Anstrengungen, auch im Kurzfristbereich eine höhere Elastizität zu erreichen. Deshalb wird beispielsweise von Vertretern der Bauwirtschaft eine Vereinfachung und Liberalisierung der Rahmenbedingungen gefordert, um insbesondere die Planungszeiten und -kosten zu vermindern (zu den bodenpolitischen Folgerungen aus dem Problemkreis der Langfristigkeit und Trägheit, siehe Abschnitt 6.5.).

4.2.6. Öffentliche Güter

Viele Bodenverwendungszwecke haben den Charakter von öffentlichen Gütern. Daraus ergeben sich spezifische Allokationsprobleme. Öffentliche oder Kollektivgüter[33] weisen folgende Eigenschaften auf (vgl. z.B. MI-SHAN 1981, 429ff.; MUSGRAVE u.a. 1987, 60ff.):

- Nichtausschliessbarkeit vom Konsum: Alle Personen, auch die Nicht-zahlenden, können am Konsum eines öffentlichen Gutes teilhaben, niemand kann vom Konsum ausgeschlossen werden. Als Beispiel wird häufig die Landesverteidigung angeführt, welche allen Einwohnern eines Landes zugute komme - ob sie dazu beitragen oder nicht.

- Nichtrivalität beim Konsum: Mehrere Personen können das öffentliche Gut nutzen, ohne dass eine von ihnen im Konsum beeinträchigt wird.

- Gemeinsamer Konsum: Reine öffentliche Güter sind unteilbar. Aus diesem Grund müssen sie von der Gruppe oder Gesellschaft gemeinsam konsumiert werden. Dieses Merkmal lässt die Frage offen, ob die Konsumenten sich gegenseitig im Konsum beeinträchtigen, ob also das Nichtrivalitätsprinzip Gültigkeit besitzt[34].

Aufgrund dieser Eigenschaften besteht bei öffentlichen Gütern das "Trittbrettfahrer-Problem", d.h. das Problem, dass niemand bereit ist, freiwillig zur Bereitstellung eines öffentlichen Gutes beizutragen. Weil eine individuell rational handelnde Person nicht bereit sein wird, ihre Präferenzen für ein öffentliches Gut zu offenbaren, entsteht keine Nachfrage, und es bilden sich demzufolge auch keine Märkte für öffentliche Güter. Wenn es für öffentliche Güter keine Märkte gibt, bilden sich auch keine Preise dafür, es erfolgt also keine marktmässige Bewertung. Der gesamtgesellschaftliche Nutzen eines öffentlichen Gutes, wie z.B. "intakte Umwelt", bleibt somit unterbewertet. Deshalb werden öffentliche Güter nur unter besonderen Voraussetzungen bereitgestellt:

- Ein öffentliches Gut wird nachgefragt und angeboten, wenn es mit einem privaten Gut verbunden ist (Kuppelproduktion). Das Individuum beteiligt sich an der Bereitstellung des öffentlichen Gutes, weil es sonst nicht in den Genuss des privaten Gutes gelangt. Beispielsweise haben in der Vergangenheit die Waldbewirtschafter das öffentliche Gut "Schutzwirkungen" als Nebenprodukt der Gewinnung des privaten, vermarktbaren Gutes Holz bereitgestellt. Seit die schweizerische Holzwirtschaft mit Ertragsproblemen zu kämpfen hat, ist die Bereit-

---

[33] Diese Begriffe sind als synonym zu betrachten.

[34] In der Realität besitzen nur wenige "öffentliche Güter" alle erwähnten Eigenschaften. Die Nichtausschliessbarkeit beispielsweise ist häufig nicht als integrale Eigenschaft von öffentlichen Gütern zu betrachten. In vielen Fällen wäre ein Ausschluss technisch machbar, ist aber aus rechtlichen, ökonomischen (Ausschlusskosten) oder ethischen Erwägungen nicht durchzuführen. Die Nichtrivalität ist oft nicht gegeben. Viele "Kollektivgutprobleme", z.B. die Umweltprobleme, entstehen sogar gerade aufgrund von Kapazitätsgrenzen (z.B. Überfüllung von Strassen, Erschöpfung der Assimilationskapazität der Umwelt für Schadstoffe). Nach BLÜMEL u.a. (1986, 245) sind die externen Effekte und der gemeinsame Konsum als die zentralen Charakteristika von öffentlichen Gütern zu betrachten (siehe dazu auch MISHAN 1981, 429).

stellung des öffentlichen Gutes stark gefährdet bzw. im gewünschten Ausmass nur dank Subventionen möglich (BFL / MAB-PRO-GRAMMLEITUNG 1987).

- Ein öffentliches Gut kann in kleinen Gruppen entweder durch Verhandlungen gemeinsam oder sogar von einem einzelnen allein angeboten werden, wenn sein Nutzen aus dem öffentlichen Gut seine Kosten übersteigt. In der kleinen Gruppe ist die Möglichkeit vorhanden, dass die individuellen Präferenzen offenbart und die Kosten geteilt werden.

- Öffentliche Güter können ferner durch gegenseitigen Zwang, zu den Kosten beizutragen, bereitgestellt werden. Diese Vereinbarung wird meist im politischen Prozess erzielt. Dieser Allokationsmechanismus ist insbesondere dann erforderlich, wenn eine Vielzahl von Personen betroffen ist. So ist es z.B. zu erklären, dass Leute, deren persönliches Handeln nicht besonders umweltverträglich ist, in einer Volksabstimmung für die Einführung von Umweltschutzmassnahmen stimmen, wenn sie nur die Gewähr haben, dass alle anderen Personen auch zu umweltverträglichem Handeln gezwungen werden.

Die Kollektivgutproblematik ist im vorliegenden Zusammenhang relevant für die Versorgung mit bodenbeanspruchenden *Infrastrukturanlagen* - d.h. den meist öffentlichen Einrichtungen, die eine Grundvoraussetzung für das wirtschaftliche Leben sind (z.B. Verkehrseinrichtungen, Energie-, Wasserbauten, Schulen, Universitäten, Krankenhäuser) - , für die Sicherstellung von bodenbezogenen *Umweltgütern* und die Erhaltung von *Kulturgütern* (z.B. von Ortsbildern von historischer Bedeutung), da alle diese Güterarten im allgemeinen Kollektivgutcharakter aufweisen (FREY 1979, 17f.; ZIMMERMANN 1985, 41). Ein spezielles öffentliches Gut ist schliesslich die räumliche Ordnung und Organisation von Wirtschaft und Besiedlung, d.h die *Raumordnung* (LENDI 1988, 30).

Nachfolgend seien zur Illustration der Kollektivgutproblematik vor allem Beispiele aus dem *Umweltbereich* verwendet. Die bodenbezogenen öffentlichen Güter können grob nach Schutzwirkungen, ökologischem Ausgleich und landschaftlicher Schönheit gegliedert werden (WACHTER 1990, 23ff.). All diese öffentlichen Güter sind nur in Ausnahmefällen rein natürliche Umweltgüter, sie verdanken ihre Existenz meist menschlicher Arbeit und Naturgestaltung.

Schutzwirkungen werden in aller Regel in bezug auf Wald- und Landwirtschaft thematisiert (vgl. z.B. LEIBUNDGUT 1975, MOOR 1975). Unter Wasserschutz kann sowohl der Schutz des Wassers vor Belastungen als auch der Schutz menschlicher Siedlungen und Aktivitäten vor Wasser verstanden werden. Dieses öffentliche Gut wird im allgemeinen dem Wald zugeschrieben (LEIBUNDGUT 1975, 61f.). Unter Bodenschutz ist der Schutz des Bodens vor Abtragung und Belastungen zu verstehen. Auch er wird wiederum vor allem dem Wald zugeschrieben und ist eng mit dem Wasserschutz verbunden. Neben dem Schutz des Bodens vor Wasser ist auch die Abschirmung vor Winderosion zu erwähnen, welche in bewaldeten Gebieten ebenfalls geringer ist als in unbewaldeten. Der Landwirtschaft werden ebenfalls gewisse bodenerhaltende Wirkungen zugerechnet. Insbesondere in Berggebieten ist die Bodenbewirtschaftung ein wichtiger Garant gegen die mit Brachlandentwicklung verbundene Bodenerosion (WALTHER 1984). Eine weitere Schutzwirkung stellt der Lawinenschutz dar, welchen wiederum der Wald für den menschlichen Siedlungsraum insbesondere im Berggebiet erfüllt. Für die Sicherstellung all dieser Schutzfunktionen ist eine zielgerichtete Waldbewirtschaftung eine grundlegende Voraussetzung.

Unter der Bezeichnung *"ökologischer Ausgleich"* werden verschiedene Leistungen zusammengefasst, welche der Naturhaushalt und die gepflegte Kulturlandschaft für Wirtschaft und Gesellschaft erbringen. Das Bundesgesetz über den Natur- und Heimatschutz (Änderung vom 19. Juni 1987, Art. 18b, Abs. 2) definiert den ökologischen Ausgleich wie folgt: "In intensiv genutzten Gebieten inner- und ausserhalb von Siedlungen sorgen die Kantone für ökologischen Ausgleich mit Feldgehölzen, Hecken, Uferbestockungen oder mit anderer naturnaher und standortgemässer Vegetation ... ". Viele dieser Naturelemente sind wiederum nicht rein natürlich, sondern an eine angepasste menschliche Bodenbewirtschaftung gebunden.

Beim öffentlichen Gut *"landschaftliche Schönheit"* schliesslich ist der Nutzen angesprochen, den Landschaftsbilder für den Menschen stiften. Landschaftliche Schönheit bieten sowohl Natur- als auch Kulturlandschaften, d.h. auch dieses Kollektivgut besitzt den Charakter sowohl eines natürlichen als auch eines produzierten Umweltgutes (KRUTILLA / FISHER 1985, 84). Im Zusammenhang mit der Landwirtschaft sei auch noch auf weitere öffentliche Güter hingewiesen, deren Bereitstellung die Gesellschaft ihr als Aufgaben übertragen hat, wie z.B. die Vorsorge für Zeiten gestörter Nahrungsmittelzufuhr oder der Beitrag zur Erhaltung einer dezentralisierten Besiedelung. Dabei handelt es sich nicht um bodenbezogene öffentliche Güter im engeren Sinn, aber auch sie können - wie zu zeigen sein wird - staatliche Eingriffe in das bodenmarktliche Geschehen rechtfertigen.

Unternutzungen

Bei Vorhandensein öffentlicher Güter kommt es ohne korrigierende Eingriffe zu Verzerrungen der Bodenallokation und der Bodennutzung; es werden sowohl Unternutzungen als auch Übernutzungen im Vergleich zu einem perfekt funktionierenden Markt verursacht. Unternutzungsprobleme stellen sich im Zusammenhang mit produzierten öffentlichen Gütern, d.h. wenn die Bereitstellung des öffentlichen Gutes mit Produktionskosten verbunden ist (z.B. Wald-, Landschaftspflege) und gleichzeitig keine alternative rentablere Inwertsetzungsmöglichkeit für den Boden vorhanden ist. Falls keine Möglichkeit zur Internalisierung des Nutzens des öffentlichen Gutes besteht, werden produzierte Umweltgüter, wie z.B. die Schutzwirkungen des Bergwaldes, nicht hergestellt und angeboten. Dies kann anhand der aktuellen Probleme in der schweizerischen Forstwirtschaft illustriert werden. Die Verschlechterung der Rentabilität des Holzgeschäftes - es handelt sich um einen freien, nicht geschützten, internationalen Markt - verunmöglicht in zunehmendem Masse, dass Schutzwirkungen als Kuppelprodukt in der Forstwirtschaft anfallen. Solange auch keine Abschöpfungsmöglichkeit für den Nutzen des öffentlichen Gutes besteht, erfolgt keine Waldpflege speziell für diesen Zweck. In bezug auf die Landwirtschaft und die von ihr erbrachten produzierten Kollektivgüter (Landschaftspflege und z.T. Schutzwirkungen) können ähnliche Überlegungen angestellt werden. Hier - wie in zunehmendem Masse auch in der Forstwirtschaft - verhindern Subventionen im allgemeinen weiträumige Unternutzungen. Diese wären aber mit grosser Sicherheit vor allem in naturräumlich wenig bevorzugten Lagen zu erwarten, falls die Subventionen und insbesondere auch die spezifischen Hilfen für Landwirtschaftsbetriebe mit erschwerten Produktionsbedingungen (Flächenbeiträge, Sömmerungsbeiträge usw.) ausbleiben würden.

Übernutzungen

Übernutzungsphänomene treten auf, wenn - immer bei einzelwirtschaftlichem Kalkül - neben der Bodennutzung, mit der das öffentliche Gut bereitgestellt wird, rentablere Inwertsetzungsmöglichkeiten vorhanden sind. Wenn keine Möglichkeit besteht, den Nutzen, den öffentliche Güter stiften, abzuschöpfen oder zu internalisieren, entfällt für private Wirtschaftssubjekte der Anreiz zum Angebot dieser Güter. Es wird nach Möglichkeiten rentablerer Inwertsetzung des Bodens gesucht. Die Wohlfahrtsverluste, die durch die Verdrängung der öffentlichen Güter verursacht werden, werden zu gering ausgewiesen. Dadurch wird tendenziell eine Übernutzung des Bodens erfolgen.

Zur Illustration der diesbezüglichen Mechanismen soll hier ein Modell etwas eingehender vorgestellt werden, das TSCHURTSCHENTHALER (1986, 148ff.) entwickelte. Er zeigt, dass Landschaftsressourcen wegen des Kollektivgutcharakters gewisser Nutzungsarten nicht optimal auf die verschiedenen Verwendungszwecke alloziert werden. Er weist dies für den Alpenraum in bezug auf verschiedene Formen der touristischen Nachfrage nach Landschaftsgütern nach. Dazu vereinfacht er zunächst den Tourismussektor, indem er ihn in lediglich zwei Typen, "technisierten" und "sanften Fremdenverkehr" im Alpenraum, unterteilt. Wegen der ausschliesslich auf Landschaftsprobleme beschränkten Thematik seiner Arbeit definiert er die beiden Tourismusformen relativ eng hinsichtlich der Beanspruchung von Landschaftsressourcen:

- Der *technisierte* Fremdenverkehr benötigt einen grossen Input an natürlichen Ressourcen für den Produktionsprozess der touristischen Dienstleistungen. In erster Linie sind dies Grund und Boden für die Errichtung von Verkehrsinfrastrukturen, für die Anlage von Seilbahnen, Skipisten usw.

- Dagegen bleibt der entsprechende Input beim *sanften* Fremdenverkehr relativ gering. Insbesondere fallen die Bodenverluste für Infrastrukturanlagen und weitere Einrichtungen geringer aus.

Daraus ergeben sich zwei verschiedene Verwendungszwecke für Landschaftsressourcen: "Erschliessung" und "Nicht-Erschliessung". Zunächst zeigt TSCHURTSCHENTHALER, wie das Allokationsproblem bei statischer Betrachtung gelöst würde, wenn die Landschaftsressourcen *private Güter* wären, d.h. wenn der Preismechanismus zur Allokation geeignet wäre. Unter dieser Voraussetzung regelte sich der Erschliessungsprozess der Landschaft von sclbst. Bei gegebener Nachfrage erhöhte sich mit zunehmender Erschliessung das Angebot an voll erschlossenen Landschaften mit der Konsequenz sinkender Preise; gleichzeitig aber verknappte sich dadurch das Angebot an naturbelassenen Gebieten, deren Preise daher ansteigen würden. Somit stellte sich ein Gleichgewicht zwischen erschlossenen und unerschlossenen Gebieten ein. Dieser Sachverhalt ist in Abb. 4-8 dargestellt.

Abb. 4-8: Preislösung der Landschaftserschliessung bei gegebenen Nachfragefunktionen für die zwei alternativen Verwendungen der Landschaftsressourcen (Annahme: Landschaft = privates Gut)

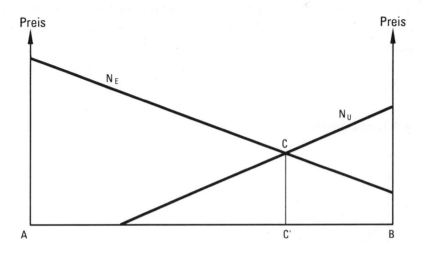

N_E = Nachfrage nach erschlossener Landschaft
N_U = Nachfrage nach unerschlossener Landschaft
AC' = erschlossene Landschaft
$C'B$ = unerschlossene Landschaft

Quelle: TSCHURTSCHENTHALER (1986, 162)

Insgesamt stehen Landschaftsressourcen im Ausmass der Strecke *AB* zur Verfügung. Ausgehend von Punkt *A* auf der Abszisse nimmt die Zahl der erschlossenen Landschaften zu; das impliziert, dass man ausgehend von *B* in Richtung *A* die noch unerschlossenen Landschaften ablesen kann. Auf der linken Ordinate ist die Nachfrage nach erschlossenen Landschaften, auf der rechten Ordinate dagegen diejenige nach unerschlossenen Regionen abzulesen. In Punkt *C* kreuzen sich die beiden Nachfragefunktionen, das heisst, die Grenznutzen in beiden Verwendungsarten der Landschaften - Erschliessung bzw. Nicht-Erschliessung - werden hier gleich; das optimale Erschliessungsmass ist damit festgelegt und umfasst die Strecke *AC'*. Es verbleiben Gebiete im Umfang von *BC'* frei von einer technisierten touristischen Entwicklung (TSCHURTSCHENTHALER 1986, 162).

Die geschilderte Konstellation der heute in vielen Alpenregionen deutlich spürbaren Knappheit an Landschaftsressourcen war keineswegs immer in dieser Form vorhanden. Abb. 4-9 gibt ebenfalls die zwei Nachfrageverläufe wieder. Im vorliegenden Fall reichen die verfügbaren Landschaftsressourcen *AB* aus, um beide Nachfragergruppen ohne Verwendungskonkurrenz zufrieden zu stellen. Es bleiben sogar noch Gebiete im

Umfang von *CD* ungenutzt. Es besteht noch keine Knappheit, die Landschaftsressourcen sind noch freie Güter. Es entsteht daher auch kein Preis.

Im Zuge der wirtschaftlichen Entwicklung verschoben sich aber die Nachfragekurven nach verschiedenen touristischen Verwendungszwecken der Landschaft infolge des allgemeinen Einkommenszuwachses und weiterer Bestimmungsfaktoren der touristischen Entwicklung nach aussen. Dies führte dazu, dass das Landschaftsangebot nicht mehr ausreichte, um die gesamte Nachfrage zu einem Preis von Null zu befriedigen.

Abb. 4-9: Landschaftsressourcen als freie Güter

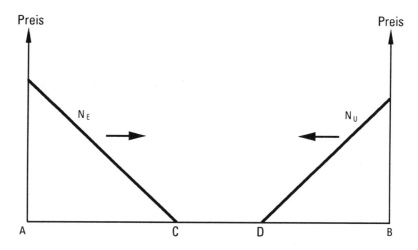

N_E = Nachfrage nach erschlossener Landschaft
N_U = Nachfrage nach unerschlossener Landschaft
AC = erschlossene Landschaft
DB = unerschlossene Landschaft
CD = übrige, touristisch nicht beanspruchte Landschaft

Quelle: TSCHURTSCHENTHALER (1986, 163)

Denkbar ist auch eine solche Dominanz einer der beiden Nachfragergruppen, dass die andere Gruppe völlig vom "Markt" für Landschaftsressourcen verdrängt wird. Dies kommt dann zustande, wenn für alle Landschaften ein positiver Preis existiert und das Preisangebot des letzten Nachfragers der einen Gruppe höher ist als das des ersten Nachfragers der anderen Gruppe. In Abb. 4-10 verdrängt die Nachfragergruppe nach erschlossenen Landschaftsressourcen die Gruppe, die eine Nicht-Erschliessung bevorzugen würde. Der gebotene Preis für die letzte zu erschliessende Landschaft *BE* ist grösser als der Preis *BD*, den die Nachfrager für eine erste Einheit naturbelassener Landschaft zu zahlen bereit sind (TSCHURTSCHENTHALER 1986, 163 - 164).

Abb. 4-10: Marktverdrängung einer touristischen Nachfragergruppe

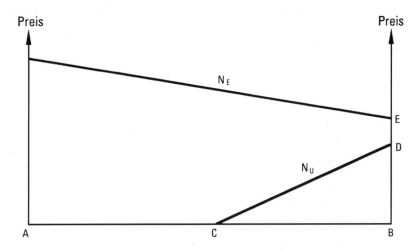

N_E = Nachfrage nach erschlossener Landschaft
N_U = Nachfrage nach unerschlossener Landschaft
AB = erschlossene Landschaft (N_U kann sich nicht durchsetzen)

Quelle: TSCHURTSCHENTHALER (1986, 164)

Die beschriebene Allokation über den Preismechanismus ist jedoch wegen des *Kollektivgutcharakters der Landschaft* nicht praktikabel. Die Aufdeckung der Zahlungsbereitschaft der verschiedenen Nachfragergruppen nach Landschaft ist nur sehr schwer möglich. Allerdings bestehen gewisse Möglichkeiten, den Öffentlichkeitsgrad von Landschaftsressourcen durch indirekte Bepreisung zu verringern. Durch den Bau von Infrastrukturanlagen, touristischen Transportanlagen und weiteren Einrichtungen können die Nachfrager zur Äusserung ihrer Präferenzen gebracht werden. Dadurch kann der Nutzen des öffentlichen Gutes durch die touristischen Anbieter teilweise internalisiert werden. Entscheidend für die Allokationsproblematik ist nun aber, dass die indirekte Bepreisung im technisierten Tourismus viel ausgeprägter ist als im sanften, der Öffentlichkeitscharakter des letzteren also grösser ist. Unerschlossene Landschaften sind deshalb aus Sicht der touristischen Anbieter im Vergleich zu erschlossenen Landschaften weniger wert und werden verdrängt. Es kommt zu Übererschliessungen.

Hier haben wir uns bei der Illustration der Kollektivgutproblematik auf die bodenbezogenen Umweltgüter beschränkt. Ähnliche Argumentationen könnten für Kulturgüter (z.B. historische Bauten oder alte Ortskerne), für bodenbeanspruchende Infrastukturen oder das öffentliche Gut "Raumordnung" angeführt werden. Zur Sicherstellung der Versorgung mit bodenbezogenen öffentlichen Gütern bedarf es staatlicher Massnahmen und

Eingriffe in das Marktgeschehen, z.B. raumplanerisches Ausscheiden von Schutz-, Freihalte- oder Landwirtschaftszonen, Entschädigung von Bodennutzern für die Bereitstellung öffentlicher Güter oder direkte staatliche Leistungserbringung (z.B. im Infrastrukturbereich). Hierauf wird im Detail in Abschnitt 6.6. eingegangen[35].

4.2.7. Externe Effekte

SCHLIEPER (1980, 524) definiert externe Effekte als Einflüsse, die durch die Aktivität einer Wirtschaftseinheit (Konsument oder Produzent) auf andere Wirtschaftseinheiten ausgeübt werden, ohne dass sie abgegolten werden. Erleiden die Betroffenen eine Nutzen- oder Gewinneinbusse, spricht man von einem negativen externen Effekt, externen Kosten oder external diseconomies. Um positive externe Effekte (externe Erträge, externe Ersparnisse, externe Nutzen, external economies) handelt es sich, wenn die Betroffenen durch die Aktivität einer anderen Wirtschaftseinheit begünstigt werden. Externe Effekte wirken marktverzerrend. Sie führen zu einer Diskrepanz zwischen privaten und sozialen Kosten. Der Verursacher eines negativen externen Effektes trägt nicht die gesamten Kosten, die der Gesellschaft durch sein Handeln entstehen, während der Verursacher eines positiven externen Effektes nicht den vollen Gegenwert für seine Leistung erhält. Über die Wirkung auf die Preise, die durch externe Effekte verfälscht werden, erfolgt eine verzerrte Allokation von Ressourcen. Da die Argumentation bezüglich der positiven externen Effekte in ähnlichen Bahnen läuft wie bezüglich der öffentlichen Güter, sei dazu auf die Diskussion der Kollektivgutproblematik im letzten Abschnitt verwiesen. An dieser Stelle werden deshalb nur die negativen externen Effekte thematisiert.

---

[35] Ein weiteres Problem ergibt sich aus der *Irreversibilität* vieler Bodennutzungsentscheide im Falle bodenbezogener öffentlicher Güter. Viele bodenbezogene Umwelt- und Kulturgüter (Landwirtschaftsland, naturschützerisch wertvolle Landschaften, historisch wertvolle Siedlungen und dergleichen) sind, wenn sie einmal zerstört sind, nicht - oder nur unter prohibitiv hohen Kosten - reproduzierbar, und auf den Nutzen der geopferten Werte müsste ewig verzichtet werden. Der ökonomischen Theorie liegt eine marginale Logik zugrunde. Grenznutzen und Grenzkosten stehen im Zentrum; es geht immer um die Frage, ob eine kleine zusätzliche Güter- oder Faktoreinheit auf diesen oder jenen Zweck verwendet werden soll, und Entscheide können bei einer Veränderung der Rahmenbedingungen rückgängig gemacht werden (DALY / COBB 1989, 47). Irreversible Entscheidungen dagegen (z.B. die Überflutung eines schönen Bergtales zwecks Wasserkraftnutzung) sind mit sehr viel mehr Bedacht zu fällen als solche, die sich gegebenenfalls leicht revidieren lassen, wenn die spezifischen Umwelt- oder Kulturgüter wertvoll oder einmalig sind (KRUTILLA / FISHER 1985, 40ff.).

Externe Kosten der Enge und Umweltexternalitäten

Was die negativen externen Effekte betrifft, so standen in der früheren bodenpolitischen Literatur die externen Kosten der Enge, der Zusammenballung von Wirtschaft und Bevölkerung und des Verkehrswesens insbesondere in städtischen Agglomerationen im Vordergrund (siehe dazu DAWSON 1984, 2). Als Beispiel können die Lärmemissionen einer Fabrik erwähnt werden, welche ein umliegendes Wohnviertel beeinträchtigen und dessen Wohnkomfort vermindern. Es ist auch an Geruchsemissionen oder an ästhetische Unverträglichkeit zwischen verschiedenen Bodennutzungsarten, oder an hygienische Probleme aufgrund zu dichter Wohnnutzung zu denken. Diese Probleme waren in frühen Phasen der *Industrialisierung* besonders akut, als beispielsweise noch in unmittelbarer Nähe zu den Arbeitsstätten gewohnt wurde und die Industrie noch unbehelligt durch Umweltauflagen operieren konnte. Welche Relevanz die externen Agglomerationskosten zumindest in früherer Zeit hatten, soll nachfolgend etwas eingehender analysiert werden, da die damaligen Umstände auch markante, bis in die Gegenwart reichende bodenmarktpolitische Auswirkungen hatten.

Zur Erläuterung wird hier auf ein Modell zurückgegriffen, das ursprünglich zur Analyse von Verkehrsstaus entwickelt wurde, von CARLBERG (1978, 176 - 177) aber auf das *Problem der optimalen Stadtgrösse* übertragen wurde. Engpässe treten dann nicht nur im Verkehrsnetz, sondern auch bei der Belastung der Umwelt und der Bereitstellung öffentlicher Güter (Infrastrukturen) auf. In Abb. 4-11 ist auf der Abszisse die Stadtgrösse (z.B. gemessen an der Bevölkerungszahl oder -dichte) dargestellt. Die Ordinate bildet die Kosten sowie die Nachfrage nach Leistungen des Verkehrs- oder Stadtsystems ab. *SGK* und *DPK* bilden verschiedene Kostenkurven für die Bereitstellung von Leistungen des Stadtsystems ab. Die mit N_0 bzw. N_1 bezeichneten Kurven sind zwei Nachfragekurven nach Leistungen des Systems. Aus dem Schnittpunkt von Nachfrage- und Kostenkurven ergeben sich verschiedene mögliche Stadtgrössen (Punkt *a*, *b* oder *c*). Dies ist so zu interpretieren. Entlang einer bestehenden Nachfragekurve (z.B. N_0) wird man sich so lange von links oben nach rechts unten bewegen - d.h. es werden mehr Leistungen des Systems nachgefragt (z.B. Zuwanderung von Auswärtigen) - , als der zusätzliche Nutzen höher als die zusätzlichen Kosten ist, also bis die Nachfragekurve die Kostenkurve schneidet.

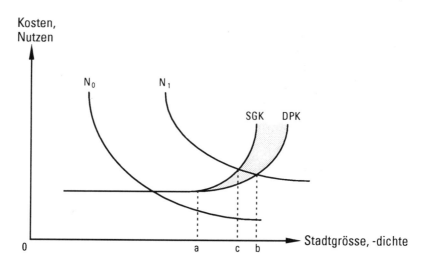

Abb. 4-11: Externe Agglomerationskosten und Stadtgrösse / -dichte

N =   Nachfrage
SGK = Soziale Grenzkosten
DPK = durchschnittliche private Kosten
a =   Stadtgrösse, ab der externe Kosten der Enge entstehen
b =   Marktlösung der Stadtgrösse
c =   optimale Stadtgrösse

Quelle: nach CARLBERG (1978, 176)

Das Modell beruht nun auf der Annahme, dass es externe Effekte gibt, aber die einzelnen Wirtschaftssubjekte nur die privaten Kosten tragen, sei es als Preis, sei es als Abgabe. Bei kleiner Stadtgrösse ist zunächst ein Wachstum mit konstanten Durchschnittskosten möglich. Wird das System zunehmend belastet, entsteht ein Engpass (Punkt a), der die Kosten (z.B. Zeitkosten wegen Verkehrsstaus, Gebäudeschäden wegen Luftverschmutzung) ansteigen lässt. Der Engpass ruft gleichzeitig externe Effekte hervor. Denn die Kosten einer zusätzlichen Belastung des Stadtsystems tragen nicht nur die Verursacher (z.B. Zuwanderer), sondern es fallen auch bei allen schon bisher Ansässigen Kosten an. Den einzelnen Wirtschaftssubjekten manifestieren sich wegen der Verteilung der externen Kosten auf sämtliche Bewohner nicht die sozialen Grenzkosten (*SGK*) ihrer Handlungen, sondern nur die Durchschnittskosten (*DPK*). Durch diese Kostenexternalisierung werden falsche Handlungssignale gesetzt. Für den Fall des Verkehrsnetzes lässt sich dieser Ansatz so interpretieren. Der einzelne Verkehrsteilnehmer prüft, mit welcher Fahrzeit er zu rechnen hat. Falls ein Verkehrsstau durch ihn hervorgerufen wird, kalkuliert er nur seine eigene Fahrzeit (private Kosten), lässt aber ausser acht, dass sich auch die Fahrzeit der anderen Verkehrsteilnehmer erhöht (soziale Zusatzkosten).

Im Fall der *Stadt* hat die weiter oben beschriebene Immobilität des Bodens zur Folge, dass der Wert eines Grundstückes nicht nur durch die Art und Qualität der Bodennutzung auf einem spezifischen Grundstück bestimmt wird, sondern ebenso sehr durch die Nutzung benachbarter Grundstücke. Belästigungen, die von einem Grundstück ausgehen, können den Wert der umliegenden Grundstücke reduzieren. Ein rational handelnder Grundbesitzer würde aber bei fehlenden Nutzungs- und Bauvorschriften sein Grundstück wohl so dicht wie möglich bebauen, ohne Rücksicht auf negative Beeinträchtigungen (z.B. Lärm, Lichtverhältnisse, Brandausbreitungsgefahr) auf benachbarte Grundstücke. Angewandt auf die Problematik der optimalen Stadtgrösse oder -dichte heisst das, dass die Marktsteuerung zu einer übermässigen Ballung führt. Die Marktsteuerung führt zu einer Stadtgrösse (Punkt *b*), welche über dem sozialen Optimum (Punkt *c*) liegt, bei dem die sozialen Grenzkosten gleich der Nachfrage sind. Die *optimale Stadt* ist also *kleiner* und *weniger dicht*, als wenn der Markt ohne korrektive Massnahmen regiert (FRITSCH 1980).

Diese Probleme der Enge waren wie erwähnt in der Frühphase der Industrialisierung besonders akut, als das Wirtschaftsgeschehen noch stärker durch "schmutzige" Industrien gekennzeichnet war, noch sehr hohe Besiedlungsdichten zu verzeichnen waren und die verkehrstechnisch bedingten Entmischungen und Auflockerungen von Bodennutzungen noch nicht stattfanden. Man versuchte deshalb damals gezielt, mittels raumplanerischer Massnahmen (Vorschriften über Grenzabstände, erlaubte Ausnützung, raumplanerische Trennung von Bodennutzungen, etc.) übermässige Verdichtungen und negative Beeinträchtigungen von Bodennutzungen zu verhindern. Diese im Gefolge der Industrialisierung entstandenen Politiken (siehe dazu ORL 1974 und ORL-DISP 1980a) werden heute zunehmend in Frage gestellt (siehe dazu Abschnitt 6.7.3.).

Heute ist nicht mehr die übermässige Verdichtung, sondern die Entmischung von Bodennutzungen zu einem zentralen Problem geworden, welches durch die verkehrstechnischen Fortschritte verstärkt wurde (zunehmende Motorisierung, Ausbau von Verkehrsinfrastrukturen; siehe auch die Erörterungen in Abschnitt 3.2.5. zur zeitlichen Dynamik der Rentendreiecke). Die Ausuferungs- und Entmischungsprozesse in urbanen Grossregionen werden allerdings auch dadurch begünstigt, dass im *Verkehr* heute eine massive Kostenunterdeckung besteht, was vor allem mit der *Externalisierung von Umweltkosten* zusammenhängt (MAIBACH u.a. 1992). Die externen Kosten des Verkehrs stellen - abgesehen von den Problemen der Luftverschmutzung und Lärmbelastung - vor allem ein Problem für das öffentliche Gut "Raumordnung" dar, indem dadurch eine geordnete Besied-

lung zunehmend unterlaufen wird[36]. Deshalb sind aus heutiger bodenpolitischer Sicht diese externen Kosten des Verkehrs, und nicht mehr die Kosten
der Enge, von höchster Priorität.

Wohnungswirtschaftliche externe Effekte

Auf eine andere Art von negativen externen Effekten im *Wohnsektor* weist
EEKHOFF (1987, 30-44) hin. Für die Wertschätzung einer Wohnung spielen im allgemeinen nicht nur die Qualität und die Grösse der Wohnung
selbst, sondern auch die Wohnumgebung eine Rolle. Die Miete bzw. der
Kaufpreis, der für eine Wohnung gezahlt wird, richtet sich also auch nach
der Qualität der Wohnungen in der Nachbarschaft und der Art des übrigen
Wohnumfeldes. Den Zustand des Viertels kann ein Hauseigentümer jedoch
nicht beeinflussen, es sei denn, die Nachbargrundstücke befinden sich auch
in seinem Besitz. Stellt man sich den Lebenszyklus eines Wohnviertels vom
Neubau über einen allmählichen Alterungsprozess bis hin zum Abriss und
Neubau bzw. einer durchgreifenden Modernisierung vor, so werden die
negativen investitionshemmenden externen Effekte in zwei Phasen wirksam. Zum einen wird der Alterungsprozess beschleunigt, wenn die Wohnqualität auf ein unterdurchschnittliches Niveau gesunken ist. Zum anderen
werden die Modernisierung und das Abreissen und Neubauen behindert.

Im Vordergrund der Diskussion, insbesondere in den USA, stand bisher das Unterlassen von Instandhaltungs- und Instandsetzungsmassnahmen
aufgrund von externen Effekten und der Abwertung des Wohnviertels bis
hin zur Slumbildung. Eine wesentliche Rolle spielt dabei die mit dem Ab-
sinken der Wohnqualität eines Gebietes einhergehende soziale Umschichtung. Das Umkippen von einem stabilen Wohngebiet zu einem beschleunigt
verfallenden Gebiet kann durch verschiedene Ursachen ausgelöst werden.
Es ist möglich, dass einzelne Eigentümer die Chancen zu gering einschät-
zen, längerfristig an Haushalte mit mittleren und höheren Einkommen ver-
mieten zu können, und deshalb Renovationsinvestitionen unterlassen. Oder
einzelne Eigentümer befürchten, dass sich das Wohnumfeld verschlechtert,
weil einige Nachbarn in Zukunft weniger investieren. Eigentümer in City-
Randgebieten mögen eine Ausdehnung des gewerblich genutzten Gebietes
und eine entsprechende Umzonung des Wohnviertels erwarten. Entscheidend ist, dass die Verschlechterung der Umgebung für möglich gehalten
wird, einzelne Investoren mit Investitionen zurückhalten, dies wiederum

---

[36] In diesem Zusammenhang ist auch die Bedeutung von Schadstoffemissionen für Bodenverunreinigungen
zu erwähnen, welche eine entsprechende *qualitative* Bodenschutzpolitik nötig machen (HÄBERLI u.a. 1991,
65ff.).

negativ auf die Investitionslust anderer Eigentümer wirkt und daraus ein sich selbst verstärkender Prozess des Verfalls entstehen kann.

Das zweite Problem neben der Beschleunigung des Verfalls ist das lang andauernde Verharren eines Wohngebietes in einem schlechten Zustand, weil externe Effekte ein Erneuern behindern. Während in gut erhaltenen alten Wohngebieten meist eine kontinuierliche Regeneration durch die Erneuerung einzelner Gebäude abläuft, kann die Renovationsaktivität in Wohngebieten, deren Qualität bereits weit abgesunken ist, völlig zum Erliegen kommen. Das Risiko eines Erneuerungspioniers, der sein Gebäude grundlegend modernisiert oder das Gebäude abreisst und neu baut, ist zu gross, weil er befürchten muss, dass entsprechende Investitionen in der Nachbarschaft unterbleiben oder erst nach vielen Jahren erfolgen werden.

4.3. Die Verteilungsproblematik - Bodenpreis- steigerungen und Bodenspekulation

4.3.1. Verteilungswirkungen des Bodenmarktes

"Die Bodenfrage" war bis weit in dieses Jahrhundert hinein weitgehend eine Verteilungsfrage (KALLENBERGER 1979, 43ff.). In landwirtschaftlich geprägten, durch sehr ungleiche Grundbesitzverhältnisse gekennzeichneten Ländern und Epochen ist oder war die Bodenfrage in erster Linie ein Problem der Grundrenten- und Eigentumsverteilung in der Landwirtschaft. Dann kamen ab dem Beginn der Industrialisierung Probleme des städtischen Wohnungswesens dazu, wo ebenfalls Fragen der Verteilung der Grundrente auf Bodeneigentümer oder Mieter- bzw. Pächter im Vordergrund standen.

Die effiziente Allokation von Produktionsfaktoren auf unterschiedliche Verwendungszwecke bezieht sich, wie in der Einleitung erwähnt, auf die Erreichung eines maximalen Produktionsergebnisses, die Erzeugung des grösstmöglichen "Kuchens". Dem Markt sollte aus ökonomischer Sicht bei der Steuerung der Bodenallokation eine zentrale Bedeutung zukommen. Allerdings ist er blind für Fragen der Verteilungsgerechtigkeit (MISHAN 1982, 167ff.).

Auch Verfechter des Marktmechanismus müssen anerkennen, dass der Bodenmarkt zu teilweise stossenden Verteilungsergebnissen führt (MEIER 1989), heute namentlich über die Wechselwirkungen mit dem Wohnungsmarkt. Höhere Bodenpreise erfordern unter sonst gleich bleibenden Bedingungen einen grösseren Kapitalaufwand beim Häuserbau. Sie bewirken bei starrer Nachfrage wegen der höheren Aufwendungen für die Verzinsung des zusätzlichen Kapitals eine Erhöhung des Mietpreises für Neuwohnungen. Der Aufwand der Wirtschaftssubjekte für die Wohnungsmiete erfährt somit eine Steigerung. Steigende Bodenverkehrswerte schlagen aber auch auf den Altbauwohnungsmarkt durch, sei dies über mietrechtlich erlaubte Mietpreisanstiege, durch Handänderung von Liegenschaften (Verkauf zum Verkehrswert) oder durch Abriss und Neubau. Breite Kreise nehmen Anstoss, dass es die Knappheit des Bodens den Bodeneigentümern erlaubt, zunehmende Gewinne zu erzielen, während die Mieter und Neuerwerber von Grundbesitz steigende, oft prohibitive Preise bezahlen müssen, wobei zu berücksichtigen ist, dass Wohnen ein existentielles Bedürfnis ist[37]. Dies führt dann zu Vorschlägen wie Bodenpreis- oder Mietzinskontrollen, also Interventionen auf dem Boden- und Liegenschaftenmarkt mit verteilungspolitischer Absicht.

Die *sozialpolitische Relevanz* hoher und im langfristigen Trend steigender Bodenpreise ist in der Schweiz besonders akut wegen der *ungleichen der Verteilung des Bodenbesitzes,* so dass nicht alle Bevölkerungskreise von einem entsprechenden Vermögenszuwachs profitieren. Gleichzeitig sind die hohen Preise auch ein *Grund* für den ungleichen Bodenbesitz, da der Neuerwerb von Grundeigentum für grosse Teile der Bevölkerung verunmöglicht wird. TSCHÄNI (1986, 129) hält dazu in seiner kritischen Haltung gegenüber dem Bodenmarkt fest: "Die Eigentumsverhältnisse im Bereich des Immobilien- und Baulandbesitzes sind einseitig. Vier Fünftel des Immobilienvermögens sind bei zehn Prozent der Steuerpflichtigen angehäuft. In den Städten wohnen nur noch 6,5 Prozent der Bevölkerung in der eigenen Wohnung ... . Nachdem ... insgesamt über 70 Prozent der Schweizer Bevölkerung Mieter sind - die Schweiz steht auf dieser Negativrangliste an der Spitze -, illustriert das Bodenhandelssystem seine grossen Mängel selbst." Die Tab. 4-1 enthält einige detaillierte Zahlen zum Wohneigentum in der Schweiz, welche die generell geringe Eigentumsquote in der Schweiz und innerhalb der Schweiz in städtischen Gebieten für das Jahr 1990 belegen[38].

---

[37] Die Mietpreisanstiege werden aber auch durch die stark ansteigenden Baukosten verursacht. Der Grund für die relative Erhöhung der Baupreise ist hauptsächlich darin zu suchen, dass im Baugewerbe geringere Produktivitätsfortschritte erzielt werden als im Industriesektor (EEKHOFF 1987, 50).

[38] Hierbei ist zu berücksichtigen, dass die im Vergleich zum Ausland sehr tiefe schweizerische Eigentümerquote nicht nur durch die Bodenpreise bestimmt wird, die ja nur einen Kostenfaktor bei der Wohnungsproduktion darstellen. ROELLI (1981) erwähnt neben den hohen Bodenpreisen im Fall der Schweiz als weitere, auch heute noch gültige Bestimmungsgründe für die tiefe Eigentümerquote die sehr hohen Baukosten (z.B. aufgrund von verteuernden Vorschriften wie Zwang zur Zivilschutzunterkellerung oder wegen kartellistischer Absprachen in der Baubranche), die wenig ausgeprägte Eigentumsförderungspolitik der Schweiz sowie den Mieterschutz, der Altbauwohnungsmietzinse künstlich tief halte, so dass sich im relativen Vergleich der Erwerb von Wohnungseigentum wenig lohne.

Tab. 4-1: Wohneigentum in der Schweiz 1990 (Auflistung der Kantone nach der Höhe des Eigentümeranteils in aufsteigender Folge)

Kantone	Wohnungs-zahl*	Anteil verschiedener Bewohnertypen in %		
		Eigentümer**	Mieter	Übrige***
Basel-Stadt	98'702	11,0	78,4	10,6
Genève	167'377	13,8	80,7	5,5
Zürich	510'659	20,8	68,7	10,5
Neuchâtel	70'019	24,9	70,8	4,3
Vaud	257'470	26,7	68,7	4,6
Luzern	121'373	28,4	64,5	7,1
Zug	31'892	29,3	66,5	4,2
SCHWEIZ	*2'800'953*	*31,3*	*62,8*	*5,9*
Bern	391'735	33,7	61,2	5,1
St.Gallen	165'103	34,4	62,2	3,4
Schaffhausen	30'200	34,4	60,1	5,5
Nidwalden	12'128	34,9	60,7	4,4
Basel-Land	94'406	37,1	58,7	4,2
Ticino	116'930	37,4	58,3	4,3
Thurgau	79'835	38,7	58,0	3,3
Fribourg	78'566	39,4	55,2	5,4
Schwyz	39'819	40,5	55,4	4,1
Appenzell A.Rh.	20'070	42,2	53,4	4,4
Solothurn	93'009	42,5	54,3	3,2
Aargau	195'351	43,5	53,4	3,1
Graubünden	66'406	43,5	51,4	5,1
Uri	11'879	44,7	46,6	8,7
Obwalden	9'992	45,8	48,9	5,3
Glarus	14'937	46,5	50,5	3,0
Jura	25'171	50,0	44,2	5,8
Appenzell I.Rh.	4'698	55,4	40,1	4,5
Valais	93'226	59,1	38,3	2,6

*   Bewohnte Erstwohnungen, ohne Zweit- und Leerwohnungen
**   Hauseigentümer, Miteigentümer, Stockwerkeigentümer
*** Genossenschafter, Pächter, Inhaber einer Dienstwohnung oder einer Freiwohnung

Quelle: Volkszählung 1990

Für die hohen Bodenpreise und die Verteilungsproblematik wird immer wieder die *Bodenspekulation* verantwortlich gemacht. Auf den verbleibenden Seiten des Abschnittes 4.3. zur Verteilungsproblematik soll deshalb schwergewichtig die Rolle der Bodenspekulation für die Bodenpreisentwicklung erörtert werden.

4.3.2. Zwei Sichtweisen der Bodenspekulation

Da der Boden eine extrem lange Lebensdauer hat, also im Normalfall nicht der wirtschaftlichen Wertverminderung unterliegt und wegen des knappen, unvermehrbaren Angebots im langfristigen Trend im Wert steigt, eignet er sich als Spekulationsobjekt und als Wertaufbewahrungsmittel. Unzählige Kritiker des Bodenmarktes sehen in der Bodenspekulation eine *Ursache* der hohen Bodenpreise und damit auch der dadurch bewirkten Verteilungsproblematik.

Bodenspekulation als Ursache der Bodenpreissteigerungen?

Unter Spekulation versteht man im allgemeinen den "Kauf und Verkauf von wirtschaftlichen Gütern und Ansprüchen auf solche Güter zum Zweck, aus Preisänderungen, welche für die Zeit zwischen den beiden Transaktionen erwartet werden, einen Gewinn zu ziehen" (SIEBER 1970, 84). Wo die erwartete Preisänderung ein zwischen dem Kauf und späteren Verkauf liegender Preisanstieg ist, handelt es sich um Hausse-Spekulation. Ist die Preisänderung dagegen ein zwischen dem Verkauf und späteren Kauf (Wiederkauf) liegender Preisfall, so liegt eine Baisse-Spekulation vor. Dem Zeitmoment kommt also beim Spekulationsbegriff eine wesentliche Rolle zu[39]. Da bei der *Bodenspekulation* in der Realität praktisch nur die Hausse-Spekulation eine Rolle spielt, definiert sie SIEBER (1970, 54) als den "Kauf und spätern Verkauf von Boden..., der mit der Absicht erfolgt, aus der inzwischen eintretenden Preissteigerung einen realen, das heisst über die blosse Geldentwertung beziehungsweise Indexerhöhung hinausgehenden Gewinn zu erzielen. Gleichbedeutend mit dem spätern Verkauf ist auch die Vermietung, Verpachtung oder Baurechtsabgabe, sofern sie mit der Absicht geschieht, hiefür ein Entgelt ... zu verlangen, welches eine mehr als bloss marktmässige Rendite der Kaufsumme ergibt oder stärker wächst als das allgemeine Preisniveau."

Steigende Preise auf dem Bodenmarkt haben, sofern sie die Knappheitsverhältnisse im Hinblick auf die Bodennutzung wiedergeben, im System der Marktwirtschaft eine wichtige Steuerungsfunktion. Sie zwingen

---

[39] Von der Spekulation müsste an sich die Arbitrage unterschieden werden. Bei der *Arbitrage* geht es um die Ausnützung von Preisdifferenzen auf verschiedenen Märkten oder an verschiedenen Orten, die zur gleichen Zeit bestehen. Wenn also jemand ein Mietwohnhaus, in dem die Mieter bisher untermarktpreisige Mieten bezahlt haben, kauft und danach die Mieten auf Marktniveau anhebt, so ist dies als Arbitrage zu interpretieren. Umgangssprachlich wird allerdings ein solches Verhalten, d.h. die Erzielung eines Gewinns aufgrund der ungenügenden Marktinformiertheit eines Tauschpartners, bzw. dessen blosse Übertölpelung, ebenfalls als Spekulation bezeichnet.

die Nachfrager, mit dem immer knapper werdenden Boden rationell umzu-
gehen; sie garantieren, dass diejenigen Nachfrager den Boden erhalten, die
den höchsten Grenzertrag auf dem Boden erwirtschaften können. Nach
ANGELINI (1972, 272f.) entspricht jedoch das tatsächliche Marktgeschehen diesen Modellvorstellungen wegen eines mit der Unvermehrbarkeit des
Bodens zusammenhängenden *spekulativen* Moments bei Nachfrage und Angebot nicht[40]. Erstens geht er nicht von einem konstanten, sondern abnehmenden Bodenangebot aus. Er sieht das auf dem Markt zur Verfügung ste-
hende *Angebot an Bauland* durch folgende Faktoren beeinflusst.

- *Faktoren, welche das Bodenangebot erhöhen:* Zweckänderung, d.h.
  Umwandlung von landwirtschaftlich genutztem oder sonst nicht
  überbaubarem Boden in baulich nutzbaren Boden; Zurverfügungstel-
  len von überbautem Boden für neue Überbauungen.
- *Faktoren, welche das Angebot vermindern:* Zweckänderung, d.h.
  Umwandlung von Bauland in Boden für andere Nutzungsarten;
  Überbauung von Bauland.

"Wiegt man die oben erwähnten positiven und negativen Effekte gegen einander ab, so ist langfristig per saldo eher mit einer Abnahme des
Baulandangebots zu rechnen" (ANGELINI 1972, 273), was im Zeitablauf
eine Linksverschiebung der Angebotskurve bedeutet[41].

Wenn die Preise für Boden im Zeitablauf sukzessive ansteigen, wie
dies in Abb. 4-12 mit einer Linksverschiebung der Angebotskurve veran-
schaulicht wurde, so ändere sich das Verhalten der Nachfrager grundsätzlich. Sind die Preissteigerungen hoch genug bzw. liegen sie über den
marktüblichen Zinssätzen für Kapitalanlagen, dann ist es für Wirtschaftssubjekte interessanter, das Geld in Boden anzulegen. Die Nachfrage nach
Boden als Objekt der Geldanlage steigt umso mehr, je stärkere Preisanstie-
ge in Zukunft erwartet werden. Die zukünftigen Erwartungen werden in
der Regel durch die tatsächlichen Verhältnisse der Vergangenheit bestimmt. Die Erhöhung der Nachfrage hat eine Selbsterfüllung der erwarteten Preissteigerungen zur Folge. Es wird nach ANGELINI eine Preisspira-
le ausgelöst, die, einmal in Gang gekommen, sich unaufhaltsam weiter-
dreht. Die Nachfragekurve entspricht nicht mehr primär den aus der Nutzung des Bodens erwarteten Grenzerträgen, sondern den aus dem Besitz
des Bodens erwarteten Werterhöhungen. Dies kann wiederum auf das Bodenangebot rückwirken. In diesem Zusammenhang ist insbesondere eine
Abnahme der Verkaufsbereitschaft zu befürchten, d.h. dass ein grosser Teil

---

[40] Die Spekulationsthematik ist demnach nicht nur unter verteilungs-, sondern auch unter allokationspolitischen Gesichtspunkten von Bedeutung.

[41] Zu möglichen Faktoren, die eine Verschiebung der Bodenangebotskurve bewirken können, vgl. auch
Abschnitt 4.1., "Aufzeigen von veränderten Angebotsbedingungen".

der bisherigen Eigentümer das Land hortet und nicht zum Verkauf anbietet[42]. Das marktwirksame Angebot nimmt also ab; die Angebotskurve verschiebt sich noch weiter nach links. Gleichzeitig dürfte auch die Steilheit der Angebotskurve zunehmen, weil die Eigentümer, welche noch zu verkaufen bereit sind, für den gleichen Boden einen immer höheren Preis fordern werden (siehe Abb. 4-13).

Abb. 4-12: Veränderung des Bodenangebots im Zeitablauf

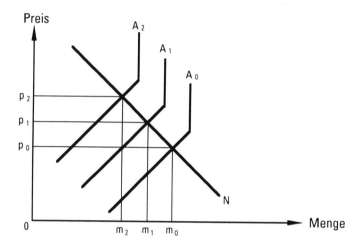

Quelle: Nach ANGELINI (1972, 272)

---

[42] Dabei spielen auch steuerliche Rahmenbedingungen eine wichtige Rolle, d.h. wie Bauland versteuert wird (vgl. dazu die Ausführungen zur Baulandsteuer in Abschnitt 6.1.3.).

Abb. 4-13: Berücksichtigung des spekulativen Moments bei der Veränderung von Angebot und Nachfrage im Zeitablauf

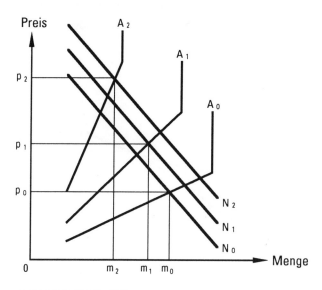

Quelle: Nach ANGELINI (1972, 273)

Bodenspekulation als Folge von Bodenpreissteigerungen

Diese Sicht der Bodenspekulation widerspricht allerdings derjenigen der überwiegenden Zahl der Ökonomen. ANGELINIs Modell trifft allenfalls kurzfristig in Zeiten ausgesprochener konjunktureller Überhitzung zu, in denen - wie weiter unten noch gezeigt werden wird - der Bodenmarkt tatsächlich spekulativ überborden kann[43]. Aus *ökonomischer Sicht* ist die Bodenspekulation grundsätzlich jedoch mehr die *Folge* und zeitliche Vorwegnahme ohnehin steigender Bodenpreise (bzw. diesbezüglicher Erwartungen) als deren Ursache. Ein Spielraum für Bodenspekulation besteht, wenn sich die aus der Grundstücksnutzung erzielbare Grundrente erhöht. Eine solche Steigerung ist aus zwei Gründen möglich. Erstens wird in einer wachsenden Wirtschaft aufgrund des Bevölkerungs-, Einkommens- und Produktivitätswachstums der Wert der Grundstücksnutzung auch bei unveränderter Nutzungstätigkeit erhöht. Zweitens kann eine Steigerung des Wertes des Grundstücks dadurch entstehen, dass eine neue, ertragreichere Nutzungstätigkeit ermöglicht wird. In Abb. 4-14 ist unterstellt, dass zum Zeitpunkt t_0 eine Bodennutzung N_0 (z.B. Landwirtschaft) ausgeübt wird.

---

[43] Das Jahr 1972, in dem ANGELINI seinen Artikel verfasste, war ein ausgesprochenes Boomjahr, dem dann aber schon ein Jahr später mit der Rezession von 1973/74 ein jäher Einbruch auf dem Bodenmarkt folgte.

Ab t_1 ist dagegen eine Bodennutzung N_1 (z.B. Bebauung mit Mietwohngebäuden) möglich, welche eine höhere Grundrente abwirft. Die zukünftigen Erträge dieser Nutzung N_1 schlagen sich im Zeitpunkt t_1 im Grundstückspreis $P_1(N_1)$ nieder, der weit über dem entsprechenden Preis für N_0 liegt.

Abb. 4-14: Der Spielraum der Bodenspekulation

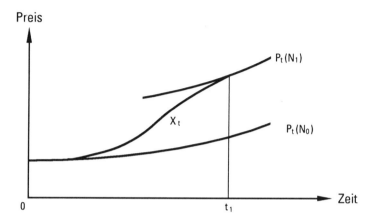

P_t =   Bodenpreisentwicklung im Zeitablauf
N_0 =   landwirtschaftliche Nutzung
N_1 =   bauliche Nutzung (Mietwohnungen)
X_t =   Bodenpreisentwicklung aufgrund von Bodenspekulation
Quelle: EPPING (1977, 182)

Allerdings resultiert noch kein Spielraum für spekulative Aktivitäten, wenn den Marktteilnehmern die veränderte Renditemöglichkeit und der Zeitpunkt ihres Eintritts bekannt ist, da sie die innerhalb ihres Planungshorizonts eintretenden Wertsteigerungen bereits in ihrem Angebots- und Nachfrageverhalten antizipieren werden. Ein Spielraum für Spekulationsgewinne besteht nur, wenn in den sich am Markt bildenden Grundstückspreisen eben nicht alle in Zukunft eintretenden Wertsteigerungsmöglichkeiten eingehen (Kapitalisierung des erwarteten Grundrentenstromes). Von ausserökonomisch motivierten Verhaltensweisen abgesehen ist dies vor allem deshalb der Fall, weil die Marktteilnehmer keine Gewissheit über die zukünftige Rentenentwicklung haben (EPPING 1977, 183). Spekulanten mit einem Informationsvorsprung oder einer Risikobereitschaft bei einer unsicheren Entwicklung werden frühzeitig Boden aufkaufen. Je näher dabei der Zeitpunkt t_1 rückt, desto mehr Nachfrager werden auftreten. Die Preisentwicklung, die sich am Markt herausbilden wird, dürfte in etwa den durch die Kurve X_t dargestellten Verlauf nehmen.

In diesem Sinn hält auch SIEBER (1970, 74) fest: "Soweit die Spekulation nicht bloss Wirkung der Bodenpreissteigerung ist, sondern selbst preissteigernd wirkt, tut sie es im wesentlichen durch eine *zeitliche Vorverlegung des Preisanstieges.* Ist einmal in einem Gebiet das spekulativ erworbene Terrain wieder vollständig in den Besitz nicht-spekulativer Eigentümer gelangt, so sind die dort zu bezahlenden Miet- und Pachtpreise bald nicht mehr höher, als wenn diese Eigentümer den Boden ohne Dazwischentreten der Spekulanten von den ursprünglichen Besitzern erworben hätten. *Eine Dauerwirkung auf die Höhe der Grundrente und der Bodenpreise hat somit die Spekulation im wesentlichen nicht;* wegen des auch ohne Spekulation auf längere Frist praktisch immer teurer werdenden Bodens wird fast jeder spekulativ überhöhte Preis früher oder später vom nicht spekulativen Marktpreis eingeholt."

Insgesamt wird die *Bodenspekulation positiv bewertet,* denn sie "trägt ... dazu bei, die Grundstücke so zu nutzen, dass möglichst hohe Erträge erzielt werden" (EPPING 1987, 188). Die Spekulation bewirkt, dass für die Zukunft erwartete Entwicklungen schon in der Gegenwart ökonomische Konsequenzen haben, was durchaus nützlich sein kann. Die Bodenpreissteigerungen haben den Effekt, eine sparsamere Bodenverwendung zu fördern. Eine Spekulation, die eine für die Zukunft erwartete akzentuierte Bodenknappheit heute schon vorwegnimmt, sorgt dafür, dass wir heute schon sparsamer mit dem Boden umgehen, so dass eine brüske und drastische Verknappung in der Zukunft erspart bleiben wird (KLEINEWEFERS 1989a).

Es wird allerdings anerkannt, dass die Wertaufbewahrungs- und Kapitalanlagefunktion des Bodens unter spezifischen wirtschaftlichen und rechtlichen Rahmenbedingungen mit der produktiven Nutzung des Bodens in Konflikt geraten kann. Die Bodenspekulation - und dies wird auch von Ökonomen nicht abgestritten (z.B. KLEINEWEFERS 1989a) - kann während längerer Zeit *übertreiben,* vor allem dann, wenn die Aufwärtsspirale immer weitere Spekulanten anzieht ("la hausse amène la hausse"). In solchen Boomphasen können die Preise über die gegenwärtigen und zukünftigen Realitäten hinausschiessen. Die Effekte der Spekulation gehen dann über das volkswirtschaftlich Nützliche hinaus. Dann zahlen tatsächlich die Mieter eine ungerechtfertigte Zeche, bis dann schliesslich der Liegenschaftenmarkt einbricht und es - hoffentlich - zu Mietpreissenkungen kommt. Das weiter oben vorgestellte Modell von ANGELINI (1972) beschreibt eigentlich diesen kurzfristigen Überbordungsmechanismus in ausgesprochenen Boomphasen, ohne den jeder Boomphase folgenden Einbruch sowie die fundamentalen Hintergründe für die im langfristigen Trend ansteigenden Bodenpreise gebührend zu thematisieren.

Sodann ist die *Inflation* und die dadurch bewirkte Flucht in die Sachwerte zu erwähnen. Bodennachfrager, die ihr Vermögen gegen eine Entwertung schützen wollen und Boden vorzugsweise als leicht veräusserliche Kapitalanlage halten möchten, also möglicherweise unbebaut lassen, können die Nutzung der Grundstücke für die jeweils produktivsten Zwecke stark behindern. Ferner kann eine *unzweckmässige Besteuerung des Grundeigentums* zu einem unerwünschten Umgang mit dem Boden führen. Für die Berechnung der Vermögenssteuern wird üblicherweise nicht auf den Verkehrswert des Grundeigentums, sondern auf einen darunterliegenden Wert abgestellt. Die Nachfrage nach Boden erhält durch die Besserstellung des Bodens gegenüber anderen Kapitalanlagen einen zusätzlichen Impuls, und gleichzeitig wird das Bodenangebot wegen *Hortung* vermindert. Die degressive Ausgestaltung der Grundstückgewinnsteuer (siehe Abschnitt 7.1.2.), d.h. der Umstand, dass der beim Verkauf zur Anwendung kommende Steuersatz um so niedriger ist, je länger das Grundstück nicht den Besitzer wechselt, fördert ebenfalls die Bodenhortung und reduziert das marktwirksame Angebot.

Je nach Sicht der Bodenspekulation - Ursache oder Sympton der Bodenpreissteigerungen - werden unterschiedliche Schlussfolgerungen bezüglich der politischen Eingriffsmöglichkeiten gezogen. Aus ökonomischer Sicht werden spezifische Antispekulationsmassnahmen, wie direkte Bodenpreisvorschriften, die Besteuerung der Grundrente, Wiederveräusserungssperrfristen, Liegenschaftenvermittlung unter staatlicher Aufsicht oder die Verstaatlichung des Bodens kritisch hinterfragt, da sie nichts an den grundlegenden Knappheitsbedingungen ändern, die durch das Bevölkerungs-, Einkommens- und Produktivitätswachstum in Kombination mit der Unvermehrbarkeit des Bodens bestimmt werden (siehe dazu Abschnitt 7.2.3.). Allerdings sind auch in der ökonomischen Zunft Stimmen zu vernehmen, die in Phasen ausgesprochener konjunktureller und inflatorischer Überhitzung für direkte Markteingriffe der oben erwähnten Art plädieren, um eine ins Irreale entrückte Inflations- und Bodenspekulationsmentalität zu dämpfen (BARLOWE 1986, 308).

4.3.3. Ursachen der Bodenpreissteigerung aus ökonomischer Sicht

Aus ökonomischer Sicht ist die Bodenspekulation also mehr die *Folge* und zeitliche Vorwegnahme steigender Bodenpreise als deren Ursache. Welches sind denn die tatsächlichen Ursachen der Bodenpreissteigerungen? Als grundlegende Ursachen des Bodenpreisanstieges werden andere Gründe als ausschlaggebend betrachtet, vorab das Wirtschafts-, Bevölkerungs- und Einkommenswachstum in Kombination mit der Nichtvermehrbarkeit des Bodens. Die Bedingungen des Bodenmarktes verändern sich in einer wachsenden Wirtschaft im Zeitablauf gegenüber dem statischen Fall auf dreifache Weise (EPPING 1977, 146ff.). Zunächst einmal steigt infolge des Wirtschafts- und Bevölkerungswachstums die Zahl der natürlichen und juristischen Personen, die in irgendeiner Weise Ansprüche an Bodennutzungen stellen. Da gleichzeitig die Gesamtmenge des in der Volkswirtschaft oder auf einem räumlich begrenzten Teilmarkt verfügbaren Bodens konstant bleibt, führt der Wachstumsprozess allein durch die *wachsende Zahl der Nutzungsinteressenten* zu einem Verdrängungsdruck der "höherwertigen" auf die "niederwertigen" Bodennutzungen, wobei unter dem "Wert" einer Bodennutzung das Entgelt zu verstehen ist, das jemand, der die Nutzung ausüben möchte, für die Überlassung des Nutzungsrechtes an einem Grundstück zu zahlen bereit und in der Lage ist. Die steigende Zahl der Nutzungsinteressenten führt aber auch ohne Wechsel der Nutzungsart zu steigenden Grundrenten, weil immer mehr Nachfrager um Grundstücke gegebener Qualität konkurrieren.

Im Wachstumsprozess verändert sich auch die *Qualitätsstruktur der Grundstücke*. Der Wert einzelner Grundstücke für bestimmte Bodennutzungen ändert sich mit der sich verschiebenden Nachfragestruktur, auch ohne dass in das Grundstück selbst investiert wird. Die Grundstücksqualitäten werden nämlich nicht durch die Eigenschaften des Grundstückes selbst, sondern in zunehmendem Masse auch durch seine Zuordnung zu anderen Grundstücken bestimmt. Besonders deutlich zeigt sich dieser Prozess an den zentralen Lagen in Verdichtungsgebieten. Die Konzentration des Wirtschafts- und Bevölkerungswachstums auf einzelne Schwerpunkte hat die Qualität zentral gelegener Grundstücke vor allem für Tätigkeiten des Handels- und Dienstleistungsbereichs, die auf zentrale Standorte angewiesen sind, ständig verbessert.

Der dritte Effekt schliesslich betrifft das *Einkommens- und Produktivitätswachstum*, das auch bei gegebenen Grundstücksqualitäten und gegebenen Bodennutzungen das Ergebnis der Nutzung und damit die Grundrente verbessert. Steigende Einkommen und Produktivitäten erhöhen nämlich die Zahlungsbereitschaft und -fähigkeit, so dass es sich für zusätzliche Haushalte und Unternehmen lohnt, Boden nachzufragen, bzw. die schon vorhandenen Nutzer und Nachfrager höhere Miet- und Pachtzinsen akzeptieren können. Darüber hinaus scheint zumindest für private Haushalte einiges dafür zu sprechen, dass die Ausgaben für Wohnzwecke und damit auch direkt oder indirekt (über die Vermieter) die Ansprüche an Bodennutzungen mit steigendem Einkommen überproportional anwachsen[44].

Alle drei Effekte des Wachstumsprozesses[45] führen zu einer Steigerung des aus Grundstücksnutzungen erzielbaren Nutzungsentgeltes. Diese Steigerung kann sowohl aus dem Wechsel der Nutzungstätigkeit als auch aus einem verbesserten Nutzungsergebnis bei unveränderter Nutzungstätigkeit resultieren. Betrachtet man nun den realistischen Fall, dass nicht nur periodische Nutzungsrechte, sondern das Bodeneigentum gehandelt wird, betrachtet man also den Einfluss des Wachstumsprozesses auf die Bodenpreisentwicklung, so wird ein Zusammenhang relevant, auf den NIEHANS (1966) erstmals hingewiesen hat und der von SIEBER (1970, 37ff.) weitergeführt wurde. Er betrifft die Beziehung zwischen Grundrente, Kapitalzins und Bodenpreis.

Die Ermittlung der Barwertsumme, d.h. die Kapitalisierung der Renteneinnahmen, bildet den Ausgangspunkt jedes Kalküls von Bodenpreisen. In Abschnitt 3.1. wurde bereits auf das Prinzip der Bodenpreisbestimmung in der statischen Wirtschaft hingewiesen, wonach sich der Bodenpreis aus der Kapitalisierung eines erwarteten Grundrentenstromes ergibt, der Bodenpreis (P) also von der Grundrente (g) und dem Kapitalisierungszinssatz (i) abhängig ist und nicht selbst grundrentenbestimmend ist. Dort waren wir allerdings noch von einem recht einfachen Modell ausgegangen, d.h. von einem konstanten Grundrentenstrom (bzw. einem einmaligen Anstieg auf eine wiederum konstante Grundrente). Welche Modifikationen ergeben sich, wenn wir das Wirtschaftswachstum mitberücksichtigen? Ausgangspunkt der Überlegungen von NIEHANS (1966) ist, dass kein konstanter Grundrentenstrom zur Bodenpreisbestimmung kapitalisiert wird, sondern ein mit einer bestimmten Wachstumsrate w ansteigender, was natürlich den Barwert einer Ausgangsgrundrente g_0 wesentlich erhöht. Die statische Kapitalisierungsformel

$$P \ = \ \frac{g_0}{i}$$

wird dabei zu

---

[44] Die Wohnfläche pro Einwohner nimmt in der Schweiz seit längerer Zeit jährlich um ca. 1 m^2 zu und liegt heute bei rund 50 m^2 pro Person (WEGELIN 1992, 8).
[45] Konkrete Werte für die Schweiz wurden in Abschnitt 4.2.1. in Fussnoten aufgeführt.

$$P = g_0 \cdot \frac{1+w}{1+i} + g_0 \cdot \frac{(1+w)^2}{(1+i)^2} + \ldots\ldots + g_0 \cdot \frac{(1+w)^n}{(1+i)^n}$$

Mit $q = {}^{1+w}/_{1+i}$ ergibt sich[46]

$$P = g_0 \cdot \frac{q}{1-q} = g_0 \cdot \frac{1+w}{i-w}$$

wobei hieraus für $n \to \infty$ bestimmte, endliche Bodenpreise resultieren, wenn $q < 1$, d.h. wenn $w < i$ ist (siehe Tab. 4-2).

Tab. 4-2: Bodenpreise in Abhängigkeit von Wirtschaftswachstum und Zinssatz nach dem NIEHANS-Modell (für $g_0 = 1000$ Franken)

Wachstums- rate w in %	Zinssatz i in % 4	5	6
0	25'000	20'000	17'000
1	38'000	25'000	20'000
2	51'000	34'000	25'000
3,5	207'000	69'000	41'000
3,9	1'039'000	94'000	49'000
4	∞	104'000	52'000
5	∞	∞	105'000
6	∞	∞	∞

Quelle: NIEHANS (1966, 197)

Ist $q > 1$, bzw. $w > i$, so wird der Bodenpreis unendlich hoch. In Erwartung einer über dem Zinssatz liegenden Wachstumsrate der Grundrente explodieren also theoretisch die Bodenpreise. Diese zum Teil irrealen Resultate des NIEHANS-Modells erfordern nach SIEBER (1970, 40) eine zweite Rechnung, welche den auf Grund der ersten Überlegung ermittelten Bodenpreis mehr oder weniger reduziert. Als mögliche Grundlage dieser ergänzenden Rechnung können verschiedene *Planungsannahmen* dienen. Denkbar ist beispielsweise die Überlegung, dass der Bodenkäufer im n-ten Jahr nach dem Bodenkauf einen Ausgleich zwischen der Grundrente, die er einnimmt, und dem Zinsaufwand dieses Jahres, den er für die Verzinsung

---

[46] Herleitung: siehe die Fussnoten in Abschnitt 3.1.2., wobei neu $q = {}^{1+w}/_{1+i}$ anstatt ${}^{1}/_{1+i}$.

des Bodenkaufs leisten muss, haben möchte, d.h. dass er in diesem Jahr erstmals keinen Verlust erleiden will[47]. Es gilt dann:

$$P \cdot i = g_0 \cdot (1+w)^n \text{, und}$$

$$P = \frac{g_0 \cdot (1+w)^n}{i}$$

Das ergibt für einige ausgewählte Werte n, w und i folgende Bodenpreise (Tab. 4-3):

Tab. 4-3: Bodenpreise bei $g_0 = 1000$ Franken, wenn der Ausgleich des Jahreszinsaufwandes und der Jahresgrundrente für das n-te Jahr geplant wird

n	$w = 0\%$ $i = 4\%$	$w = 3,9\%$ $i = 4\%$	$w = 4\%$ $i = 4\%$	$w = 5\%$ $i = 4\%$
1	25'000	25'975	26'000	26'250
2	25'000	26'989	27'040	27'563
5	25'000	30'272	30'416	31'907
10	25'000	36'655	37'006	40'722
20	25'000	53'745	54'778	66'332
30	25'000	78'775	81'085	108'049
40	25'000	115'543	120'026	175'999
50	25'000	169'410	177'667	286'685

Quelle: SIEBER (1970, 44)

Die ganze Sachlage kompliziert sich noch weiter, wenn wir nun auch noch die Geldentwertung oder *Inflation* in Betracht ziehen, wobei wir vorerst noch von der dadurch ausgelösten Zusatznachfrage (Flucht in die Sachwerte) absehen (siehe dazu EPPING 1977, 158-167). Es wird der Einfachheit halber eine einheitliche Inflationsrate r unterstellt. Das Verhältnis der Preise bleibt dabei unverändert. Damit wächst aber ceteris paribus die Grundrente, die die Bodennutzer zu zahlen bereit und in der Lage sind, ebenfalls mit der Rate r. In einem Zwei-Perioden-Modell wird sich bei einer gegebenen realen Wachstumsrate w die Grundrente eines gegebenen

---

[47] Bei einer anderen Überlegung, die zu einer wesentlich komplizierteren mathematischen Formulierung führt, wird die Periode vorgegeben, innerhalb derer ein Ausgleich zwischen dem Barwert aller bis zum n-ten Jahr erlittenen Verluste (Zinsaufwendungen) einerseits und dem Barwert der bis zum gleichen Zeitpunkt erzielten Grundrenteneinnahmen erreicht werden muss (SIEBER 1970, 40f.).

Grundstückes von g_0 im Vorjahr auf $g_1 = (1+w) \cdot (1+r) \cdot g_0$ im laufenden Jahr, auf $g_2 = (1+w)^2 \cdot (1+r)^2 \cdot g_0$ im folgenden Jahr etc. erhöhen.

Unter diesen Umständen wird ein Bodeneigentümer, der im Ausgangsjahr zum Preis $P_0 = g_0 / i$ zum Verkauf bereit war, im zweiten Jahr den folgenden Preis verlangen müssen:

$$P_1 = \frac{g_1}{i} = (1+w) \cdot (1+r) \cdot \frac{g_0}{i} = (1+w) \cdot (1+r) \cdot P_0$$

Jedoch ist eine solche Bemessung des Bodenpreises nur dann mit rationalem Verhalten vereinbar, wenn der Bodeneigentümer für die Zukunft kein weiteres Steigen der Grundrente erwartet. Rechnet er dagegen mit einer Fortdauer des Wachstums- und Inflationsprozesses, wird er die erwarteten Inflations- und Wachstumsraten in die Preiskalkulation einbeziehen. Die mathematische Formulierung für den Fall langandauernder Inflation ist äusserst kompliziert, und deren Wiedergabe ist im vorliegenden Zusammenhang nicht notwendig. Es sei jedoch erwähnt, dass dabei mehrere Fälle, insbesondere eine Situation mit und eine ohne Geldillusion[48], unterschieden werden müssen: "Für die Auswirkungen der Inflationsrate auf den Bodenpreis kommt es darauf an, ob die Marktteilnehmer der Geldillusion unterliegen oder nicht. Während sei bei Geldillusion auch lediglich inflationsbedingte Erhöhungen des Nutzungsentgeltes in die Preiskalkulation einbeziehen, also mit nominellen Werten rechnen ..., werden Marktteilnehmer ohne Geldillusion lediglich den realen Wert von Zinsen und Nutzungsentgelt berücksichtigen" (EPPING 1977, 161-162). Wirtschaftssubjekte ohne Geldillusion werden sich durch blosse nominelle Veränderungen nicht täuschen lassen, sie werden nicht nur eine um die Inflationsrate erhöhte Grundrente, sondern auch einen entsprechend erhöhten Diskontierungs- oder Abzinsungssatz bei ihren Kalkulationen in Rechnung stellen (EPPING 1977, 162-163). Wenn auch die Auswirkungen der Inflation je nach Modellannahmen unterschiedlich sind, so geht von ihr nach EPPING dennoch in den meisten Fällen eine zusätzliche preissteigernde Wirkung aus.

Zudem ist zu bedenken, dass sich unter inflationären Bedingungen die Nachfragestruktur verändert. Die Flucht in die Sachwerte ("Sachwertpsychose") ist in diesem Zusammenhang eine bekannte Erscheinung. Da der Boden von den meisten Leuten als das beste Sachwerterhaltungsgut angesehen wird, ist er über die sonstige Nachfragesteigerung hinaus einer Mehr-

---

[48] Bezeichnung für ein Verhalten, das zwischen Realeinkommen und Nominaleinkommen nicht differenziert.

nachfrage ausgesetzt; aber auch die Zurückhaltung des Bodens auf der Angebotsseite stellt eine Folge der Sachwertpsychose dar. Durch diese Flucht in die Sachwerte wird die Bodenpreisentwicklung weiter angeheizt.

Neben den genannten Gründen des Bodenpreisanstieges in der Schweiz (Wirtschafts-, Bevölkerungs-, Einkommenswachstum in Kombination mit der Knappheit des Bodens; Inflation) können noch weitere *Spezialursachen* erwähnt werden. So ist schon öfters das während der Nachkriegszeit im Vergleich zum Ausland tiefe *Realzinsniveau* in der Schweiz für die hohen Bodenpreise verantwortlich gemacht worden (NZZ 15./16.8.92). Die Begründung kann leicht anhand der Kapitalisierungsformel (siehe Abschnitt 3.1.) gezeigt werden, nach welcher der Bodenpreis umso höher ausfällt, je tiefer der gewählte Kapitalisierungszinsfuss ist. Eine weitere Spezialursache ist in der Schweiz zumindest phasenweise und in bestimmten Regionen die *ausländische Nachfrage* nach Boden gewesen (Zweitwohnungen). Schliesslich werden auch immer wieder eine Reihe *staatlicher Regelungen* als Gründe angeführt, die die Bodenknappheit zusätzlich vergrösserten (Raumplanung, planungsrechtliche Vorschriften etc.). All diese Erörterungen zeigen, dass aus ökonomischer Sicht die Bodenpreisentwicklung nicht - wie dies häufig geschieht - mit der "Spekulation" erklärt werden kann, sondern auf grundlegendere Wirkungszusammenhänge zurückzuführen ist. Trotz allem bleibt jedoch unbestritten, dass der Bodenmarkt und die zeitweise dramatischen Bodenpreissteigerungen, auch wenn sie nicht durch die Bodenspekulation, sondern primär durch die Bodenknappheit und die hohen Ansprüche an Bodennutzungen hervorgerufen werden, zu schwerwiegenden verteilungspolitischen Problemen führen. Auf die bodenpolitischen Folgerungen aus der Verteilungsproblematik wird im Detail in Kapitel 7 eingegangen.

Teil 2

ZIELE UND MASSNAHMEN DER BODENPOLITIK

5. BODENPOLITISCHE ZIELSETZUNGEN

Nach der Erörterung einer Reihe verschiedener Marktunvollkommenheiten und -versagen des Bodenmarktes, die nach bodenpolitischen Eingriffen seitens des Staates rufen, und vor der Diskussion verschiedener bodenpolitischer Handlungsmöglichkeiten in den Kapiteln 6 und 7, ist es sinnvoll, sich einmal zu vergegenwärtigen, welche bodenpolitischen Ziele in der Schweiz verfolgt werden. Nach einigen kurzen Überlegungen zum Begriff "Bodenpolitik" (Abschnitt 5.1.) wird in Abschnitt 5.2. detailliert auf das bodenpolitische Zielsystem der Schweiz eingegangen und abschliessend in Abschnitt 5.3. auf die wichtigsten bodenpolitischen Handlungsfelder hingewiesen.

5.1. Zum Begriff der Bodenpolitik

Der Begriff der Bodenpolitik soll hier in Anlehnung an VAHLENs Grosses Wirtschaftslexikon im Sinne der Bodenmarktpolitik[49] als die Gesamtheit aller staatlichen Massnahmen bezeichnet werden, welche die Zuweisung des Bodens auf verschiedene Bodenverwendungszwecke regeln oder beeinflussen oder die sich im Zusammenhang mit der Bodennutzung ergebenden Eigentums- und Vermögensprobleme regeln.

Bei der Bodenpolitik handelt es sich um einen äusserst komplexen Politikbereich, der - für viele Beobachter bedauernswerterweise (LENDI 1990, 5) - nicht unter einem Dach vereinigt und koordiniert ist. Wegen der Multifunktionalität des Bodens ist die Bodenpolitik vielmehr *aufgesplittert* auf verschiedene Sektoralpolitiken, wie z.B. die Agrarpolitik, die Wohnungsmarktpolitik, die Verkehrspolitik, die Naturschutzpolitik etc.; eine übergreifende koordinierende Funktion hat dabei die Raumplanung, aber deren Ausrichtung auf die Flächennutzungsplanung lässt auch wieder viele Aspekte ausgeklammert, die die Bodenpolitik berühren, wie die Wohnungsmarktpolitik oder die Steuerpolitik. Allerdings soll mit dem Begriff "Bodenpolitik" auch kein allumfassendes Sammelsurium gebildet werden. Die verschiedenen Sektoralpolitiken betreffen die Bodenpolitik nur insofern, als bodennutzungsrelevante Effekte vorliegen oder die Verteilung von Grundbesitz und Grundrente beeinflusst wird.

Die Bodenpolitik verfügt sowohl über *allokative* als auch über *distributive Ziele*. Allokative Ziele betreffen die in Abschnitt 4.2. diskutierten

---

[49] In Kapitel 1 wurde darauf hingewiesen, dass in diesem Buch anstelle des Begriffes "Bodenmarktpolitik" auch der etwas weniger präzise, aber gebräuchlichere Begriff "Bodenpolitik" verwendet wird.

allokativen Bodenmarktprobleme. Daraus abgeleitete Massnahmen sollen die Funktionsfähigkeit des Marktes verbessern oder - bei eigentlichen Marktversagen, wie z.B. der Kollektivgutproblematik - wiederherstellen. Allokative Massnahmen sind also auf Probleme ausgerichtet, die sich aus der Nichtvermehrbarkeit, der Immobilität, der Heterogenität des Bodens, aus einer allfälligen monopolartigen Angebotsstruktur, aus der Trägheit des Bodenmarktes, der unvollständigen Information, aus der Irreversibilität von Bodennutzungsentscheiden sowie aus der Externalitäten- und Kollektivgutproblematik ergeben. Verteilungspolitische Ziele sind in den als ungerecht empfundenen Verteilungsimplikationen des Bodenmarktes begründet. Dabei geht es einerseits um die Verteilung des Grundrenteneinkommens, dessen ausschliessliche Aneignung den Grundbesitzern durch die grosse Zahl der Nichtbesitzenden streitig gemacht wird, andererseits aber auch um eine gerechtere Verteilung der Eigentumsrechte an Boden.

Es ist auch zweckmässig, zwischen *expliziter* und *impliziter Bodenpolitik* zu unterscheiden. Unter expliziter Bodenpolitik sind jene Massnahmen zu verstehen, die bewusst zur Erreichung bestimmter bodenpolitischer Ziele durchgeführt werden. Dagegen gibt es auch eine Vielzahl von Massnahmen und Instrumenten mit anderweitigen Zielen, die aber Rückwirkungen auf die Bodenpolitik haben. Diese können als implizite Bodenpolitik bezeichnet werden. Als Beispiel für letztere kann die Preisstützung in der Agrarpolitik angeführt werden, die aus einkommens- und agrarstrukturpolitischen Gründen betrieben wird, aber auch wesentliche Auswirkungen auf die Bodennutzung hat (Intensität der Bodennutzung; vgl. Abb. 2-5 in Abschnitt 2.2.). Im bodenpolitischen Teil dieses Buches beschäftigen wir uns aber schwergewichtig mit expliziter Bodenpolitik.

Das bodenpolitische Zielsystem ist keineswegs starr, sondern unterliegt *historischen Wandlungen*, die insbesondere den Wandel von der Agrar- über die Industrie- zur Dienstleistungs- und Informationsgesellschaft reflektieren, da sich die Bodenansprüche und Bodenprobleme in diesem Prozess stark verändern (HOLZHEU 1980, 53; RIEDER / HUBER 1992, 3-8). Noch im 19. Jahrhundert war die Bodenproblematik primär verteilungspolitisch geprägt, sie hing mit dem relativ grossen Anteil der Landwirtschaft an Produktion und Beschäftigung, dem in weiten Teilen Europas verbreiteten Grossgrundbesitz und dem Pachtsystem zusammen. Als Quelle "unverdienten Einkommens" der Grundbesitzer und angebliche Ursache der sozialen Probleme der grossen Mehrheit der Nichtbesitzenden wurde das private Bodeneigentum häufig kritisiert. Im Zuge der Industrialisierung verschob sich das Gewicht hin zu städtischen Bodenproblemen. Die Abwanderung von Arbeitern aus der Landwirtschaft in die Industrie und das Bevölkerungswachstum bewirkten ein Wohnungsproblem vor allem in den Industriestädten, das oft als Folge der Bodenspekulation gesehen und zum Anlass für Forderungen nach weitgehenden bodenpolitischen Eingriffen genommen wurde. In den frühen Phasen der Industrialisierung traten auch beträchtliche hygienische Probleme in den wachsenden Städten auf, die einen Schub von siedlungsplanerischen und baupolizeilichen Erlassen nach sich zogen. In späteren Phasen der Industrialisierung wurden dann Probleme dominant, die sich aus dem Auswuchern der Städte und der Zersiedlung der Landschaft ergaben. Die Sorge um den Verlust von Agrarland wuchs, in der Schweiz insbesondere auch wegen der gestörten Nahrungsmittelzufuhr während des Zweiten Weltkrieges. In der Nachkriegszeit verstärkte sich im Zusammenhang mit den Umweltbelastungen aus Produktion und Verbrauch in modernen Industriestaaten und der Diskussion um die Erschöpfbarkeit natürlicher Ressourcen die Sorge um bodenbezogene Umweltgüter (Natur-, Landschaftsschutzproblematik). Gleichzeitig verlor die Wohnungsmarktproblematik kaum an Bedeutung.

5.2. Das bodenpolitische Zielsystem der Schweiz

5.2.1. Wichtige rechtliche Grundlagen

Bodenpolitisch motivierte Aktivitäten des Staates bedürfen einer verfassungsmässigen Grundlage, und gleichzeitig reflektieren sich die politischen Zielsetzungen des Landes in der Verfassung. Zur Darstellung des schweizerischen bodenpolitischen Zielsystems stützen wir uns deshalb hier weitgehend auf die Bundesverfassung ab. Die Bundesverfassung enthält allerdings kein geschlossenes bodenpolitisches Konzept, sondern eine historisch gewachsene Vielzahl einzelner bodenrechtlich relevanter Bestimmungen. Dabei gilt es zu berücksichtigen, dass die verschiedenen, teilweise in Konflikt stehenden Verfassungsbestimmungen gleichrangig sind und dass ihrer individuellen Anwendung und Umsetzung durch andere tangierte Verfassungsbestimmungen Grenzen gesetzt werden. In der Schweiz gelten die 1969 in einer Volksabstimmung gutgeheissenen sog. *"Bodenrechtsartikel"* der Bundesverfassung und das eng damit verknüpfte *Bundesgesetz über die Raumplanung* als die eigentlichen *Kernaussagen* bezüglich der *schweizerischen Bodenpolitik* (LENDI u.a. 1990, 2)[50]. Es handelt sich dabei um:

---

[50] Die Annahme dieser Verfassungsbestimmungen im Jahre 1969 ist vor dem Hintergrund der heftigen Bodenrechtsdiskussion der sechziger Jahre, einer durch Hochkonjunktur, konjunkturelle und inflatorische Über-

Art. 22ter (Eigentumsgarantie)

¹ Das Eigentum ist gewährleistet.

² Bund und Kantone können im Rahmen ihrer verfassungsmässigen Befugnisse auf dem Wege der Gesetzgebung im öffentlichen Interesse die Enteignung und Eigentumsbeschränkungen vorsehen.

³ Bei Enteignung und Eigentumsbeschränkungen, die einer Enteignung gleichkommen, ist volle Entschädigung zu zahlen.

und

Art. 22^{quater} (Raumplanung)

¹ Der Bund stellt auf dem Wege der Gesetzgebung Grundsätze auf für eine durch die Kantone zu schaffende, der zweckmässigen Nutzung des Bodens und der geordneten Besiedlung des Landes dienende Raumplanung.

² Er fördert und koordiniert die Bestrebungen der Kantone und arbeitet mit ihnen zusammen.

³ Er berücksichtigt in Erfüllung seiner Aufgaben die Erfordernisse der Landes-, Regional- und Ortsplanung.

Eine wichtige Konkretisierung der Bodenrechtsartikel bietet insbesondere das auf dem Raumplanungsartikel basierende Bundesgesetz über die Raumplanung vom 22. Juni 1979, dem die folgenden Ziele zu entnehmen sind:

Art. 1 Ziele

¹ Bund, Kantone und Gemeinden sorgen dafür, dass der Boden haushälterisch genutzt wird. Sie stimmen ihre raumwirksamen Tätigkeiten aufeinander ab und verwirklichen eine auf die erwünschte Entwicklung des Landes ausgerichtete Ordnung der Besiedlung. Sie achten dabei auf die natürlichen Gegebenheiten sowie auf die Bedürfnisse von Bevölkerung und Wirtschaft.

² Sie unterstützen mit Massnahmen der Raumplanung insbesondere die Bestrebungen,

    a. die natürlichen Lebensgrundlagen wie Boden, Luft, Wasser, Wald und die Landschaft zu schützen;

    b. wohnliche Siedlungen und die räumlichen Voraussetzungen für die Wirtschaft zu schaffen und zu erhalten;

---

hitzung und Bodenspekulation gekennzeichneten Zeit zu sehen. 1963 wurde die Bodenrechtsinitiative der Sozialdemokratischen Partei der Schweiz eingereicht, die unter anderem ein Vorkaufsrecht des Gemeinwesens sowie ein entschädigungspflichtiges Enteignungsrecht für Wohnbauten vorsah, die dann aber 1967 von Volk und Ständen in einer Volksabstimmung verworfen wurde. Gleichsam im Gegenzug wurde dafür die bisher als ungeschriebenes Freiheitsrecht vom Bundesgericht anerkannte Eigentumsgarantie - zusammen mit dem Raumplanungsartikel - in die Bundesverfassung aufgenommen.

c. das soziale, wirtschaftliche und kulturelle Leben in den einzelnen Landesteilen zu fördern und auf eine angemessene Dezentralisation der Besiedlung und der Wirtschaft hinzuwirken[51];

d. die ausreichende Versorgungsbasis des Landes zu sichern;

e. die Gesamtverteidigung zu gewährleisten.

Neben den beiden "Bodenrechtsartikeln" sind aber noch eine ganze Reihe anderer wichtiger Verfassungsbestimmungen zu erwähnen (LENDI u.a. 1990, EJPD 1991). Für die Bodenpolitik im *Siedlungsbereich* sind die beiden Verfassungsartikel über Wohnbauförderung und Mieterschutzmassnahmen von zentraler Bedeutung. 1972 wurde der Wohnbauförderungsartikel in die Verfassung aufgenommen, auf den sich nicht nur finanzielle Förderungsmassnahmen für den Wohnungsbau, sondern auch Vorschriften über die Erschliessung abstützen lassen, der also von unmittelbarer Relevanz für die Bodennutzung ist:

Art. 34[sexies] (Wohnbauförderung)

[1] Der Bund trifft Massnahmen zur Förderung, besonders auch zur Verbilligung des Wohnungsbaus sowie des Erwerbs von Wohnungs- und Hauseigentum. ... .

[2] Der Bund ist insbesondere befugt:

a. die Beschaffung und Erschliessung von Land für den Wohnungsbau zu erleichtern;

b. Bestrebungen auf dem Gebiete des Siedlungs- und Wohnungswesens zugunsten von Familien, Personen mit beschränkten Erwerbsmöglichkeiten sowie Betagten, Invaliden und Pflegebedürftigen zu unterstützten;

c. die Wohungsmarkt- und Bauforschung sowie die Baurationalisierung zu fördern;

d. die Kapitalbeschaffung für den Wohnungsbau sicherzustellen.

[3] Der Bund ist befugt, die zur Erschliessung von Land für den Wohnungsbau sowie für die Baurationalisierung nötigen rechtlichen Vorschriften zu erlassen.

[4] ... .

[5] ... .

1972 wurde an demselben Abstimmungstermin auch der Verfassungsartikel betreffend Mieterschutzmassnahmen angenommen. Damit wird anerkannt, dass es sich beim Mietvertrag um einen Vertrag mit er-

---

[51] Dies wird in den Erläuterungen zum Bundesgesetz über die Raumplanung (EJPD / BRP 1981, 86) weiter präzisiert: "Hinter [Buchstabe] c steht der Wille, alle Landesgegenden gleichwertig, das heisst: ihren Bedürfnissen entsprechend chancengleich zu entwickeln. ... Das Gesetz geht vom heute gültigen Zustand aus; es verzichtet, bereits Geschehenes rückgängig machen zu wollen. ... Es will aber für die Zukunft störende Ungleichgewichte abbauen und verhindern, dass neue entstehen. Die 'angemessene Dezentralisation der Besiedlung und der wirtschaftlichen Entwicklung' bringt keinen Freibrief für weitere Streubauweise. Das Gesetz meint eine Dezentralisation, die sich auf regionale Schwerpunkte konzentriert". Diese Zielsetzung der *konzentrierten Dezentralisation* wird auch im Raumplanungsbericht von 1987 bestätigt (BUNDESRAT 1987).

heblichen sozialen Auswirkungen handelt. Dieser Verfassungsartikel stellt die Grundlage der schweizerischen Mieterschutzgesetzgebung dar, die einerseits die Verteilung des Grundrenteneinkommens beeinflusst. Anderseits ist sie auch von Bedeutung für die Bodennutzung. So wird das Prinzip der Kostenmiete - im Gegensatz zur Marktmiete[52] - für die Preissegmentierung der Wohnungen nach Erstellungsjahr verantwortlich gemacht, was zu Altbaumieten weit unter der Marktmiete führt. Dies wiederum wird für eine schlechte Ausnützung dieser Wohnungen mitverantwortlich gemacht und damit auch für die hohe durchschnittliche Wohnraumbeanspruchung in der Schweiz (MÜDESPACHER 1984, 40):

Art. 34[septies] (Mieterschutzmassnahmen)

[1] Der Bund ist befugt, Vorschriften gegen Missbräuche im Mietwesen zu erlassen. Er regelt den Schutz der Mieter vor missbräuchlichen Mietzinsen und anderen missbräuchlichen Forderungen der Vermieter, die Anfechtbarkeit missbräuchlicher Kündigungen sowie die befristete Erstreckung von Mietverhältnissen.

[2] Der Bund ist befugt, zur Förderung gemeinsamer Regelungen und zur Verhinderung von Missbräuchen auf dem Gebiete des Miet- und Wohnungswesens Vorschriften aufzustellen über die Allgemeinverbindlicherklärung von Rahmenmietverträgen und von sonstigen gemeinsamen Vorkehren von Vermieter- und Mieterverbänden oder Organisationen, die ähnliche Interessen wahrnehmen.

Für den *ländlichen Bereich* sind insbesondere die folgenden Verfassungsartikel relevant. Der 1947 angenommene Wirtschaftsartikel Art. 31bis lässt Bestimmungen zur Erhaltung eines gesunden Bauernstandes und zur Festigung des bäuerlichen Grundbesitzes zu, die von der Handels- und Gewerbefreiheit abweichen. Dieser Artikel bildet die Grundlage der bodenpolitisch eminent wichtigen Agrarpolitik. In derselben Bestimmung werden auch Massnahmen zugunsten wirtschaftlich bedrohter Landesteile zugelassen; dieser Artikel bildet die Grundlage für das Bundesgesetz über Investitionshilfe für Berggebiete, mit dem die nationale Siedlungsstruktur - und damit auch die Bodennutzung - beeinflusst werden soll. Schliesslich ist hier auch die Verfassungsgrundlage für den vorsorgepolitisch motivierten Schutz des Agrarlandes, d.h. die Sicherung von Fruchtfolgeflächen zur Versorgung des Landes in Zeiten gestörter Zufuhr, zu finden:

---

[52] Bei der Marktmiete wird die Miete allein aufgrund von Angebot und Nachfrage nach Wohnraum gebildet. Bei der Kostenmiete darf die Miete die dem Vermieter entstehenden Kosten nicht übersteigen. Die hauptsächlichen Kostenkomponenten sind: Kapitalkosten, Kosten des Unterhalts, Amortisation, Gebühren und Steuern (BFK 1991, 20).

Art. 31bis (Wirtschaftsartikel)

1 Der Bund trifft im Rahmen seiner verfassungsmässigen Befugnisse die zur Mehrung der Wohlfahrt des Volkes und zur wirtschaftlichen Sicherung der Bürger geeigneten Massnahmen.

2 ... .

3 Wenn das Gesamtinteresse es rechtfertigt, ist der Bund befugt, nötigenfalls in Abweichung von der Handels- und Gewerbefreiheit, Vorschriften zu erlassen:

   a. ... ;

   b. zur Erhaltung eines gesunden Bauernstandes und einer leistungsfähigen Landwirtschaft, sowie zur Festigung des bäuerlichen Grundbesitzes;

   c. zum Schutze wirtschaftlich bedrohter Landesteile;

   d. ... ;

   e. über vorsorgliche Massnahmen der wirtschaftlichen Landesverteidigung und auch über Massnahmen zur Sicherstellung der Landesversorgung mit lebenswichtigen Gütern und Dienstleistungen bei schweren Mangellagen, denen die Wirtschaft nicht selber begegnen kann.

4 ... .

5 ... .

Für den Schutz von Natur-, Landschafts- und Kulturgütern ist der 1962 (Abs. 5 erst 1987 mit der Annahme der "Rothenthurm-Initiative") angenommene Natur- und Heimatschutzartikel von zentraler Bedeutung:

Art. 24^{sexies} (Natur- und Heimatschutz)

1 Der Natur- und Heimatschutz ist Sache der Kantone.

2 Der Bund hat in Erfüllung seiner Aufgaben das heimatliche Landschafts- und Ortsbild, geschichtliche Stätten sowie Natur- und Kulturdenkmäler zu schonen und, wo das allgemeine Interesse überwiegt, ungeschmälert zu erhalten.

3 Der Bund kann Bestrebungen des Natur- und Heimatschutzes durch Beiträge unterstützen sowie Naturreservate, geschichtliche Stätten und Kulturdenkmäler von nationaler Bedeutung vertraglich oder auf dem Wege der Enteignung erwerben oder sichern.

4 Er ist befugt, Bestimmungen zum Schutze der Tier- und Pflanzenwelt zu erlassen.

5 Moore und Moorlandschaften von besonderer Schönheit und von nationaler Bedeutung sind Schutzobjekte. Es dürfen darin weder Anlagen gebaut, noch Bodenveränderungen irgendwelcher Art vorgenommen werden. Ausgenommen sind Einrichtungen, die der Aufrechterhaltung des Schutzzweckes und der bisherigen landwirtschaftlichen Nutzung dienen.

Der 1972 angenommene Umweltschutzartikel ist von bodenpolitischer Bedeutung, weil er die rechtliche Grundlage des qualitativen Bodenschutzes, d.h. des Schutzes des Bodens von Schadstoffeinträgen, bildet:

Art. 24[septies] (Umweltschutz)
[1] Der Bund erlässt Vorschriften über den Schutz des Menschen und seiner natürlichen
Umwelt gegen schädliche oder lästige Einwirkungen. Er bekämpft insbesondere die Luft-
verunreinigung und den Lärm.
[2] Der Vollzug der Vorschriften wird, soweit das Gesetz ihn nicht dem Bunde vorbehält,
den Kantonen übertragen.

Schliesslich sollte auch die bereits seit 1897 geltende Verfassungsgrundlage der Forstpolitik nicht vergessen werden, ist doch der Wald mit
einem Anteil von rund 30% an der schweizerischen Gesamtfläche und seinen verschiedenen gemeinwirtschaftlichen Funktionen eine äusserst bedeutsame Bodennutzung. Dieser Verfassungsartikel begründet das Bundesgesetz
betreffend die eidgenössische Oberaufsicht über die Forstpolizei vom 11.
Oktober 1902, bzw. das 1993 an seine Stelle getretene Waldgesetz, welches
in einer der wichtigsten Bestimmungen den Wald absolut in seiner Fläche
schützt.

Art. 24 (Schutz der Waldungen)
[1] Der Bund hat das Recht der Oberaufsicht über die Wasserbau- und Forstpolizei.
[2] Er wird die Korrektion und Verbauung der Wildwasser sowie die Aufforstung ihrer
Quellengebiete unterstützen und die nötigen schützenden Bestimmungen zur Erhaltung dieser Werke und der schon vorhandenen Waldungen aufstellen.

5.2.2. Die bodenpolitischen Ziele

Die diskutierten rechtlichen Bestimmungen weisen in der Regel noch wenig operationalisierte Zielsetzungen aus. Aus diesen Verfassungsbestimmungen und unter Einbezug des wegen seines engen Bezuges zu den beiden
Bodenrechtsartikeln zentralen Bundesgesetzes über die Raumplanung können dennoch die wesentlichen Ziele der schweizerischen Bodenpolitik ab-
geleitet werden (siehe auch EJPD 1991, 16f.). Dabei handelt es sich bei den
in Abb. 5-1 aufgeführten bodenpolitischen Zielen nicht um eine Hierarchie
von Zielen, sondern um gleichrangige Ziele.

Abb. 5-1

<u>*Bodenpolitische Ziele der Schweiz*</u>

Allokative Ziele

Haushälterische Bodennutzung
(Art. 22^{quater} BV; RPG)

**Förderung der Funktionsfähigkeit
des Bodenmarktes**
(34^{sexies} BV)

**Schaffung räumlicher Voraussetzungen
für die Wirtschaft**
(Art. 22^{quater} BV; RPG)

Förderung der Siedlungsqualität
(Art. 22^{quater}, RPG)

**Konzentrierte Dezentralisation von Besiedlung
und wirtschaftlicher Entwicklung**
(Art. 22^{quater} BV; RPG)

**Schutz des Agrarlandes
als Versorgungsbasis**
(Art. 31bis, RPG)

**Schutz der natürlichen Lebensgrundlagen
Boden, Wald, Landschaft**
(Art. 24, 24^{sexies}, 24^{septies} BV, RPG)

Distributive Ziele

**Versorgung mit Wohnraum zu
tragbaren Bedingungen**
(Art. 34^{sexies} BV)

Streuung des Grundeigentums
(Art. 34^{sexies} BV)

Mieter- und Pächterschutz
(Art. 31bis, 34^{septies} BV)

Quelle: eigene Darstellung

Die Ziele können leicht mit den in Kapitel 4 diskutierten Problemen der Marktsteuerung in Verbindung gebracht werden. Das Ziel der haushälterischen Bodennutzung folgt primär aus dem Umstand der Unvermehrbarkeit des Bodens und der zunehmenden Knappheit des Bodens wegen des fortlaufenden Bevölkerungs-, Einkommens- und Produktivitätswachstums. Ein Konnex besteht auch zu weiteren Unvollkommenheiten des Bodenmarktes, die eine effiziente Bodenallokation erschweren; so insbesondere zu den externen Kosten des Verkehrswesens, die die Ausuferung der Städte und die Zersiedlung der Landschaft begünstigen. Die Zielsetzung der verbesserten Funktionsfähigkeit des Bodenmarktes liegt ebenfalls in verschiedenen Marktunvollkommenheiten begründet (z.B. der Immobilität des Bodens).

Bei dem Ziel der Schaffung räumlicher Voraussetzungen für die Wirtschaft ist zum einen die Kollektivgutproblematik (bezüglich Infrastrukturen) angesprochen, aber auch die Absicht, dass durch den Schutz von Agrarland und ökologischen Bodennutzungen die Entfaltungsmöglichkeiten der Wirtschaft nicht zu sehr eingeschränkt werden sollen. Bei dem Ziel der Förderung der Siedlungsqualität geht es insbesondere um externe Effekte - Umweltbelastungen, Kosten der Enge, externe Effekte der Grundstücksnutzung sowie externe Kosten des Verkehrs - , deren Verhinderung sich die Bodenpolitik zuwenden sollte. Die konzentrierte Dezentralisation von Besiedlung und wirtschaftlicher Entwicklung ist ein Ziel, das sich aus dem Umstand der mangelhaften räumlichen Selbstorganisationsfähigkeit der Wirtschaft ergibt (öffentliches Gut "Raumordnung") sowie wiederum aus der Externalitätenproblematik (zersiedlungsfördernde externe Kosten des Verkehrs). Der Schutz des Agrarlandes als Versorgungsbasis lässt sich mit dem Kollektivgut "Krisenvorsorge" begründen, das immer weniger auf einen Kriegsfall, sondern auf ökologische Krisen ausgerichtet ist, die die Nahrungsmittelzufuhr negativ beeinträchtigen könnten. Beim Schutz der natürlichen Lebensgrundlagen Boden, Wald und Landschaft geht es erneut um die Kollektivgutproblematik, diesmal im Umweltbereich. Bei den distributiven Zielen wird die Verringerung der Grundbesitzungleichheit, sowie eine Milderung der sozialen Auswirkungen steigender Grundrenten beabsichtigt.

5.2.3. Zielkonflikte

Bei der Betrachtung der zehn teilweise recht unterschiedlichen Ziele wird deutlich, dass zwischen den Zielen der Bodenpolitik beträchtliche Zielkonflikte auftreten können, sowohl innerhalb des allokativen oder des distributiven Bereichs als auch zwischen allokativen und distributiven Zielen (siehe Abb. 5-2).

Abb. 5-2: Mögliche Zielkonflikte der Bodenpolitik

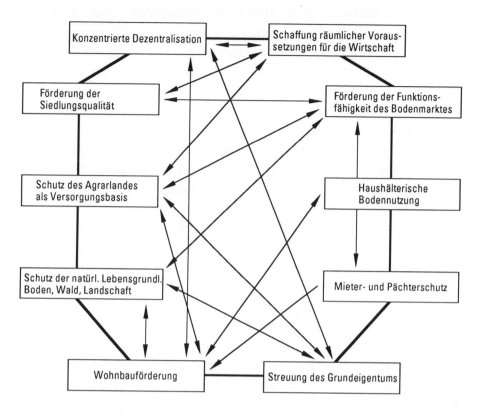

Quelle: eigene Darstellung

So kann eine übermässige Beachtung der Schaffung räumlicher Voraussetzungen für die Wirtschaft die haushälterische Bodennutzung, die natürlichen Lebensgrundlagen, das Agrarland oder die Siedlungsqualität beeinträchtigen. Die Förderung der Funktionsfähigkeit des Bodenmarktes, z.B. Massnahmen zur Verflüssigung des Baulandangebots, kann die ökologischen Bodenfunktionen gefährden oder die Siedlungsqualität verringern. Eine übermässige Beachtung des Gebots der haushälterischen Bodennutzung kann die Bedürfnisse der Wirtschaft und die Ziele im Wohnbaubereich tangieren. Ein überrissener oder unzweckmässiger Mieterschutz, der die Rentabilität von Wohnungsmarktinvestitionen zu stark verringert oder den Liegenschaftenhandel erschwert, kann den Wohnungsbau bremsen und den Bodenmarkt in seinen Funktionen stören. Eine forcierte Politik zur Streuung des Grundeigentums durch Neubau auf der grünen Wiese kann mit den Zielen der haushälterischen Bodennutzung, des Schutzes der natürlichen Lebensgrundlagen und des Agrarlandes in Konflikt geraten. Dasselbe gilt für die sozialpolitisch motivierte Wohnbauförderung. Der Schutz

115

der natürlichen Lebensgrundlagen und des Agrarlandes führt zu einer Verknappung und Verteuerung des Bodens für Verwendungszwecke im Siedlungsbereich und kann damit seinerseits die wirtschaftlichen und wohnungspolitischen Ziele der Bodenpolitik stören. Eine Politik zur Förderung der Siedlungsqualität mittels übertriebener Eingriffe in die Entscheidungsbefugnisse der Grundeigentümer kann den Bodenmarkt so stark stören oder unterbinden, dass die räumlichen Veraussetzungen für die Wirtschaft und die Funktionsfähigkeit des Bodenmarktes gefährdet werden. Für das Ziel der konzentrierten Dezentralisation von Besiedlung und wirtschaftlicher Entwicklung bestehen ähnliche Zielkonflikte wie für die haushälterische Bodennutzung oder den Schutz der agrarischen und ökologischen Bodenfunktionen.

Eine grosse Gefahr besteht diesbezüglich in der Aufsplitterung der Bodenpolitik in verschiedene Sektoralpolitiken, deren Vertreter in der Verwaltung und in verwandten Wirtschaftszweigen (z.B. Wohnungswirtschaft, Landwirtschaft, etc.) ihre Ziele auf Kosten der anderen über Gebühr forcieren wollen. Diese Problemlage ist besonders virulent, weil nicht alle bodenpolitischen Ziele über eine gleich einflussreiche Interessenvertretung verfügen. Dies bedeutet aber auch, dass viele sog. "Bodenmarktprobleme" Probleme sein können, die nicht eigentlich dem Bodenmarkt zuzuschreiben sind, sondern unzweckmässigen staatlichen Interventionen (z.B. zu intensive landwirtschaftliche Bodennutzung wegen künstlich überhöhter landwirtschaftlicher Produktepreise).

Bodenpolitische Zielkonflikte bedeuten grundsätzlich, dass der Staat ebenso wie Private dem Umstand gegenüber steht, dass Bodennutzungsentscheide mit Opportunitätskosten verbunden sind. Ein Entscheid für diese oder jene Bodennutzungsart ist mit Abstrichen bei anderen Bodennutzungen verbunden. Opportunitätskosten sind im wesentlichen eine Knappheitsfolge. Die Knappheit des Bodens kann durch den Staat nicht - sieht man von radikalen Massnahmen zur Verringerung der Bevölkerung oder der Einkommen ab - zum Verschwinden gebracht werden. Bodenpolitik ist demnach ein schwieriger Balanceakt, der oft schmerzhafte Abwägungen zwischen einzelnen Zielen und Kompromisse erfordert.

5.3. Handlungsfelder

Das Spektrum möglicher bodenpolitischer Massnahmen ist beträchtlich. Eines der wichtigsten bodenpolitischen Instrumente stellt zweifellos die Raumplanung dar, die zuweilen gar mit der Bodenpolitik gleichgesetzt wird (siehe z.B. LENDI 1988). Daneben gibt es aber auch bodenpolitische Handlungsmöglichkeiten in den Bereichen Bodenrechtspolitik, Steuer- und Abgabenpolitik, Wohnbauförderung, Preisbildung in bodenrelevanten Märkten, Umwelt- und Verkehrspolitik sowie allgemeine Wirtschaftspolitik (siehe dazu EEKHOFF 1987, 218 - 248; EJPD 1991). Um das breite Spektrum bodenpolitischer Handlungsmöglichkeiten zu verdeutlichen, wird nachfolgend über diese verschiedenen Handlungsfelder ein kurzer Überblick gegeben, ohne dass bereits detailliert auf einzelne Massnahmen eingegangen wird oder diese beurteilt werden; eine ausführliche Massnahmendiskussion erfolgt in den Kapiteln 6 und 7.

(1) Raumplanerische Massnahmen

Mit raumplanerischen Massnahmen kann ein grosser Einfluss auf die Bodennutzung genommen werden. Insbesondere über die Flächennutzungsplanung können die einzelnen Bodenteilmärkte administrativ getrennt werden, der Nutzungskonkurrenz zwischen den verschiedenen Bodennutzungsarten kann also bis zu einem gewissen Grad Einhalt geboten werden. Mit spezifischen Nutzungsvorschriften über die Ausnützung, Gebäudehöhe, Grenzabstände etc. wird aber auch eine Kleinsteuerung des Bodenmarktes vorgenommen. Mit der mehr konzeptionellen, grösserräumigen Richtplanung kann zudem Einfluss auf die Struktur des Gesamtraumes genommen werden.

(2) Bodenrechtliche Massnahmen

Mit bodenrechtlichen Massnahmen kann die Struktur der Eigentumsrechte an Boden beeinflusst werden. Die Bodenrechtspolitik ist ein äusserst umfangreiches Gebiet, das - auch unter Ausklammerung von radikalen Massnahmen, wie z.B. Umverteilung durch Enteignung der Besitzenden - viele Handlungsmöglichkeiten bietet. Dies wird deutlich, wenn man sich vergegenwärtigt, dass der Eigentumsrechtsbegriff äusserst facettenreich ist und erst durch die Spezifizierung möglicher Eigentumssubjekte, -objekte und -inhalte Klarheit und Präzision erhält (BINSWANGER 1978, 2): "Eine systematische Analyse der Eigentumsrechtsfrage zeigt, dass es unerwarteterweise viele ... Formen des Eigentums und damit der Eigentumsordnungen gibt, so dass eine Eigentumsgarantie an sich noch wenig aussagt, solange nicht feststeht, welche Eigentumsordnung gemeint ist. Dies hängt vor allem von der Beantwortung der folgenden Fragen ab:

- *Wer* kann Eigentümer werden (z.B. natürliche Personen, juristische Personen des privaten Rechts, Korporationen, Gemeinden, Staat)?
- *Was* kann angeeignet werden (z.B. Umweltgüter inkl. Boden, produzierte Güter, immaterielle Güter, obligatorische Rechte)?
- *Welche* Rechte beinhaltet das Eigentum (z.B. Nutzung, Ausschluss Dritter, Verkauf, Verpfändung)?
- *Welches* sind die mit dem Eigentum übernommenen Verpflichtungen (z.B. Haftung, Steuer, Sozialpflichtigkeit)?
- *Wie* kann Eigentum erworben werden (z.B. Okkupation, Erbe, Kauf)?"

In der schweizerischen bodenrechtspolitischen Praxis stehen gegenwärtig Fragen der Eigentumsförderung, Förderung gemeinschaftlicher Wohnformen (z.B. Genossenschaften), Förderung von Nutzungsrechten (z.B. Baurechte anstelle von Volleigentum), die Besserstellung von Nutzern (Vorkaufsrechte für Mieter und Pächter), Vorkaufsrechte für die öffentliche Hand, Förderung des Stockwerkeigentums und dergleichen im Zentrum der Diskussionen.

(3) Fiskalische Massnahmen

Fiskalische Massnahmen sind Massnahmen, die der Staat aufgrund seiner Steuer- und Abgabenhoheit erlassen und durchführen kann. Die Art und Weise, wie der Boden mit Steuern und Abgaben belastet wird, hat einen ganz erheblichen Einfluss auf die Bodennutzung, kann aber auch die Verteilung der Grundrente beeinflussen. In Abschnitt 4.3. wurde beispielsweise auf die These hingewiesen, dass eine steuerliche Bevorzugung von Grundeigentum gegenüber anderen Eigentumsformen den Boden als Anlageobjekt attraktiver mache und damit die Spekulation anheize. Es sei auch beispielsweise daran erinnert, dass der Umstand, dass Bauland zum landwirtschaftlichen Ertragswert versteuert wird anstatt zum viel höheren, an der baulichen Nutzung orientierten Verkehrswert, für die Baulandhortung verantwortlich gemacht wird. In den Bereich der fiskalischen Massnahmen sind z.B. einzuordnen: Grundstückgewinnsteuer, Planungsmehrwertabschöpfung, Verkehrswertbesteuerung von Bauland, Bodenwertzuwachssteuer oder Erschliessungsbeiträge.

(4) Eingriffe in die Preisbildung auf bodenrelevanten Märkten

Der Staat kann aber auch direkt in die Preisgestaltung auf dem Boden-markt und auf verschiedenen bodenrelevanten Märkten eingreifen. In Zeiten akuter Bodenpreissteigerungen und Bodenspekulation kommt immer wieder die Forderung nach spezifischen Antispekulationsmassnahmen auf, wie z.B. das Verbot des spekulativen Bodenhandels, direkte Preisvorschriften bzw. Festlegung von Preisobergrenzen, Ansetzung von Sperrfristen für die Wiederveräusserung des Bodens, Beschränkung der Kreditgewährung für spekulativen Bodenerwerb. Ein wichtiger bodenrelevanter Markt ist auch der Wohnungsmarkt, wo die freie Preisbildung durch die Mieter-schutzgesetzgebung beträchtlich eingeschränkt ist. Ein anderer wichtiger bodenrelevanter Markt ist der Agrarmarkt, wo der Staat wohl am massivsten in die freie Preisbildung eingreift und damit in erheblichem Masse Verteilungspolitik zugunsten des Bauernstandes, aber auch - wegen der Wirkung der Preiseingriffe auf die landwirtschaftliche Bodennutzung - Allokationspolitik betreibt.

(5) Wohnbauförderung

Da bodenmarktliche Probleme heute in ausgeprägtem Masse mit Mängeln bei Umfang und Qualität der Wohnungsversorgung zusammenhängen, ist die Wohnbauförderung ein Massnahmenbereich von grosser Bedeutung. Die Wohnbauförderung kann mittels Zuschüssen des Staates an Bauwillige, mittels Gewährung von Bürgschaften oder auch durch Mechanismen zur zeitlichen Umlagerung der Finanzierungskosten ohne Subventionscharakter (Reduktion der Anfangsbelastung) erfolgen. Neben der Förderung des Wohnungsbaus mit Subventionen und Bürgschaften sind in diesen Bereich auch beispielsweise Bauforschung und Baurationalisierung sowie die Regulierung der Pensionskassen zu erwähnen (Vorschriften über den Anlagenanteil im Immobilienbereich).

(6) Umwelt- und verkehrspolitische Massnahmen

Verschiedentlich wurde in dieser Arbeit bereits darauf hingewiesen, dass die wegen der Externalisierung von Umweltkosten viel zu billigen Transportleistungen von erheblicher bodenmarktpolitischer Relevanz sind, indem dadurch die Zersiedlung der Landschaft und eine nichthaushälterische Bodennutzung gefördert wird. Eine umweltpolitische Internalisierungspolitik, die konsequent die externen Kosten des Verkehrs den Verursachern anzulasten versuchte, könnte somit auch zu einer verbesserten Bodennutzung beitragen. Da einer solchen Politik aber grosse politische Schwierigkeiten entgegenstehen, kann auch auf andere Weise versucht werden, das Mobilitätsverhalten der Bevölkerung zu verändern, beispielsweise durch den forcierten Ausbau der öffentlichen Verkehrsmittel.

Es sei hier aber auch an den qualitativen Bodenschutz (Schutz des Bodens vor Verunreinigungen durch Schadstoffe) hingewiesen, obwohl dieser in diesem Buch, das sich mit unmittelbaren Fragen des Bodenmarktes beschäftigt, nur randlich angesprochen wird. Bodenverunreinigungen müssen mit spezifischen umweltpolitischen Massnahmen regulativer oder marktwirtschaftlicher Art (Umweltabgaben, -steuern) bekämpft werden.

(7) Wirtschaftspolitische Massnahmen

Es mag vorerst erstaunen, dass auch die Wirtschaftspolitik im Rahmen der Diskussion bodenpolitischer Handlungsfelder erwähnt wird. Doch gibt es einige für den Bodenmarkt höchst bedeutsame wirtschaftspolitische Massnahmen. Erstens sei an den in Abschnitt 4.3. diskutierten Zusammenhang zwischen Teuerung und Bodenpreisentwicklung hingewiesen. Die Teuerung wiederum ist das Resultat der Wirtschaftspolitik, insbesondere der Geldpolitik eines Landes, da die Geldmenge einen wesentlichen Einfluss auf das Preisniveau hat.

Ein anderer wichtiger Bereich ist die regionale Wirtschaftspolitik, die mithelfen könnte, extreme räumliche Ungleichgewichte abzubauen. Dadurch könnte die in grossstädtischen Zentren besonders virulente Bodenknappheit etwas gemildert werden, und eine spezifische Ausrichtung der Regionalpolitik auf das Ziel der "konzentrierten Dezentralisation" könnte einen Beitrag zur Erreichung dieses bodenpolitschen Zieles leisten.

(8) Rahmenbedingungen

Märkte brauchen Spielregeln und zweckmässige Rahmenbedingungen, in denen sie sich entfalten können. In Abschnitt 4.2. wurde gezeigt, dass in diesem Bereich beim Bodenmarkt erhebliche Defizite bestehen. Beispielsweise wurde auf den mangelnden bodenpolitischen Informationsstand hingewiesen. Abhilfe könnten hier verbesserte Statistiken über den Bodenmarkt, die Veröffentlichung von Eigentumsübertragungen, Bodenpreisstatistiken, Bodenverbrauchsstatistiken, modernere, computergestützte Grundbuch- und Landinformationssysteme usw. bieten.

Einen wichtigen Aspekt in diesem Zusammenhang stellt auch die Forschung zu Fragen des Bodenmarktes und verwandter Märkte, wie des Wohnungs- oder des Agrarmarktes, dar. Ein guter bodenpolitischer Wissens- und Forschungsstand und ein besseres Verständnis des Bodenmarktes können mittelbar zu einer Verbesserung von Bodenpolitik, Bodenallokation und bodenmarktlichen Verteilungsimplikationen führen.

6. ALLOKATIONSPOLITIK

Nach der Diskussion der bodenökonomischen Grundlagen im ersten Teil dieses Buches und der bodenpolitischen Zielsetzungen im letzten Kapitel wenden wir uns nun bodenpolitischen Massnahmen zu. Es ist allerdings gleich vorweg darauf hinzuweisen, dass in diesem - wie auch im nächsten, der Verteilungspolitik gewidmeten - Kapitel relativ grundsätzliche Handlungsoptionen erörtert werden. Auf konkrete Massnahmen wird lediglich in der Form von Beispielen eingegangen. Die Diskussion von allokationspolitischen Massnahmen im vorliegenden Kapitel nimmt die Struktur von Abschnitt 4.2. auf, es werden also in sieben Abschnitten (6.1. bis 6.7.) Massnahmen für die dort diskutierten Problembereiche erörtert. Am Ende jedes Abschnittes wird unter dem Titel "Zielkonformität und Zielkonflikte" eine kurze Beurteilung bezüglich der Verträglichkeit der einzelnen dargelegten Handlungsoptionen mit den schweizerischen bodenpolitischen Zielen (vgl. Abschnitt 5.2.2.) vorgenommen.

6.1. Zur Nichtvermehrbarkeit des Bodens

Zur Bewältigung des Problems der Nichtvermehrbarkeit des Bodens gibt es drei grundsätzliche Handlungsoptionen. Erstens ist es ja so, dass es trotz der Rede von der Nichtvermehrbarkeit des Bodens auch in der Schweiz Gebiete gibt, die bisher nicht oder nur extensiv genutzt werden, die allenfalls zur Ausdehnung der Grenzen des Lebensraumes, insbesondere des Siedlungsraumes, benützt werden könnten ("Ödland", Gewässer, landwirtschaftlich genutzte Gebiete). In der Schweiz sind heutzutage wegen der Wechselwirkungen mit dem Wohnungsmarkt diejenigen Bodenknappheitsprobleme gesellschaftspolitisch besonders brisant, die sich hinsichtlich baulicher Bodennutzungen stellen. Deshalb könnte versucht werden, mit spezifischen Mitteln das Siedlungsgebiet zu vergrössern, die Grenze desselben also hinauszuschieben. Zweitens könnte versucht werden, den Nachfragedruck auf den Boden zu reduzieren, z.B. durch spezifische bevölkerungspolitische Massnahmen. Drittens könnte man den Prozess des Nutzungswandels und der Nutzungsintensivierung innerhalb der bereits intensiver genutzten Gebiete erleichtern oder fördern, um so auf dem gegebenen (Siedlungs-)Raum eine bessere Nutzung zu erzielen.

6.1.1. Ausdehnung von Intensivnutzungen in nicht bzw. extensiv genutzte Räume

Wie in 4.2.1. dargelegt wurde, bestand in früheren Zeiten darin häufig die Lösung für bodenknappheitsbedingte Probleme (z.B. Meliorationen, Erschliessung neuer Kontinente). Noch 1961 hatte der Architekt André E. BOSSHARD eine kühne Idee zur Bodenvermehrung auf dem Gebiet der Stadt Zürich: er schlug eine "City im See" vor (vgl. Abb. 6-1). Das ganze untere Seebecken des Zürichsees wäre nach seinem Vorschlag durch Aufschüttung in eine Insel zu verwandeln und mit einer Geschäftscity zu überbauen gewesen. Das Projekt wurde zwar nie ernsthaft erwogen; aber die "Neue Zürcher Zeitung" fand es immerhin einer ausführlichen Präsentation auf zwei Seiten der Wochenendbeilage vom 15. Juli 1961 würdig. Damals schien offensichtlich noch fast alles möglich. Zürich brauchte Platz; Raumreserven waren für die Expansion zu mobilisieren[53].

Heute ist allerdings davon auszugehen, dass in der Schweiz in der Ausdehnung des Siedlungsraumes nicht mehr die Lösung zu finden ist. Der Siedlungsraum ist bereits dermassen ausgedehnt, dass kaum mehr genügend Extensivflächen zur Erfüllung vielfältiger gemeinwirtschaftlicher Bodenfunktionen zur Verfügung stehen. "Ödland" und andere nur extensiv genutzte Gebiete können keineswegs mehr als wertlos erachtet werden, sondern erfüllen verschiedenste ökologische und gemeinwirtschaftliche Leistungen (z.B. Erholungs-, ökologische Ausgleichs-, Schutzfunktionen). Diejenigen Flächen, die heute noch kaum oder nur extensiv genutzt werden[54], sind heute zur Wahrung der genannten Funktionen zu schützen (vgl. auch Abschnitt 6.6. zu den öffentlichen Gütern). Es gilt also, dass die Unvermehrbarkeit der Bodenmenge sich im Gesamten nicht beseitigen lässt, Grenzen für den Siedlungsraum zu akzeptieren sind und gegen die Bodenknappheit an der äusseren Grenze nichts zu machen ist[55].

---

[53] Die "City im See" empfahl die Seefläche als Reserve, ein anderes Projekt den Wald: 1971 lancierte der Zürcher Stadtrat die "Wald-Stadt". Er schlug vor, im Wald des Adlisbergs zwischen Witikon und Fluntern sei ein 80 bis 100 Meter hohes Hausband von 4,5 Kilometer Länge mit 30 000 Wohnungen für 100 000 Einwohner zu errichten. Er reichte dem Regierungsrat ein Gesuch zur Rodung von 45 Hektaren Wald ein, unter anderem mit der Begründung, eine Metropole wie Zürich brauche unbedingt Platz für zusätzliche Einwohner, die die finanziellen Lasten der Grossstadt mittragen würden. Der Regierungsrat des Kantons Zürich lehnte das am 19. August 1971 eingereichte Gesuch bereits am 7. Oktober ab (SCHILLING 1982, 41-42).

[54] Darunter fällt auch das Landwirtschaftsgebiet, das zwar oft unter Übernutzungsproblemen im Sinne einer nicht nachhaltigen Nutzung leidet, aber im Vergleich zu Nutzungen im Siedlungsraum natürlich nur sehr extensiv genutzt wird.

[55] Es ist allerdings daran zu erinnern, dass die Schweiz über die Handelsverflechtung mit dem Ausland in beträchtlichem Masse ihren Lebensraum auszudehnen vermochte. Denn sie exportiert im wesentlichen wertschöpfungsintensive, häufig immaterielle Güter und importiert materielle, in der Produktion teilweise stark bodenbeanspruchende Güter (z.B. Nahrungsmittel).

Abb. 6-1: City im See

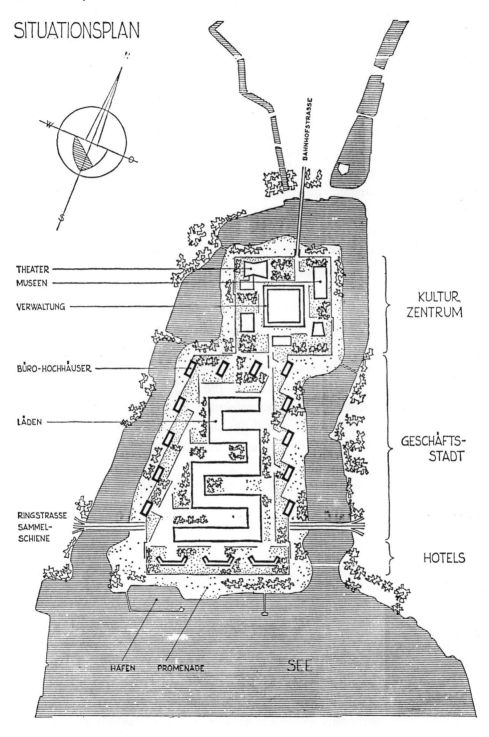

SITUATIONSPLAN

THEATER
MUSEEN
VERWALTUNG
BÜRO-HOCHHÄUSER
LÄDEN
RINGSTRASSE
SAMMEL-
SCHIENE
HAFEN   PROMENADE
SEE
BAHNHOFSTRASSE
KULTUR.
ZENTRUM
GESCHÄFTS-
STADT
HOTELS

Quelle: BOSSHARD (1961)

6.1.2. Dämpfung der Nachfrage

Betrachten wir die nachfrageseitigen Möglichkeiten, der Bodenknappheit kausal zu begegnen, stehen wir auch hier vor der Tatsache, dass wichtige Nachfrageelemente einer wirtschaftspolitischen Beeinflussung nicht zugänglich sind oder dass ihre Beeinflussung aus anderen als bodenpolitischen Gründen als nicht wünschenswert angesehen wird (SIEBER 1970, 62 - 63). Das gilt zunächst für das Bevölkerungswachstum, das heute weitgehend durch Einwanderung und Geburtenüberschuss der ausländischen Bevölkerung zustande kommt. Zwar gibt es gewisse politische Kreise, die die Zuwanderung von Ausländern bremsen möchten, aber die europäischen Integrationsvorgänge mit der wichtigen Freiheit der Arbeitskräftemobilität setzen diesem Ansinnen Grenzen. Auch ist eine gewisse Zuwanderung aus Altersstrukturgründen erwünscht, um der Überalterung der einheimischen Bevölkerung samt ihren Implikationen für die Rentenversicherung ein Gegengewicht zu bieten.

Ähnliches gilt für das Wachstum des Realeinkommens und des Produktionsapparates. Deren Wünschbarkeit wird im allgemeinen bejaht, und als Politiker fände man keine politische Mehrheit, wenn man diesbezüglich öffentlich eine andere Meinung verträte. Diese Haltung ist allerdings nur dann folgerichtig, wenn man bereit ist, die dadurch verschärfte Bodenknappheit als unvermeidlichen Nebeneffekt in Kauf zu nehmen.

Die Schweiz praktiziert allerdings mit der sog. *Lex Friedrich*, um eine konkretes Beispiel anzuführen, seit geraumer Zeit eine Politik der Beschränkung der ausländischen Nachfrage. Der wirtschaftliche Boom der Nachkriegsjahre brachte breiten Bevölkerungsschichten grössere Einkommen und vermehrten Wohlstand. Gleichzeitig erfolgte eine weitere Verkürzung der wöchentlichen Arbeitszeit, und die Mobilität erhöhte sich infolge einer explosionsartigen Zunahme des Motorfahrzeugbesitzes und fortlaufenden Verbesserungen des Strassennetzes. Die kumulative Wirkung all dieser Faktoren führte zu einer enormen Zunahme der Nachfrage nach Zweitwohnungen. In den schönsten Ferien- und Erholungsgebieten machte sich eine fieberhafte Bautätigkeit breit. Bodenpreise und Mieten stiegen rasant. Landschaftsverschleiss und Zersiedlung wurden zunehmend zu einem öffentlichen Ärgernis. Im Zuge dieser Entwicklung erfolgte u.a. auch eine erhebliche Ausweitung des Grundstückserwerbs durch Personen im Ausland. Das allgemeine Unbehagen gegenüber den negativen Auswirkungen des Zweitwohnungsbooms konzentrierte sich immer stärker auf die Ausländer. Der Erwerb von Grundstücken durch Personen im Ausland ist seit dem 1. April 1961, dem Inkrafttreten der Lex von Moos, bewilligungspflichtig. Mehrmalige Revisionen, die jeweils nach dem federführenden Bundesrat benannt wurden (Celio, Furgler, Friedrich) führten schliesslich zum Gesetz über den Erwerb von Grundstücken durch Personen im Ausland vom 16. Dezember 1983, der sog. Lex Friedrich. Als wesentlichste Bestimmung wurden die Bewilligungen für Ferienwohnungen und Wohneinheiten in Aparthotels zahlenmässig kontingentiert. Der Bundesrat setzte allmählich sinkende Kontingente für Ferienwohnungen und Wohneinheiten in Aparthotels fest. Die Zahl der gesamthaft erteilten Bewilligungen ging zurück. Über die Wirkung dieses Gesetzes herrscht allerdings Unklarheit. Denn seit dessen Erlass hat sich auch die Situation auf dem Markt unabhängig vom Gesetz verändert. Dazu gehört der Wegfall der deutschen Steuervergünstigungen für Auslandsinvestitionen, dazu gehören die steigenden Bodenpreise, Zinssätze und Baukosten und überhaupt das hohe Kostenniveau in der Schweiz. Dazu gehört der politische Umschwung in Europa, der die einst vorhandene Meinung hat gegenstandslos werden lassen, eine Zweitwohnung in der Schweiz biete im Konfliktfall eine sichere Zuflucht. Wie lange dieses Gesetz noch aufrecht erhalten werden kann, ist unklar. Das Gesetz wäre beispielsweise mit dem EWR-Vertrag unvereinbar, da diskriminierende Beschränkungen des Grunderwerbes gegenüber in EWR-Ländern Ansässigen sich nicht mit dem freien Personen-, Dienstleistungs- und Kapitalverkehr vereinbaren liessen (FRIEDRICH 1992).

6.1.3. Förderung des Nutzungswandels und der Nutzungsintensivierung

Wenn auf der Angebotsseite die Nichtvermehrbarkeit des Bodens praktisch unabänderlich ist und auf der Nachfrageseite auch keine massgeblichen Bekämpfungsmöglichkeiten der Bodenknappheit bestehen, bleibt es dagegen grundsätzlich möglich, Massnahmen zu ergreifen, welche eine bessere Nutzung des Bodens fördern. Dabei gibt es einerseits die Möglichkeit, die Überführung des Bodens *von einer Nutzungsart in die andere* zu erleichtern, zu beschleunigen oder gar zu erzwingen. Dazu gehören etwa Vorschläge wie die Verkehrswertbesteuerung von Bauland, welche die Nichtzurverfügungstellung von Bauland für die Überbauung bekämpfen soll, oder die Erschliessungspflicht, welche die Pflicht von Gemeinwesen umfasst, die Erschliessung von Bauland nicht nur zu planen, sondern auch durchzuführen oder in Auftrag zu geben (EJPD 1991, 185-187 und 292-295). Bei solchen Massnahmen ist allerdings zu beachten, dass heute in der Schweiz generell zu grosse Bauzonen ausgeschieden sind, die für einen Bedarf von weit mehr als 15 Jahren ausreichen, wie es das Bundesgesetz über die Raumplanung vorschreibt[56] (WEGELIN 1992, ARP 1992; vgl. auch Abschnitt 6.6.1.), so dass zu befürchten wäre, dass von dieser Massnahme die Zersiedlung der Landschaft weiter angeheizt würde. Vorgängig müssten deshalb die Bauzonen auf ein raumplanungsgesetzeskonformes Mass reduziert werden[57].

Exemplarisch sei hier etwas konkreter auf die *Verkehrswertbesteuerung von Bauland* und die *Baulandsteuer* als Mittel gegen die Baulandhortung eingegangen. Nach dieser Idee soll erschlossenes Bauland in Bauzonen zum Verkehrswert besteuert werden. Dadurch soll ein Verkaufsdruck ausgelöst werden, um so das Angebot auf dem Bodenmarkt zu vergrössern und die Nutzung von eingezontem, erschlossenem Bauland zu verbessern. Die Verkehrswertbesteuerung von Bauland würde allerdings im Rahmen der Vermögensbesteuerung stattfinden. Heute ist die Vermögenssteuer im wesentlichen eine rein kantonale Steuer, wobei in allen Kantonen das Grundeigentum der Vermögenssteuer unterliegt. Dagegen wird das Vermögen bei der direkten Bundessteuer nicht besteuert. So kommt der Vermögensbesteuerung nur eine untergeordnete Bedeutung zu. Eingezontes, erschlossenes Land wird zwar schon heute von den Kantonen oft zum Verkehrswert - häufig aber auch zu einem unter dem Verkehrswert liegenden Ertrags-, Steuer- oder Katasterwert - besteuert. Doch stellt die Vermögenssteuer gegenüber der Einkommenssteuer eine Ergänzungssteuer dar und weist deshalb vergleichsweise zurückhaltende Steuersätze auf. Von einem Übergang zur lückenlosen Verkehrswertbesteuerung aller erschlossenen Baugrundstücke in der Bauzone dürfen daher keine grossen Wirkungen erwartet werden (EJPD 1991, 292-293).

Es wird daher auch oft eine gesonderte, wirkungsvollere Baulandsteuer gefordert. Ein entsprechendes Konzept entwarf BINDELLA (1974). Bezüglich der Ausgestaltung ging er von der Hypothese aus, dass durch die Verursachung periodischer Kosten auf Bauland die Nutzungs- bzw. Angebotsbereitschaft der Baulandeigentümer positiv beeinflusst werden könnte. Solche Kosten werden im Rahmen der Fiskalpolitik am wirkungsvollsten geschaffen mittels Besteuerung der Grundrente in regelmässigen Zeitabständen. Aus diesem Grund schlug er die Form einer Bauland*wertzuwachs-*

---

[56] Bundesgesetz über die Raumplanung vom 22. Juni 1979, Art. 15 (Bauzonen):
"Bauzonen umfassen Land, das sich für die Überbauung eignet und
a. weitgehend überbaut ist oder
b. voraussichtlich innert 15 Jahren benötigt oder erschlossen wird."
[57] Das 15-Jahre-Kriterium ist seinerseits zu hinterfragen, weil es der Ausdehnung des Siedlungsraumes keine definitive Grenze setzt, sondern die Einzonung von neuem Landwirtschaftsland zulässt, wenn die eingezonte Baulandmenge unter den 15-Jahre-Bedarf absinkt. Aus der Sicht der ökologischen bodenpolitischen Ziele wäre eine verbindliche, nicht ausdehnbare Siedlungsbegrenzung notwendig (HÄBERLI u.a. 1991, 137f.).

steuer vor. Betrachtet man die Baulandsteuer im Verhältnis zur Grundstückgewinnsteuer, so würde sie einer besonderen Ausgestaltung dieses Systems bzw. einem "fiktiven" Veräusserungstatbestand entsprechen. Steuerbarer Tatbestand der Baulandsteuer wären allgemein formuliert realisierbare Wertsteigerungen auf ungenutztem Bauland. Was das Steuermass betrifft, schlägt er vor, dass die Steuersätze der Einkommenssteuer Anwendung finden sollten (BINDELLA 1974, 402), die wesentlich höher als die Vermögenssteuersätze liegen.

Anstelle von Massnahmen, die die Überführung des Bodens von einer Nutzungsart in die andere fördern, ist auch an solche zu denken, welche eine bessere Ausnützung, bzw. eine intensivere Bodennutzung *innerhalb einer bestimmten Bodennutzungsart* ermöglichen. Wohl leisten steigende Bodenpreise einen Beitrag zu einer erhöhten Ausnützung, dieser Wandlungsprozess wird aber durch Vorschriften über Bauabstände, Geschosszahl und dergleichen erschwert oder gar verhindert. In diesem Zusammenhang steht die Forderung nach Deregulierung und Liberalisierung des Planungsrechts. Dabei ist zur Kenntnis zu nehmen, dass die Möglichkeit einer besseren Ausnützung einer Parzelle deren Quadratmeterpreis meist nicht senkt, sondern erhöht. Bezogen auf ein grösseres Gebiet zeigt jedoch die intensivere Verwendung des Bodens unter sonst gleichen Bedingungen dennoch eine preismildernde Tendenz. Eine andere Idee, die hier einzuordnen wäre, wäre die Mindestausnützungspflicht, wonach zur Förderung verdichteten Bauens im Vergleich zur üblichen Bauart erhöhte Mindestgrenzen vorgegeben werden sollen, die unbedingt erreicht werden müssen (EJPD 1991, 188-190).

6.1.4. Zielkonformität und Zielkonflikte

Die Unvermehrbarkeit des Bodens führt im Zusammenhang mit der im Trend steigenden Nachfrage nach Boden zu einer zunehmenden Bodenknappheit. Von den drei skizzierten Handlungsmöglichkeiten ist die Förderung des Nutzungswandels und der Nutzungsintensivierung als am sinnvollsten zu erachten. Da damit generell die Bodenmarktdynamik angetrieben wird und den Marktkräften freieren Lauf gelassen wird, leistet diese Handlungsoption insbesondere einen Beitrag zum bodenpolitischen Ziel "Förderung der Funktionsfähigkeit des Bodenmarktes". Da über die Förderung der Nutzungskonkurrenz tendenziell die stärkeren Bodennutzungen mit der höheren Grundrentengenerierungskapazität gegenüber den schwächeren begünstigt werden, werden ferner verschiedene "Bauziele" unterstützt, d.h.

die Ziele "Schaffung räumlicher Voraussetzungen für die Wirtschaft", "Wohnbauförderung" und "Streuung des Grundeigentums".

Dies bedeutet aber auch, dass bei einer unkritischen und einseitigen Förderung von Nutzungswandel und -intensivierung die übrigen, eher erhaltenden bodenpolitischen Ziele gefährdet werden können. Was die Beziehung zu eher ökologischen Zielen (z.B. Schutz des Agrarlandes, Schutz der natürlichen Lebensgrundlagen) betrifft, ist von verschiedenen Wirkungsmöglichkeiten auszugehen. Einerseits kann argumentiert werden, dass durch Nutzungsintensivierung, wenn diese in bereits überbautem Gebiet erfolgt, der Druck auf die noch unbebauten Gebiete vermindert wird. Andererseits kann argumentiert werden, dass, wenn keine strikte bodenmarktliche Trennung von Siedlungs- und Nichtsiedlungsgebiet durchgeführt werden kann (z.B. mit raumplanerischen Mitteln), von dieser Handlungsoption auch eine grosse Gefahr für die ökologischen Ziele ausgehen kann. Wegen der heute in der Schweiz generell zu grossen Bauzonen ist z.B. von einer Baulandsteuer eine Förderung der Landschaftszersiedlung zu befürchten.

Im Siedlungsbereich könnte durch die Handlungsoption "Nutzungsintensivierung" die Siedlungsqualität leiden. Erleichterungen bei den Nutzungsvorschriften sind nur innerhalb beschränkter Grenzen möglich, sofern man andere wesentliche boden- oder baupolitische Ziele, wie z.B. hygienische oder städtebauliche, nicht in einem unvertretbaren Masse beeinträchtigen will. Eine generelle Heraufsetzung der Ausnützungsziffer oder eine Reduktion der Grenz- und Gebäudeabstände gilt unter raumplanerischen Gesichtspunkten als untaugliches Mittel zur Nutzungsverdichtung (RAST 1990, 50), da erfahrungsgemäss solche generell abstrakten Nutzungserhöhungen die bestehende Bausubstanz mit all ihren Qualitäten zerstören (Bauen gegen die Stadtgeschichte). Eine Lockerung der Nutzungsvorschriften sollte dagegen an mit öffentlichem Verkehr gut erschlossenen Gebieten, die eine Verdichtung vertragen und dadurch sogar an Qualität gewinnen, in Betracht gezogen werden (z.B. alte, unternutzte innerstädtische Industrieareale). Auch sollten durch Abänderung von Nutzungsvorschriften Reserven in der bestehenden Bausubstanz nutzbar gemacht werden.

Die Förderung von Nutzungswandel und -intensivierung ist auch mit verteilungspolitischen Implikationen verbunden. Einerseits könnten durch eine unkontrollierte Deregulierungspolitik gewachsene Siedlungsstrukturen gestört und Bevölkerungsumwälzungen verursacht werden, mit sozialpolitischen Folgen unbekannter Tragweite. Andererseits würde eine einfache Deregulierung von Nutzungsvorschriften den Bodenbesitzern Mehrwerte zuschanzen, was zu weiteren Ungerechtigkeiten aufgrund der ungleichen Bodenbesitzverhältnisse führen würde.

6.2. Zur Immobilität des Bodens

6.2.1. Verringerung der Verlagerungs- und Transportkosten

In Abschnitt 4.2.2. wurde die Immobilität des Bodens erörtert, sowie die Konsequenz, dass der Ausgleich zwischen Angebot und Nachfrage auf dem Bodenmarkt im wesentlichen über räumliche Ausweichmechanismen auf der Nachfrageseite erfolgen muss, da Boden nicht von Tiefpreis- zu Hochpreislagen hintransportiert werden kann. In welchem Ausmass dieser Ausgleich erfolgen kann, hängt von den Transport- und Verlagerungskosten für Bodennutzungen ab. Zur Verringerung der Immobilitätsproblematik, bzw. zur "Mobilisierung" des Bodens könnte bewusst angestrebt werden, die Verlagerungs- und Transportkosten zu senken. Dabei geht es insbesondere um die Verringerung der Zeitkosten des Verkehrs durch einen qualitativen und quantitativen Ausbau der Verkehrsinfrastruktur, um die Bedeutung des Raumes oder der räumlichen Lokalisation einer bestimmten Bodennutzung zu mindern. Je geringer die zeitlichen und monetären Kosten der Distanzüberwindung sind, desto weniger wichtig ist der Umstand, dass Boden nicht räumlich verschoben werden kann, denn der Nachfrage fällt es dann umso leichter, verschiedene Grundstücke für eine bestimmte Bodennutzung in Betracht zu ziehen und zwischen ihnen auszuwählen. Dadurch wird die Konkurrenz auf dem Bodenmarkt erhöht.

Die modernen Transport- und Kommunikationstechnologien, der laufende Ausbau der Verkehrsinfrastruktur und die ständige Verbilligung von Transportleistungen haben in der Vergangenheit die Bedeutung des Distanzfaktors für die Lokalisierung von Bodennutzungen stetig sinken lassen (siehe auch die Darlegungen bezüglich der Dynamisierung von Rentendreiecken in Abschnitt 3.2.5. und bezüglich der externen Kosten des Verkehrswesens in Abschnitt 4.2.7.). Die räumliche Ausdehnung des Wohnungsmarktes der Wirtschaftregion Zürich beispielsweise wächst kontinuierlich. Personen, die in Zürich arbeiten, können heute zwischen Wohnstandorten beinahe der halben Schweiz auswählen, was sich denn auch in einem entsprechenden Pendelverhalten niederschlägt. Die Pendlerkarten des Atlas der Schweiz zeigen diese Entwicklung deutlich auf.

Ein Beispiel für eine Verkehrsinfrastruktur, die zu diesen Entwicklungen beiträgt, ist die Zürcher S-Bahn. Am 29. November 1981 genehmigte das Zürcher Volk eine Abstimmungsvorlage zum Bau eines Schnellbahnsystems (S-Bahn). Primär auf dem bestehenden Eisenbahnnetz aufbauend, aber durch den ergänzenden Bau relativ kurzer Neubaustrecken (insbesondere die Limmatunterquerung in Zürich zur Verbindung von Hauptbahnhof und Stadelhofen, sowie der Zürichbergtunnel Stadelhofen - Stettbach) und durch den Ausbau bestimmter Strecken auf Doppelspur, konnte ein S-Bahn-Netz von 380 km Länge aufgebaut werden. Mit der S-Bahn verknüpft war auch die Einführung des Zürcher Verkehrsverbundes, der alle öffentlichen Verkehrsunternehmen des Kantons Zürich in ein einheitliches Zonen-Tarifsystem (als Ersatz für die individuellen Distanztarife jedes Unternehmens) einband, und die Verdichtung des Fahrplanes auf den Halbstundentakt auf den meisten S-Bahn-Strecken. Wenn auch damit beim öffentlichen Verkehr nur nachgeholt wurde, worüber der private Verkehr seit langem wegen des stetigen Ausbaus des Strassennetzes verfügte, vermochte die S-Bahn dennoch, gewisse bisher verkehrstechnisch eher unattraktiv erschlossene Gebiete, wie z.B. das Zürcher Oberland, mit der Stadt Zürich markant besser zu verbinden. Während im Abstimmungskampf mit dem ökologischen Ziel der Umlagerung von motorisiertem Individualverkehr auf den öffentlichen Verkehr geworben wurde, ist die S-Bahn, weil sie nichts an der massiven Kostenunterdeckung des motorisierten Individualverkehrs änderte, vor allem als weiterer Beitrag zur Verringerung des Raumwiderstandes in unserer Gesellschaft zu sehen. Dadurch wurden die Sub- und Desurbanisierungstendenzen - und damit auch die Grösse des Zürcher Wohn-, Arbeits- und Bodenmarktes - weiter gefördert (TA 3.12. 91). Gleichzeitig entwickelten sich viele S-Bahn-Stationen, insbesondere Knotenpunkte wie Altstetten, Stadelhofen oder Oerlikon, zu neuen Subzentren mit hoher Lagegüte für Dienstleistungs- und Versorgungsbetriebe, die Entlastung für die Zürcher City bieten.

6.2.2. Zielkonformität und Zielkonflikte

Die Handlungsoption der Verringerung der Transport- und Verlagerungskosten ist in ähnlicher Weise zu beurteilen, wie die Förderung des Nutzungswandels und der Nutzungsintensivierung (Abschnitt 6.1.3.). Dadurch wird sicherlich ein Beitrag zum bodenpolitischen Ziel "Förderung der Funktionsfähigkeit des Bodenmarktes" sowie zu weiteren "Bauzielen" geleistet. Gefahren erwachsen wegen der Begünstigung der Ausuferung der Agglomerationen und der Zersiedlung der Landschaft aber für die ökologischen Ziele. Die geschilderte S-Bahn hätte zwar ein Instrument räumlicher Kanalisierung der Siedlungsentwicklung entlang der S-Bahn-Linien sein können, wegen der mangelnden flankierenden Massnahmen in den Bereichen Raumplanung und Eindämmung des Privatverkehrs, welcher einen Grossteil seiner Kosten nicht selber trägt (vgl. Abschnitt 4.2.7.), wurde aber die Zersiedlung der Landschaft gefördert. Deshalb entsteht durch die Verringerung der Transport- und Verlagerungskosten insbesondere auch ein Konflikt zum raumordnungspolitischen Ziel der konzentrierten Dezentralisation von Besiedlung und wirtschaftlicher Entwicklung.

6.3. Zur monopolartigen Angebotsstruktur

Eine monopolartige Grundbesitzstruktur kann, wie in Abschnitt 4.2.3. erläutert wurde, unter Umständen die Funktionsfähigkeit des Bodenmarktes bzw. dessen Allokationsfunktionen negativ beeinträchtigen, da ein monopolistischer Anbieter das Bodenangebot künstlich knapp halten kann. Gleichzeitig ist die ungleiche Besitzverteilung, wie in Abschnitt 4.3. gezeigt wurde, von grosser verteilungspolitischer Relevanz. Was den allokationspolitischen Aspekt betrifft, ist daran zu erinnern, dass nicht eindeutig nachweisbar ist, dass die heutige schweizerische Grundbesitzstruktur die *Allokations*funktionen des Bodenmarktes beeinträchtigt. Dass die heutige Verteilung des Grundbesitzes aber von verteilungspolitischer Bedeutung ist, ist unbestritten, und auch den meisten diesbezüglichen politischen Vorstössen und Handlungsvorschlägen liegt eine verteilungspolitische Motivation zugrunde. Der ganze Problembereich wird deshalb erst in Kapitel 7 diskutiert.

6.4. Zur Heterogenität des Gutes "Boden" und unvollständigen Information

6.4.1. Schaffung von Markttransparenz

An der Heterogenität des Bodens lässt sich, wie in Abschnitt 4.2.4. dargelegt wurde, prinzipiell nichts ändern. Sie stellt aber auch keine gravierende Marktunvollkommenheit dar. Hingegen kann gegen die durch die geringe Standardisierung des Bodens bedingte erschwerte Marktübersicht etwas unternommen werden. Der Informationsstand zu Bodenmarktfragen ist in der

Schweiz äusserst schlecht. Ein verbesserter Kenntnisstand über Bodenfragen kann durch eine verstärkte Bodenmarktforschung und Ausbildungsaktivitäten z.B. an Hochschulen erreicht werden. Daneben gibt es aber ganz konkrete Möglichkeiten zur Verbesserung der Markttransparenz, z.B. durch Veröffentlichung von Eigentumsübertragungen, die Schaffung einer Bodenpreisstatistik, einer Bodenverbrauchstatistik oder die Modernisierung des Grundbuchsystems in Richtung eines Bodeninformationssystems.

Beispielhaft sei hier auf die Veröffentlichung von Eigentumsübertragungen und die Bodenpreisstatistik eingegangen. Bisher werden Eigentumsübertragungen nicht veröffentlicht. Mit einer periodischen *Veröffentlichung der Eigentumsübertragungen* durch die amtlichen Stellen liesse sich die Transparenz auf dem Bodenmarkt verbessern. Die Veröffentlichung würde die Informationsbeschaffung auch für Laien möglich machen und helfen, Spekulationsfälle zu verhindern. Verschiedene Varianten stehen zur Auswahl. Vorab steht zu entscheiden, ob die Kantone zur Veröffentlichung bestimmter Daten zu verpflichten wären oder ob sie bloss entsprechende Kompetenzen haben sollten. Bei zwingender Veröffentlichung ist zu bestimmen, welche Daten davon erfasst werden sollen (Veräusserer / Erwerber, Preis, Grundstücksbeschreibung etc.).

Eine schweizerische *Bodenpreisstatistik* - bisher gibt es nur wenige kantonale - hätte die Preise zu erfassen, die beim Handwechsel von Grundstücken bezahlt werden. Die Statistik hätte sich auf Freihandverkäufe zu konzentrieren und neben dem Preis weitere Daten zu erfassen, insbesondere Kanton, Gemeinde, Zonenzugehörigkeit, Eigentümertypus etc. An der systematischen Erfassung der bezahlten Bodenpreise besteht Interesse aus verschiedenen Gründen. Eine Bodenpreisstatistik bildet die Grundlage insbesondere für verlässliche Aussagen über die Entwicklung der Bodenpreise und der Eigentumsverhältnisse, für eine fundierte Beurteilung der Lage am Bodenmarkt durch Regierung und Gesetzgeber sowie für die problemgerechte Steuerung des Bodenmarktes mittels geeigneter Vorschriften und Pläne (EJPD 1991, 351 - 354).

6.4.2. Zielkonformität und Zielkonflikte

Massnahmen, die der Schaffung von Markttransparenz dienen, machen den Markt funktionsfähiger, sie leisten also einen direkten Beitrag zum bodenpolitischen Ziel "Förderung der Funktionsfähigkeit des Bodenmarktes". Zielkonflikte zu anderen bodenpolitischen Zielen sind nicht auszumachen, denn vermehrte Markttransparenz beeinträchtigt weder die bodenpolitischen "Bauziele" noch die erhaltenden Ziele. Probleme könnten allerdings mit dem Datenschutz und dem Gebot des Schutzes der Privatsphäre entstehen. Sofern vermehrte Markttransparenz tatsächlich einen Beitrag zur Bekämpfung der Bodenspekulation und zur Verhinderung übersetzter Preise aus Marktuninformiertheit leisten kann, kann von dieser Handlungsoption möglicherweise auch eine positive Wirkung auf die verteilungspolitischen Ziele der Bodenpolitik ausgehen.

6.5. Zur Langfristigkeit von Bodennutzungen und Trägheit des Bodenmarktes

6.5.1. Reduktion von Transaktionskosten

Wenn auch am grundsätzlichen Tatbestand des hohen Kapitalaufwandes insbesondere städtischer Bodennutzungen, der Langfristigkeit von Bodennutzungen und der dadurch bewirkten Trägheit des Bodenmarktes grundsätzlich nicht viel geändert werden kann, so bestehen doch verschiedene Handlungsoptionen zur Verflüssigung und Flexibilisierung des Bodenmarktes. Wiederum könnten hier die in Abschnitt 6.1.3. diskutierten Massnahmen zur Förderung des Nutzungswandels erwähnt werden. An dieser Stelle sei jedoch speziell auf Massnahmen hingewiesen, welche die Transaktionskosten von Bodenumwidmungen und Nutzungsänderungen senken und damit den Bodenmarkt verflüssigen. Transaktionskosten stellen Kosten dar, die nicht durch die Produktion von Gütern, sondern durch deren Übertragung zwischen Wirtschaftssubjekten entstehen. Sie beinhalten beispielsweise die Kosten für Vertragsabschlüsse, Kosten der Durchsetzung von Eigentumsrechten oder Informationskosten. In bezug auf das Problem der Trägheit des Bodenmarktes sind im speziellen die vielfältigen rechtlichen Vorschriften baupolizeilicher, sanitarischer Art etc. zu erwähnen. Eine Deregulierung in diesem Bereich könnte neue Dynamik in den Bodenmarkt bringen.

Als konkretes Beispiel sei hier ein Vorschlag zur Beschleunigung von Baubewilligungsverfahren, das sog. *Prinzip "Leitverfahren",* erwähnt. Das Baubewilligungsverfahren gilt nach verbreiteter Meinung als kompliziert und träge. Dem Verfahren werden Bauverzögerungen und Bauverteuerung angelastet. Es ist allerdings fraglich, ob die Vorwürfe in jedem Fall berechtigt sind. Etwa wäre zu bedenken, dass solche Schwierigkeiten eher bei Grossprojekten auftreten, in der Regel aber nicht bei mittleren und kleineren Projekten, und dass die Normen- und Verfahrens"flut" zumindest auch mit der zunehmenden Komplexität der Verhältnisse und dem schwindenden gesellschaftlichen Konsens zu erklären ist. Gemäss EJPD (1991, 219) ist aber der Vorwurf berechtigt, die im Einzelfall zu durchlaufenden Bewilligungsverfahren würden untereinander zuwenig koordiniert. Eine Verbesserung brächte ein Baubewilligungsverfahren nach dem Prinzip "Leitverfahren". Einzelheiten dieses Prinzips sind noch nicht definitiv rechtlich geregelt. Der Bundesgesetzgeber könnte verfahrensrechtliche Mindestregeln zum Prinzip Leitverfahren erlassen; Elemente einer solchen Bundesregelung wären etwa:

- Entgegennahme der Bewilligungsgesuche zentral durch die für das Leitverfahren zuständige Behörde (Briefkastenfunktion),
- Weiterleitung an die beteiligten Behörden von Bund, Kanton und Gemeinde und Organisation des Schriftenwechsels,
- Einsammeln der Beurteilungen und Verfügungen der beteiligten Behörden,
- Eröffnung dieser Beurteilungen und Verfügungen in Form einer umfassenden Verfügung.

6.5.2. Zielkonformität und Zielkonflikte

Mit Massnahmen zur Senkung der Transaktionskosten wird generell der Marktmechanismus unterstützt, indem bodenmarktliche Transaktionen erleichtert werden. Es wird damit wiederum ein Beitrag zum bodenpolitischen Ziel "Förderung der Funktionsfähigkeit des Bodenmarktes" geleistet. Bezüglich Zielkonformität und Zielkonflikten liegt die Sachlage ähnlich wie bei der Handlungsoption "Förderung des Nutzungswandels und der Nutzungsintensivierung". Von der Reduktion der bodenmarktlichen Transaktionskosten und der Stärkung des Marktmechanismus wird eine verstärkte Nutzungskonkurrenz ausgehen, so dass sich die Position der "Bauziele", also z.B. "Schaffung räumlicher Voraussetzungen für die Wirtschaft", "Wohnbauförderung" und "Streuung des Grundeigentums" tendenziell wohl stärken würde, während Gefahren für die eher erhaltenden Ziele, wie z.B. "haushälterische Bodennutzung", "Schutz der natürlichen Lebensgrundlagen" oder "Schutz des Agrarlandes als Versorgungsbasis" zu befürchten wären.

6.6. Zu den öffentlichen Gütern

Bodennutzungen mit Kollektivgutcharakter (bodenbezogene Landschaftsgüter, Kulturgüter, Infrastrukturen) sind, wie in Abschnitt 4.2.6. gezeigt, in der Nutzungskonkurrenz um den knappen Boden Nutzungen mit Privatgutcharakter unterlegen, weil die Wirtschaftssubjekte ihre Präferenzen für öffentliche Güter nicht offenbaren und keine marktwirksame Nachfrage entsteht. Bodenmarktliche Eingriffe zur Bereitstellung solcher öffentlicher Güter sind deshalb notwendig. Damit findet keine Abkehr von der Marktwirtschaft statt, sondern es wird ein grundlegendes Marktversagen des Bodenmarktes korrigiert. Hier sollen drei Handlungsoptionen zur Bereitstellung bodenbezogener öffentlicher Güter diskutiert werden. Erstens können Kollektivgüter durch raumplanerische Massnahmen gesichert werden. Zweitens werden häufig Eingriffe in den Preismechanismus (z.B. Preisstützung in der Landwirtschaftspolitik) vorgeschlagen. Eine dritte Möglichkeit ist, Wirtschaftssubjekten durch die Gewährung von direkten Entschädigungen einen Anreiz zum Angebot von öffentlichen Gütern zu vermitteln. Die letzten beiden Lösungen stehen insbesondere auch dann zur Disposition, wenn das öffentliche Gut nicht nur durch die Nutzungskonkurrenz gefährdet ist, sondern Herstellungskosten anfallen (die Erhaltung einer landwirtschaftlich geprägten Kulturlandschaft beispielsweise verursacht erhebliche Kosten der Naturbearbeitung).[58]

6.6.1. Raumplanerische Massnahmen

Nach LENDI / ELSASSER (1991, 9) ist unter dem Begriff der Raumplanung die vorwegnehmende Koordination von raumwirksamen (raumbedeutsamen, räumlichen) Handlungsbeiträgen, d.h. von Handlungsbeiträgen, welche auf die räumliche Ordnung und Organisation ausgerichtet sind, und ihre Steuerung über längere Zeit zu verstehen. Wichtige Elemente sind die Nutzungsplanung, die Sachplanung, Bauvorschriften und die koordinierende Richtplanung (siehe auch HALLER / KARLEN 1992, POGODZINSKI / SASS 1990).

---

[58] Da definitionsgemäss keine Märkte für öffentliche Güter bestehen, kann die Bestimmung des optimalen Versorgungsniveaus nicht über den Markt - aufgrund des Zusammenspiels von Angebot und Nachfrage - erfolgen. Es stellt sich das Problem der *Bewertung* öffentlicher Güter. Eine gute Übersicht über mögliche Methoden zur Eruierung des optimalen Versorgungsniveaus mit öffentlichen Gütern geben beispielsweise FREY (1981, 293-311) und POMMEREHNE (1987).

Nutzungsplanung

Mit der Flächennutzungs- oder Flächenwidmungsplanung können die gesetzlich zulässigen Nutzungsarten durch das Instrument des Plans auf den Raum übertragen werden. Es werden die zulässigen Nutzungsarten lokalisiert und dimensioniert sowie nach der Nutzungsintensität differenziert. Gemäss dem Bundesgesetz über die Raumplanung (RPG) vom 22. Juni 1979 (Art. 14 - 18) ordnen Nutzungspläne die Nutzung des Bodens und unterscheiden vorab *Bau-, Landwirtschafts- und Schutzzonen*. Gemäss geltendem Gesetz umfassen Bauzonen Land, das sich für die Überbauung eignet und entweder bereits weitgehend überbaut ist oder voraussichtlich innert 15 Jahren benötigt wird[59]. Landwirtschaftszonen umfassen Land, das sich für die landwirtschaftliche Nutzung oder den Gartenbau eignet oder im Gesamtinteresse landwirtschaftlich genutzt werden soll. Schutzzonen umfassen: Bäche, Flüsse, Seen und ihre Ufer; besonders schöne sowie naturkundlich oder kulturgeschichtlich wertvolle Landschaften; bedeutende Ortsbilder, geschichtliche Stätten sowie Natur- und Kulturdenkmäler; Lebensräume für schutzwürdige Tiere und Pflanzen. Das geltende Bundesgesetz lässt den Kantonen die Möglichkeit, weitere Nutzungszonen vorzusehen. Die Landwirtschafts- und Schutzzonen sind besonders wichtig für die Sicherstellung von bodenbezogenen Umwelt- und Kulturgütern.

Der *Kanton Zürich* beispielsweise gliedert in seinem Planungs- und Baugesetz (PBG) die erlaubte Bodennutzung nach Landwirtschafts-, Freihalte-, Erholungs-, Reserve- und Bauzonen. Die *Landwirtschaftszonen* werden im PBG (§ 36) in Übereinstimmung mit dem RPG als die Flächen definiert, "die sich für die landwirtschaftliche Nutzung eignen oder die im Gesamtinteresse landwirtschaftlich genutzt werden sollen." Als *Freihalte-* und *Erholungszonen* sind die Flächen auszuscheiden, die für die Erholung der Bevölkerung nötig sind. Der Freihaltezone können ferner Flächen zugewiesen werden, die ein Natur- und Heimatschutzobjekt bewahren oder der Trennung und Gliederung der Bauzonen dienen (§ 61). Die *Reservezone* umfasst Flächen, deren Nutzung noch nicht bekannt ist oder in denen eine bestimmte Nutzung erst später zugelassen werden soll (§65). Die *Bauzonen* werden wie folgt weiter differenziert (§ 48ff.):
-   *Kernzonen* umfassen schutzwürdige Ortsbilder, wie Stadt- und Dorfkerne oder einzelne Gebäudegruppen, die in ihrer Eigenart erhalten oder erweitert werden sollen.

---

[59] Vgl. die Bemerkungen zur 15-Jahre-Frist in Abschnitt 6.1.3.

- *Quartiererhaltungszonen* umfassen in sich geschlossene Ortsteile mit hoher Siedlungsqualität, die in ihrer Nutzungsstruktur oder baulichen Gliederung erhalten oder erweitert werden sollen.
- *Zentrumszonen* sind bestimmt für eine dichte Überbauung zur Entwicklung von Stadt-, Orts- und Quartierzentren, die ausser dem Wohnen vorab der Ansiedlung von Handels- und Dienstleistungsbetrieben, Verwaltungen sowie mässig störenden Gewerbetreibenden dienen.
- *Wohnzonen* sind für Wohnbauten bestimmt; dieser Nutzungsart zugerechnet werden auch Arbeitsräume, die mit einer Wohnung zusammenhängen und in einem angemessenen Verhältnis zur eigentlichen Wohnfläche stehen.
- *Industrie- und Gewerbezonen* sind für die Ansiedlung industrieller und gewerblicher Betriebe der Produktion, der Gütergrossverteilung, der Lagerhaltung und des Transports bestimmt; zulässig sind ferner betriebs- und unternehmenszugehörige Verwaltungs-, Forschungs- und technische Räume und gewisse den Beschäftigten nützliche Dienstleistungsbetriebe.
- *Zonen für öffentliche Bauten* umfassen Grundstücke, die zur Erfüllung öffentlicher Aufgaben, namentlich öffentliche Verwaltung und Justiz, Erziehung und Bildung, Kultur, Gesundheitspflege, Erholung und Sport, benötigt werden.

Sachplanung

Verschiedene öffentliche *Infrastrukturen* oder Aufgaben sind Gegenstand spezifischer Sachplanungen (RPG Art. 13). So geben z.B. Verkehrspläne Auskunft über bestehende und geplante Strassen, Bahnlinien und Anlagen für andere öffentliche Transportmittel, Wasserwege, Einrichtungen des Flugverkehrs, und Versorgungspläne enthalten die bestehenden und vorgesehenen Anlagen und Flächen für die Versorung mit Wasser, Energie, Fernmelde- und Nachrichtenübermittlungsdienste, Abwasserentsorgung, Abfallentsorgung. Daneben gibt es auch Sachplanungen zum Schutz von bodenbezogenen Umweltgütern.

Hier soll ein Beispiel aus dem Umweltbereich angeführt werden. In der Schweiz ist der *Schutz der Fruchtfolgeflächen* ein gutes Beispiel für einen bodenmarktlichen Eingriff mittels Sachplan zur Sicherstellung eines öffentlichen Gutes (in diesem Fall "Krisenvorsorge"). Kulturlandverlust ist irreversibel. Wenn die bisherige Entwicklung in unvermindertem Tempo weitergeht, muss ernsthaft in Frage gestellt werden, ob die ausreichende

Versorgungsbasis im Sinne von Art. 31bis, Abs. 3, Bst. e der Bundesverfassung und von Art. 1, Abs. 2, Bst. d des Bundesgesetzes über die Raumplanung (siehe Abschnitt 5.2.1.) noch gesichert ist. Derzeit versorgt sich die Schweiz kalorienmässig zu rund 60% netto mit eigenen Nahrungsmitteln (brutto zu 66% inkl. importierter Futtermittel); der Rest wird eingeführt. Auf diese Zufuhr ist nicht unbegrenzt Verlass. Besonders in Krisenzeiten können wichtige ausländische Quellen versiegen. Kriegerische Auseinandersetzungen und Störungen des internationalen Handels sind heute nicht mehr die wichtigsten Bedrohungen; auch ökologische Katastrophen, Klimaveränderungen und weltweite Bodenverluste infolge Erosion, Wüstenausdehnung, Bodenverdichtung und -versiegelung gehören dazu. Der abnehmenden globalen Ernährungsbasis steht eine stark wachsende Weltbevölkerung gegenüber, was zunehmende Verteilungskämpfe erwarten lässt.

Die Fruchtfolgeflächen (FFF) bilden einen wesentlichen Bestandteil der Ernährungsvorsorge. FFF umfassen das ackerfähige Kulturland, vorab das Ackerland und die Kunstwiesen in Rotation sowie die ackerfähigen Naturwiesen. Der Ernährungsplan 90 sieht eine Senkung des durchschnittlichen Verbrauchs pro Kopf von heute rund 3'300 auf 2'300 kcal vor, die durch eine stufenweise Lebensmittelrationierung herbeigeführt werden soll, sowie eine Ausdehnung der offenen Ackerfläche im Verlauf von drei Anbauperioden auf 350'000 ha bei gleichzeitiger Ausrichtung der Ernährung auf vermehrt pflanzliche Produkte. Die für die Ernährungssicherung notwendige Ackerfläche von 350'000 ha kann für eine längere Dauer nur aufrecht erhalten werden, wenn mit rund 100'000 ha Kunstwiesen für einen hinreichenden Fruchtwechsel gesorgt werden kann. Der Mindestumfang an FFF beläuft sich somit auf insgesamt 450'000 ha. Die 450'000 ha FFF stellen eine knapp gerechnete Mindestfläche dar, auch wenn man die recht bedeutenden Produktivitätsfortschritte in der Landwirtschaft in die Überlegungen einbezieht. Denn einerseits wächst auch die Anzahl der zu ernährenden Bewohner laufend an, und andererseits müsste man in einer Versorgungskrise zweifellos mit einem Rückgang der mittleren Hektarerträge rechnen. Auch der vermehrte künftige Einsatz bio- oder gentechnologisch orientierter Produktionsmethoden ist zur Zeit noch nicht abschätzbar. Ferner sind deren Langfristauswirkungen vorläufig noch unbekannt. Bei den ertragssteigernden Produktionsfaktoren (Dünger, Pflanzenbehandlungsmittel etc.) besteht eine hohe Auslandabhängigkeit. Die derzeit einzige Möglichkeit, die in Zeiten gestörter Zufuhr zu erwartende sinkende Produktivität zu kompensieren, liegt in einer genügenden Ausdehnung der Ackerfläche (BRP / BLW 1990, 1-7).

Tab. 6-1: Fruchtfolgeflächen (FFF) der Kantone (Zahlenangaben in ha)

Kantone	FFF ausserhalb des Siedlungsgebiets	Zusatz-erhebung	Total FFF ausserhalb Siedlungsg.	FFF innerhalb Bauzonen / Reservebaugebiet	Richt-wert
Zürich	44'444	-	44'444	0	40'500
Bern	77'368	6'500	83'868	4'030	90'800
Luzern	25'755	1'500	27'255	1'187	26'500
Uri	263	-	263	54	200
Schwyz	2'550	-	2'550	326	1'760
Obwalden	456	-	456	2	470
Nidwalden	372	-	372	43	360
Glarus	205	-	205	21	360
Zug	3'174	-	3'174	144	2'700
Fribourg	32'955	2'000	34'955	1'714	38'500
Solothurn	16'505	-	16'505	252	18'400
Basel-Stadt	240	-	240	0	260
Basel-Land	7'951	-	7'951	510	9'460
Schaffhausen	8'990	-	8'990	401	9'700
Appenzell A.Rh.	792	-	792	26	800
Appenzell I.Rh.	339	-	339	5	360
St.Gallen	10'044	2'500	12'544	200	15'850
Graubünden	6'453	-	6'453	261	7'500
Aargau	39'784	-	39'784	2'906	40'000
Thurgau	29'519	-	29'519	2'112	26'000
Ticino	3'462	-	3'462	900	4'520
Vaud	75'787	-	75'787	0	74'000
Valais	6'194	-	6'194	498	7'500
Neuchâtel	6'766	-	6'766	490	8'200
Genève	8'447	-	8'447	180	10'500
Jura	14'555	730	15'285	384	14'800
Schweiz	423'370	13'230	436'600	16'646	450'000

Quelle: BRP / BLW (1992, 24)

Zur Sicherstellung des öffentlichen Gutes "Krisenvorsorge", wegen der Irreversibilität des Verlustes von Ackerland und der geringen Hoffnung, dieses in Krisenzeiten durch andere Produktionsfaktoren zu substituieren, muss der Staat für den Schutz ausreichender FFF sorgen. Deshalb erliess der schweizerische Bundesrat am 1. März 1992 gestützt insbesondere auf Art. 16 RPG einen Sachplan "Fruchtfolgeflächen", in dem jedem Kanton die erforderlichen, zu erhaltenden FFF vorgeschrieben werden (BRP / BLW 1990 und 1992). Allerdings wurde in der zu diesem Zweck durchgeführten FFF-Erhebung (siehe Tab. 6-1) festgestellt, dass das Ziel, 450'000 ha FFF zu erhalten, nicht mehr erreicht werden kann.

Zwar ist zur Zeit die für die Ernährungssicherung erforderliche Mindestfläche noch knapp vorhanden, sofern man die rund 16'500 ha FFF in den Bauzonen und Siedlungsgebieten dazurechnet; aber diese Flächen werden längerfristig mindestens teilweise verloren gehen. Ausserhalb der Siedlungsgebiete wurden knapp 423'000 ha FFF erhoben. Diese sollen noch mit 13'000 ha aus Zusatzerhebungen in einzelnen Kantonen ergänzt werden. Diese Zusatzerhebungen sind aus Gründen der Harmonisierung der kantonalen Erhebungen in jenen Kantonen notwendig, die für bestimmte Böden zu restriktiv vorgegangen sind. Das ergibt insgesamt etwa 436'000 ha FFF ausserhalb des Siedlungsgebietes (BRP / BLW 1992, 37).

Bauvorschriften

Im Kompetenzbereich der Gemeinden liegen konkrete Aussagen über Art und Mass der baulichen Nutzung, Bauweise, Baugrösse, Baulinien, Ausnützungsziffern und dergleichen. In den von den Gemeinden zu erlassenden Bau- und Zonenordnungen kann die bauliche Grundstücksnutzung durch Bestimmungen über die Ausnützung, die Bauweise und die Nutzweise näher geordnet werden. Im Kanton Zürich (PBG § 49) sind insbesondere Regeln gestattet wie Bestimmungen über eine Mindestausnützung, Abstände, Gebäudelänge, Gebäudebreite, Gebäudehöhe und Firsthöhe, die Geschosszahl und die Dachgestaltung. Ebenso können verschiedene Nutzungsziffern, wie z.B. Ausnützungs-, Baumassen-, Überbauungs- und Freiflächenziffern, festgelegt werden. Diese verschiedenen Nutzungsziffern geben das Verhältnis zwischen bestimmten Flächen eines Gebäudes oder des mit einem Gebäude gewonnenen Raumes zur Grundfläche wieder. Zur Grundfläche wird ins Verhältnis gesetzt (LENDI 1985, 53):
-    bei der *Ausnützungsziffer* die Bruttogeschossfläche (Summe aller ober- und unterirdischen Geschossflächen abzüglich sämtlicher dem Wohnen und dem Gewerbe nicht dienenden oder hierfür nicht verwendbaren Flächen),
-    bei der *Überbauungsziffer* die mit Gebäuden überbaute Landfläche,
-    bei der *Freiflächenziffer* die offenen, begrünten Flächen,
-    bei der *Baumassenziffer* das Gebäudevolumen.
   In der Regel bezeichnen die Nutzungsziffern Maximalmasse, die nicht überschritten werden dürfen. Die Freiflächenziffer bezeichnet ein Minimalmass, das mindestens erreicht werden muss. Die für Nutzungsziffern massgebliche Grundfläche wird primär durch die Baueingabe abgegrenzt. Sie muss in der Bauzone liegen, darf noch nicht ausgenützt sein und muss als zusammenhängende Fläche in Erscheinung treten. Die Grundflä-

che kann ohne weiteres aus mehreren Grundstücken oder auch nur aus Grundstücksteilen bestehen. Mit Bauvorschriften können Beiträge zur *Sicherstellung öffentlicher Güter* geleistet werden. So kann beispielsweise die erlaubte Nutzung in Kernzonen präzisiert werden, so dass schutzwürdige Ortsbilder erhalten werden können. Ausnützungsbeschränkungen können einen Beitrag zur Umweltqualität in Siedlungen leisten. Bauabstände dienen dem öffentlichen Gut "Brandschutz"[60].

Koordination und Steuerung der Raumnutzung

Raumplanung ist nach der eingangs in diesem Abschnitt aufgeführten Definition von LENDI / ELSASSER (1991) nicht nur - parzellenorientierte - Flächennutzungsplanung, sondern hat auch eine grösserräumige Koordinations- und Steuerungsfunktion. In der Schweiz ist in dieser Hinsicht neben spezifischen Sachplanungen die Richtplanung das wichtigste Instrument. Die *Richtplanung* dient gleichzeitig mehreren raumplanerischen Aufgaben (RINGLI u.a. 1988, GATTI-SAUTER 1989, HALLER / KARLEN 1992, 177). Ihre Schwerpunkte liegen in der:

- Bestimmung der *angestrebten räumlichen Entwicklung eines Kantons*,
- *Abstimmung der raumwirksamen Aufgaben*, und zwar innerhalb eines Kantons, zwischen Bund und Kanton, zwischen Nachbarkantonen, sowie zwischen Kantonen und dem benachbarten Ausland, ferner zwischen verschiedenen betroffenen staatlichen Aufgabenbereichen,
- *Vorbereitung der Nutzungsplanung* der Gemeinden.

Die raumnutzungskoordinierende und -steuernde Raumplanung ist für die Sicherstellung des öffentlichen Gutes "Raumordnung" (siehe Abschnitt 4.2.6.) wichtig; in Abschnitt 5.2. wurde bereits das in der Schweiz bestehende raumordnungspolitische Ziel der "konzentrierten Dezentralisation" erwähnt. Diese Zielsetzung wurde auch im Raumplanungsbericht von 1987 (BUNDESRAT 1987) bestätigt. Allerdings ist die Durchsetzung dieses landesplanerischen Leitbildes sehr erschwert. Zum einen hat der ausgesprochen föderalistische Aufbau der schweizerischen Raumplanungspolitik (FREY 1992) den Nachteil, dass überkantonalen und nationalen Erfordernissen kaum Nachachtung verschafft werden kann. Weitere Gründe liegen in der "Vollzugskrise" in der Raumplanung, sowie in der mangelhaften Koordination mit der Regionalpolitik - im Sinne von regionaler Wirtschaftspolitik - , die notwendig wäre, wenn nicht nur eine einschränkende und ka-

---

[60] Damit ist auch bereits die Thematik der externen Effekte angesprochen (siehe Abschnitt 6.7.)

nalisierende, sondern auch ein aktive und gestaltende Raumordnungspolitik betrieben werden sollte (WACHTER 1991, 42-43).

Ein interessantes aktuelles Beispiel für einen Umsetzungsversuch des Leitbildes der konzentrierten Dezentralisation auf Kantonsebene stellt das *Projekt ESP* (Entwicklungsschwerpunkte) des *Kantons Bern* dar (BERNASCONI 1991, BURKHALTER 1991, ARBEITSGRUPPE 1992). Im Dezember 1989 beschloss der Regierungsrat des Kantons Bern, unter der Leitung der Baudirektion eine Arbeitsgruppe einzusetzen mit dem Ziel, einen Plan der wirtschaftlichen Entwicklungsschwerpunkte zu erarbeiten (vgl. Abb. 6-2). In der Begründung dieses Auftrages wurde vor allem auf die Folgen des wirtschaftlichen Strukturwandels vom Industrie- zum Dienstleistungssektor und die damit zusammenhängenden räumlichen Verschiebungen und Konzentrationstendenzen in der Region Bern verwiesen. Erwähnt wurde der enge Zusammenhang mit der Verkehrsplanung, die Notwendigkeit von Verkehrsumlagerungen zugunsten des öffentlichen Verkehrs und die Schlüsselrolle der Bahnen als Eigentümer zentral gelegener Grundstücke. Ein wichtiges Anliegen war eine enge Verknüpfung mit den Arbeiten der kantonalen Direktion für Verkehr, Energie und Wasser zur Schaffung eines Berner S-Bahn-Systems. Ziel war es, so rasch als möglich an den Schnittpunkten des öffentlichen Verkehrs neue Bürostandorte zu initiieren und mit Hilfe der S-Bahn optimal für die ganze Region zu erschliessen. Neben Entwicklungsschwerpunkten für Büroarbeitsplätze geniessen Entlastungsstandorte für Industrie und Gewerbe das Hauptaugenmerk. Es geht darum, an geeigneten Verkehrslagen (möglichst Autobahnanschluss und S-Bahn-Haltestelle) stark verdichtete Arbeitszonen mit einem breiten Branchenspektrum zu schaffen. Durch diese Planung will man somit die Standortbedürfnisse der Wirtschaft optimal befriedigen, ohne die Umwelt und das Ziel einer geordneten Besiedlung zu gefährden. Noch liegen allerdings keine Ergebnisse über den Erfolg dieses Projektes vor (vgl. auch das Beispiel der Zürcher S-Bahn in Abschnitt 6.2.).

Abb. 6-2: Wirtschaftliche Entwicklungs- und Entlastungsstandorte im Kanton Bern

Legende

▲ Entwicklungsschwerpunkte insbesondere für Dienstleistungen

■ Entlastungsstandorte insbesondere für Industrie und Gewerbe

△ 3.32 Kehrsatz, in Abklärung als ESP Standort

1 10 km

Ru / Pa 8.7.92

3. Entwicklungsschwerpunkte

3.1a Bern, Ausserholligen
3.1b Bern, Wankdorf
3.2   Bern, Bahnhof
3.3   Biel, Bahnhof
3.4   Biel, Gaswerkareal und Drahtwerkareal
3.5   Biel, Güterbahnhof
3.6   Biel, Bahnhof Mett
3.7   Burgdorf, Bahnhof
3.8   Frutigen
3.9   Herzogenbuchsee
3.10 Huttwil, Bahnhof
3.11 Interlaken, Bahnhof Ost
3.12 Ittigen, Worblaufen und
      Papiermühle
3.13 Köniz, Liebefeld
3.14 Köniz-Wabern, Morillon
3.15 Konolfingen, Bahnhof
3.16 Langenthal
3.17 Langnau
3.18 Lyss, Bahnhof
3.19 Moutier, perimètre Tornos-Bechler
3.20 Münsingen
3.21 Muri-Gümligen, Bahnhof
3.22 Nidau, Bahnhof
3.23 Ostermundigen, Bahnhof
3.24 Spiez, Bahnhof
3.25 St-Imier
3.26 Thun, Bahnhof/Aarefeld
3.27 Thun, Scheibenstrasse (Selve-Areal)
3.28 Wahlern, Bahnhof Schwarzenburg
3.29 Worb, Worbboden
3.30 Zollikofen/Münchenbuchsee, Bahnhof
3.31 Zweisimmen

4. Entlastungsstandorte

4.1   Bern/Köniz, Juch/Obermatt/Wangenmatt
4.2   Biel, Bözingenfeld
4.3   Burgdorf, Buechmatt
4.4   Busswil, Aumatt
4.5   Langenthal, Steiachermatte
4.6   Lyss, Grien Süd
4.7   Moosseedorf, Moosbühl
4.8   Moutier, La Verrerie
4.9   Münchenbuchsee, Ursprung
4.10 Muri, Gümligenfeld
4.11 Studen, GM-Areal
4.12 Uetendorf, Selve-Areal

Quelle: ARBEITSGRUPPE (1992, 10)

6.6.2. Eingriffe in den Preismechanismus

Anstatt verschiedene Bodennutzungen raumplanerisch zu trennen oder zu regulieren, könnte versucht werden, die Bereitstellung öffentlicher Güter über Eingriffe in den Preismechanismus lohnend zu machen. Diese Handlungsoption steht dann zur Disposition, wenn sich die Kollektivgutproblematik in Unternutzungen manifestiert, weil das spezifische öffentliche Gut eigentliche Produktionskosten verursacht. So sind die verschiedenen in Abschnitt 4.2.6. diskutierten bodenbezogenen Umweltgüter (Schutz, ökologischer Ausgleich, Schönheit der Landschaft) auf menschliche Arbeit und Pflege angewiesen. Ähnliches gilt für eine Reihe von Kulturgütern (historische Bauten und dergleichen), wo meist blosser Schutz vor Umwidmung nicht genügt, sondern Unterhalt und Pflege erforderlich sind.

Diese Handlungsoption kommt namentlich in der Agrarpolitik seit Jahrzehnten zum Einsatz. In den meisten Industriestaaten werden die Preise von Agrarprodukten gestützt, um die Einkommen der Bauern zu verbessern und diesen die Bereitstellung verschiedener öffentlicher Güter bzw. gemeinwirtschaftlicher Leistungen zu ermöglichen, wozu sie sonst nicht in der Lage wären. Diese Handlungsoption ist allerdings aus verschiedenen Gründen problematisch. So wird dadurch die Überschussproduktion gefördert, und über die Anreize zur Nutzungsintensivierung werden ökologische Probleme verschärft; diese Problematik wurde bereits in Abschnitt 2.2. (im Zusammenhang mit Abb. 2-5) erörtert. Deshalb werden mehr und mehr produktionsneutrale, zielgerichtetere direkte Entschädigungen für die Bereitstellung öffentlicher Güter gefordert.

6.6.3. Entschädigungen für die Bereitstellung öffentlicher Güter

Ein Beispiel für diese Handlungsoption sind die am 9. Oktober 1992 im Rahmen der Bestrebungen für eine Neuorientierung der Landwirtschaftspolitik durch das Bundesparlament beschlossenen Direktzahlungen. Wesentliche Teile der neuen Agrarpolitik, wie sie der BUNDESRAT (1992) in seinem siebten Landwirtschaftsbericht dargelegt hatte, setzte das Parlament mit einer Teilrevision des Bundesgesetzes über die Förderung der Landwirtschaft und die Erhaltung des Bauernstandes (Landwirtschaftsgesetz) vom 3. Oktober 1951 um. Von besonderer Bedeutung sind dabei vor allem die beiden neuen *Art. 31a* über "ergänzende Direktzahlungen" und *31b* über "Direktzahlungen für besondere ökologische Leistungen. Art. 31a sieht produktionsunabhängige ergänzende Direktzahlungen zur Sicherung eines angemessenen Einkommens und zur Abgeltung *allgemeiner* gemein-wirtschaftlicher Leistungen bzw. produzierter Kollektivgüter der Land-wirtschaft (Multifunktionalität)[61] vor; damit wird eine vermehrte Tren-nung von Preis- und Einkommenspolitik geschaffen. Jeder Landwirt-schaftsbetrieb über 3 ha Fläche kann in den Genuss dieser ergänzenden Direktzahlungen kommen, sofern er gewisse allgemeine Bedingungen und Auflagen erfüllt. Die Zahlung je Betrieb setzt sich aus einem Grundbeitrag, einem Zusatzbeitrag für Tierhalter und einem Flächenbeitrag je Hektare landwirtschaftliche Nutzfläche zusammen. Solche Direktzahlungen haben somit einen Beitrag zum bäuerlichen Einkommen zu leisten, soweit dieses über den Verkauf der Produkte nicht mehr ein angemessenes Ausmass erreicht.

Mit den Ökobeiträgen nach Art. 31b sollen dagegen ganz spezifische ökologische Leistungen abgegolten werden; sie werden für die Förderung ökologischer Ausgleichsflächen, einer hohen Bodenbedeckung im Acker-bau, der integrierten Produktion, des biologischen Landbaus und der kont-rollierten Freihaltung von Nutztieren eingesetzt. Der Bundesrat hat gemäss dem neuen Artikel diese Zahlungen so zu bemessen, dass es sich im Ver-gleich mit der konventionellen Landwirtschaft wirtschaftlich lohnt, derarti-ge Leistungen zu erbringen. Diese Zahlungen sollen nach einer Einfüh-rungsphase "annähernd die gleiche Grössenordnung erreichen wie diejeni-gen nach Artikel 31a" (Art. 31b, Abs. 4).

Mit diesem Artikel wird eine Politik ausgebaut, zu der vor allem im Bereich der Berglandwirtschaftspolitik bereits einige Ansätze bestehen. Die Massnahmen des Bundes und der Kantone zur Förderung und Erhaltung der Berglandwirtschaft sind sehr zahlreich. Gemäss dem Landwirtschafts-gesetz sind bei der Durchführung des Gesetzes die erschwerten Produkti-ons- und Lebensbedingungen in den Berggebieten besonders zu berück-sichtigen (Art. 2 und 33). Das Berggebiet wird entsprechend einer Reihe von Bewertungskriterien wie Höhenlage, Klima, Oberflächengestaltung, Hangneigung, Besonnung etc. in fünf verschiedene Zonen eingeteilt: die voralpine Hügelzone und die vier Bergzonen I bis IV. Die Massnahmen zu-gunsten der Berglandwirtschaft bestehen hauptsächlich aus verschiedenen Direktzahlungen zum Ausgleich erschwerter Produktionsbedingungen (vgl. Abb. 2-3 in Abschnitt 2.2.). Die Höhe der Direktzahlungen ist von der Ein-

---

[61] Die wichtigsten gemeinwirtschaftlichen Leistungen sind die Krisenvorsorge, die Landschaftspflege und der Beitrag zur Erhaltung der Besiedlung ländlicher Räume (RIEDER 1982, 21).

teilung eines Betriebes in eine der fünf Zonen abhängig. Einige der wichtigsten Fördermassnahmen sind bzw. waren[62]:

- Kostenbeiträge an Viehhalter im Berggebiet und in der voralpinen Hügelzone,
- Bewirtschaftungsbeiträge (Flächen- und Sömmerungsbeiträge an Landwirte, die Steillagen und Alp-/Sömmerungsbetriebe nutzen),
- Zusätzliche Beiträge im Ackerbau (für den Anbau von Futtergetreide, Brotgetreide und Kartoffeln),
- Beiträge an Kuhhalter ohne Verkehrsmilchproduktion zur Entlastung des Milchmarktes,
- Betriebsbeiträge zur Verbesserung der Tierzucht und Tierhaltung.

6.6.4. Zielkonformität und Zielkonflikte

Bei der Diskussion der Zielbeziehungen von Massnahmen zum Schutz öffentlicher Güter ist zweckmässigerweise zwischen Massnahmen zu unterscheiden, welche die Sicherstellung von Natur- und Landschafts- sowie Kulturgütern gewährleisten sollen, und solchen, die auf die Bereitstellung von Infrastrukturen ausgerichtet sind. Bei ersteren besteht - mit Ausnahme der als problematisch eingestuften Eingriffe in den Preismechanismus - eine Zielharmonie mit dem ökologischen bodenpolitischen Ziel "Schutz der natürlichen Lebensgrundlagen Boden, Wald, Landschaft" sowie mit den Zielen der haushälterischen Bodennutzung, des Schutzes des Agrarlandes und der Förderung der Siedlungsqualität. Gleichzeitig ist aber mit Konflikten mit den verschiedenen - allokativen und distributiven - Bauzielen der Bodenpolitik zu rechnen, insbesondere mit dem Ziel der Schaffung räumlicher Voraussetzungen für die Wirtschaft, der Wohnbauförderung oder der Streuung des Grundeigentums, ferner auch mit dem Ziel der Förderung der Funktionsfähigkeit des Bodenmarktes, wenn mit einer Überbetonung von Schutzzielen Boden*nutzungs*ziele allzu sehr eingeschränkt werden. Allerdings muss man in diesem Zusammenhang darauf hinweisen, dass man Umweltschutz heute nicht einfach nur noch als lästigen Kostenfaktor betrachten darf. Intakte Umwelt ist ein knappes und wertvolles Gut, das wichtige Funktionen erfüllt, nach dem ein Bedürfnis besteht und das nur wegen des Kollektivgutcharakters nicht marktmässig angeboten wird. Langfristig bedingen sich Umweltschutz und Wirtschaftsentwicklung, d.h. fehlender

---

[62] Die Kostenbeiträge an Viehhalter werden in die neuen Direktzahlungen integriert (Zusatzbeitrag für Tierhalter gemäss Art. 31a). Nach Auskunft des Bundesamtes für Landwirtschaft ist nicht auszuschliessen, dass auch die übrigen Direktzahlungen zugunsten der Berglandwirtschaft in der ferneren Zukunft in das Direktzahlungssystem gemäss Art. 31a und 31b überführt werden.

Umweltschutz gefährdet langfristig das Wirtschaftswachstum. Im Grunde besteht also keine Zielkonkurrenz, sondern eine Zielkomplementarität.

Was die Infrastrukturen betrifft, so besteht eine klare Komplementarität mit dem Ziel der Schaffung räumlicher Voraussetzungen für die Wirtschaft. Entsprechend liegen potentielle Zielkonflikte mit den ökologischen Zielen der Bodenpolitik vor. Eine Schlüsselfunktion kommt dabei jedoch der Raumplanung als Steuerungs- und Koordinationsinstrument zu. Wie wir anhand des erwähnten Projektes ESP im Kanton Bern gesehen haben, kann eine bewusste Bündelung wichtiger wirtschaftsrelevanter Infrastrukturen und von Wirtschaftsstandorten sowie eine Abstimmung auf die übrigen Bodennutzungen sowohl einen Beitrag zur Erhöhung der Konkurrenzfähigkeit der Wirtschaft leisten als auch zur Erhaltung der Umweltqualität in den übrigen Gebieten beitragen.

6.7. Zu den externen Effekten

Bezüglich der Externalitätenproblematik sind, wie in Abschnitt 4.2.7. dargelegt, die externen Kosten der Enge oder Zusammenballung, die externen Kosten des Verkehrswesens (insbesondere Luftverschmutzung, Lärmbelastung, Landschaftsverbrauch) sowie wohnungswirtschaftliche externe Effekte von Bedeutung. Externalitäten verzerren den Marktmechanismus, und es ist anzustreben, dass sie minimiert bzw. internalisiert werden (EEKHOFF 1987, 188). Internalisierung bedeutet die Anlastung von negativen externen Effekten bei den Verursachern und die Entschädigung der Urheber von positiven externen Effekten. Dabei interessieren wir uns hier - wie schon in Abschnitt 4.2.7. - nur für die negativen externen Effekte, da die positiven externen Effekte im Rahmen der Diskussion der öffentlichen Güter ("Entschädigung für die Bereitstellung öffentlicher Güter") behandelt wurden.

Die Internalisierung von negativen externen Effekten kann auf verschiedene Arten erreicht werden, insbesondere durch Ge-/Verbote (z.B. Umweltauflagen, Bau- und Nutzungsvorschriften), durch fiskalische Anreizmassnahmen (z.B. Anlastung von negativen Umweltexternalitäten mittels Umweltsteuern) und durch planerische Massnahmen (z.B. räumliche Trennung konfligierender Bodennutzungen, räumliche Bündelung harmonierender Bodennutzungen; siehe MISHAN 1967, 114; PEARCE u.a. 1978, 65).

6.7.1. Umweltauflagen und Bauvorschriften

Bezüglich der externen Effekte im Umweltbereich stellt die Regulierung den zentralen Ansatz der schweizerischen Umweltpolitik dar (ZÜRCHER 1988, 5). Das Bundesgesetz über den Umweltschutz vom 7. Oktober 1983 sowie die verschiedenen davon abgeleiteten Verordnungen zu spezifischen Umweltschutzaufgaben (Luftreinhalte-, Lärmschutzverordnung etc.) sind im wesentlichen geprägt durch den Regulierungsansatz, indem das Abgeben von belastenden Stoffen an die Umwelt durch Auflagen (wie z.B. Emissionsvorschriften für Autos) an die verschiedenen Verursacher von Umweltbelastungen vermindert werden soll. Die Kosten der Verminderung der Umweltbelastungen sollen somit die Verursacher tragen.

Viele Bauvorschriften wurden zur Verminderung von negativen externen Effekten erlassen. Es wurde darauf bereits bei der Diskussion raumplanerischer Massnahmen zur Sicherstellung öffentlicher Güter im letzten Abschnitt eingegangen (Umweltqualität in Siedlungen, Brandschutz etc.). Man kann diese Massnahmen natürlich auch so interpretieren, dass Dichtebeschränkungen (Ausnützungsziffern, Bauabstände etc.) die Beeinträchtigungen zwischen Grundstücken - und damit auch externe Effekte - verhindern sollen. Hierauf soll aber nicht mehr eingegangen werden, sondern es wird auf den Abschnitt 6.6.1. zurückverwiesen.

Gegen die wohnungswirtschaftlichen externen Effekte, die in Abschnitt 4.2.7. auch diskutiert wurden, kann beispielsweise mit Nutzungs*geboten* eingegriffen werden (EEKHOFF 1987, 220), um kumulative Verfallsprozesse zu vermeiden. Durch Nutzungsgebote, z.B. durch ein Modernisierungs- und Instandhaltungsgebot kann ein Grundeigentümer dazu gezwungen werden, sich an einer für alle Eigentümer des Gebietes profitablen Instandsetzung oder Aufwertung der Wohnungen zu beteiligen. Dadurch lässt sich die Durchführung eines Gesamtkonzeptes auch in Gebieten mit mehreren Eigentümern sichern. Grundsätzlich kann davon ausgegangen werden, dass dem einzelnen Eigentümer durch Nutzungsgebote keine Verluste zugefügt werden sollen, sondern lediglich das Unterlaufen zweckmässiger Massnahmen verhindert werden soll (Trittbrettfahrerproblem)[63].

---

[63] Allerdings dürfen die Gefahren nicht übersehen werden, die mit einer unangemessenen Anwendung dieser Massnahme verbunden sind. Denn unter Umständen könnte ein höheres Investitionsniveau erzwungen werden, als sich vom Markt - ohne Externalitäten - ergeben würde.

6.7.2. Fiskalische Massnahmen

Fiskalische Massnahmen können als marktwirtschaftlich bezeichnet werden, da mit Anreizen operiert wird. Mit Umweltabgaben wird angestrebt, Anreize für umweltkonformes Handeln oder Finanzierungsmöglichkeiten zu schaffen, mit denen die umweltpolitischen Instanzen bestimmte Umweltschutzaufgaben ausführen können. Über die breite Palette möglicher Massnahmen gibt Abb. 6-3 Auskunft.

Abb. 6-3: Übersicht über verschiedene Arten von Umweltabgaben

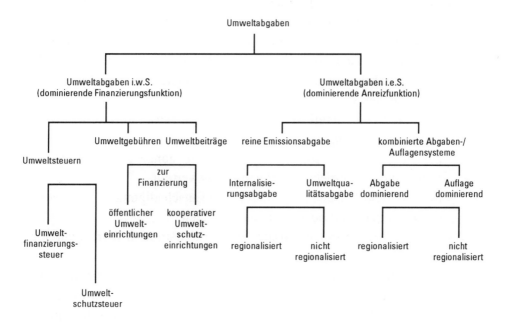

Quelle: nach WICKE (1982, 220)

In bezug auf die Bedeutung fiskalischer Massnahmen in der schweizerischen Umweltpolitik ist daran zu erinnern, dass das schweizerische Umweltschutzgesetz bisher keine Lenkungssteuern vorsieht (siehe dazu das Bundesgesetz über den Umweltschutz vom 7. Oktober 1983, Art. 12, 29, 32). Gegenwärtig wird allerdings an einer Revision des Umweltschutzgesetzes gearbeitet. Darin sollen neu für wenige spezifische Umweltbelastungen Lenkungsabgaben eingeführt werden. Nach Auskunft des Bundesamtes für Umwelt, Wald und Landschaft braucht es für Abgaben, deren Zweck nicht in der Beschaffung von Steuergeldern liegt, keine spezielle, neue Verfassungsgrundlage. Die Einführung kann auf Gesetzesstufe geregelt werden, wobei hohe Anforderungen bezüglich des Konkretisierungsgrades der

Abgabe bestehen, weshalb in das zu revidierende Umweltschutzgesetz keine generelle Kompetenz für Umweltabgaben aufgenommen werden wird.

Eine sehr interessante Massnahme wäre der *Ökobonus*, da er nicht nur allokationspolitische, sondern auch verteilungspolitische Ziele unterstützen würde. Hierbei handelt es sich um einen Massnahmenvorschlag aus Umweltschutzkreisen, der bisher nicht realisiert wurde (VCS 1989). Aus Gründen der Lufthygiene, der Lärmverminderung, der Raumplanung, der Verkehrssicherheit muss der motorisierte Strassenverkehr verringert werden. Bei der Problemstellung sind sich alle, die sich ernsthaft mit Verkehrsproblemen befassen, einig. Erst beim *Wie* scheiden sich die Geister. Massnahmen zur Eindämmung des Verkehrs sollten wirksam, effizient, sozial vertretbar und rasch und unbürokratisch durchführbar sein - alles Ziele, die sich häufig nicht gleichzeitig erfüllen lassen. Der Ökobonus würde aber eine Lösung darstellen, die alle diese Forderungen erfüllt. Der Ökobonus ist eine fahrleistungsabhängige Umweltabgabe mit pauschaler Rückvergütung. Das heisst:

-   für jeden Liter Treibstoff, der verfahren wird, muss eine Abgabe entrichtet werden,
-   der Ertrag dieser Abgaben wird auf die ganze Bevölkerung (einschliesslich Unternehmen) gleichmässig verteilt,
-   im Endeffekt bezahlen Vielfahrer eine Entschädigung an jene, welche das Auto massvoll oder gar nicht einsetzen,
-   der gezielte, effiziente Einsatz von Verkehrsmitteln wird dadurch gefördert.

Ein griffiger Ökobonus oder ähnliche Lenkungsmassnahmen könnten somit - ohne verteilungspolitische Nachteile aufzuweisen - sowohl einen Beitrag zur Lösung von Luftreinhalte- und städtischen Überlastungsproblemen als auch zur Eindämmung der Zersiedlung der Landschaft leisten, die durch die massive Kostenunterdeckung des motorisierten Privatverkehrs gefördert wird.

6.7.3. Nutzungsplanung

Wechselwirkungen zwischen Grundstücksnutzungen können auch verhindert werden, ohne dass komplizierte Regelungen über bestimmte Aktivitäten getroffen oder die entsprechenden Handlungen unterbunden werden müssen. Die flächennutzungsplanerische Trennung konfligierender Nutzungen galt lange Zeit als besonders erstrebenswert: "[I]t is a distinct advantage to consider separate locations, or separate facilities, for ... conflicting groups. The larger the proportion of a given population having different attitudes or reactions from the other members, the more practical and allocatively superior is the separate facilities solution to a compensation–induced solution covering the whole area" (MISHAN 1967, 114).

Ein typisches Beispiel für diese Handlungsorientierung ist die *funktionalistische Stadtplanung*, die in der *Charta von Athen* postuliert wurde. In den Frühphasen der Industrialisierung überliess man die Nutzungsverteilung im allgemeinen dem Markt, der nicht selten ungeordnete Besiedlungsverhältnisse begünstigte. Wohnstätten in unmittelbarer Nähe luftverschmutzender und lärmbelastender Fabriken, enge und unhygienische Wohnverhältnisse etc. gerieten mit zunehmendem Wohlstand vermehrt ins Schussfeld der Kritik. Vorrangige städtebauliche Doktrin anfangs des 20. Jahrhunderts wurde deshalb der *Funktionalismus*, ein Konzept, dessen Zielsetzung die räumliche Funktionstrennung von Wohnen, Arbeiten, Erholen und Verkehr war. Ein Dokument dieser Auffassung ist die *Charta von Athen*, ein städtebauliches Manifest, das 1933 durch den Internationalen Kongress für Neues Bauen (Congrès International de l'Architecture Moderne = CIAM) erarbeitet wurde. Der Grundgedanke liegt in der Forderung, den vier erwähnten Funktionen der Stadt jeweils getrennte, einander zweckmässig zugeordnete Flächen zuzuweisen. Dieses Leitbild hat den Städtebau in der Folgezeit stark geprägt; dieser Grundsatz wurde bereits in den dreissiger Jahren weitgehend praktiziert, fand Ausdruck im Schlagwort von der "gegliederten und aufgelockerten Stadt" und beeinflusste auch wesentlich die Gesetzgebung (ALBERS 1988, 41).

In jüngerer Zeit fand diesbezüglich aber eine Neubewertung statt (HÄBERLI u.a. 1991, 133f.; DÜRRENBERGER u.a. 1990, 9-18). Die Nutzungstrennung, ursprünglich entstanden aus dem Bestreben, die Bevölkerung vor industriellen Emissionen zu schützen, ist heute nur noch in Ausnahmefällen nötig, weil die wenigsten Produktionsstätten noch direkte Emissionen verursachen. Wichtigster Verursacher von Emissionen ist heute der *Verkehr*. Die laufende Verbilligung der Transportleistungen, die nicht zuletzt wegen der verursachten externen Kosten (Luftverschmutzung, Lärm, Landschaftsverbrauch) keinesweges kostendeckend sind, hat zu neuen Problemen im Zusammenhang mit der Ausuferung der Städte und der funktionalen Entmischung durch den Markt selber geführt. Aus übermässigen Nutzungstrennungen erwachsen wiederum Nachteile (z.B. hohes Verkehrsaufkommen, Kriminalität wegen fehlender sozialer Kontrolle und Durchmischung). Deshalb besteht heute die politische Absicht, einerseits Funktionen wieder vermehrt zu vermischen und andererseits eine übermässige Zersiedlung der Landschaft einzudämmen.

Am zweckmässigsten wäre zwar die Internalisierung der externen Kosten des Verkehrs mittels direkter Massnahmen (Umweltauflagen, -abgaben, -steuern). Da dies in der politischen Realität bisher nur ansatzweise durchgeführt werden konnte, müssen zur Begrenzung übermässiger Entmischungen raumplanerische Massnahmen eingesetzt werden (z.B. Wohnanteilpläne zur Erhaltung der Wohnnutzung in Arbeitsplatzgebieten, zersiedlungsbegrenzende Nutzungsplanung). Solche Massnahmen bleiben mit anderen Worten so lange unerlässlich, als der Verkehr seine externen Kosten nicht deckt.

Ein Beispiel für den Versuch der *Nutzungsdurchmischung* ist die neue Bau- und Zonenordnung der Stadt Zürich. Am 17. Mai 1992 mussten die Stimmberechtigten der Stadt Zürich über eine neue Bau- und Zonenordnung (BZO) befinden. Diese kann als Bemühung zur Erhaltung oder Schaffung von Nutzungsdurchmischungen angesehen werden. Die Bauordnung hält in Worten fest, welche Überbauungs- und Nutzungsmöglichkeiten in den einzelnen Zonen bestehen. Sie bestimmt unter anderem die zulässigen Geschosszahlen, die Grenz- und Gebäudeabstände, die erlaubte Nutzweise. Der Zonenplan legt fest, zu welcher Zone die einzelnen Grundstücke gehören. Erklärtes Ziel hinter der BZO ist, "dass die Einwohnerzahl von Zürich nach dem grossen Rückgang in den letzten 30 Jahren möglichst stabil bleibt und eher wieder anwächst. Die Stadtbevölkerung soll wieder vielfältiger und besser durchmischt sein. ... Die neue ... BZO will verhindern, dass sich das Verhältnis zwischen der Zahl der Arbeitsplätze und der Bevölkerungszahl weiter verschlechtert, und will ein möglichst vielfältiges Arbeitsplatzangebot erhalten. ... Dem Dienstleistungssektor wird eine vernünftige Entwicklung ermöglicht, ohne dass Industrie und Gewerbe aus der Stadt verdrängt werden" (STADTKANZLEI ZÜRICH 1992, 1-2).

Einen der Hauptstreitpunkte der neuen BZO bildete die Zukunft der grossen, zum Teil stark unternutzten Industrieareale (Industriebrachen). In der Industriezone sind grundsätzlich nur gewerblich-industrielle Produktionsbetriebe und Betriebe der Gütergrossverteilung einschliesslich betriebszugehöriger Büro-Arbeitsplätze zugelassen. Dienstleistungs- und Bürobetriebe dagegen sind ausgeschlossen. Der Streit um die Neunutzung der Industriezonen erreichte seinen Höhepunkt, als die seinerzeitige bürgerliche Stadtratsmehrheit im Sommer 1988 eine totale Öffnung aller verbliebenen Industriezonen für Dienstleistungen durchsetzen wollte; es wurde eine Industrie- und Dienstleistungszone (ID) gefordert, in der die Wohnnutzung von Gesetzes wegen nicht zugelassen gewesen wäre. Es wäre wohl unvermeidlich gewesen, dass sich diese Gebiete im Laufe der Zeit wegen der hohen Rentenzahlungsfähigkeit des Dienstleistungssektors in Büromonokulturen verwandelt hätten. In der neuen BZO wurden nun allerdings aus der Zielsetzung der Verhinderung von weiteren Entmischungsprozessen heraus drei Zonentypen für ehemalige Industriezonen geschaffen:

- *Wohnzonen mit Dienstleistungsfunktion*: In diesen neu geschaffenen Zonen sind von mässig störenden Produktionsbetrieben über Dienstleistungsbetriebe bis zum Wohnen alle Nutzungen möglich. Diese neuen Zonen für Wohnen, Büros und Dienstleistung sind in Gebieten mit guter Erschliessung durch den öffentlichen Verkehr ausgeschieden worden. Sie werden W6D genannt.

- *Industriezonen*: sie wurden nicht abgeschafft, sondern teilweise beibehalten. In diesen Gebieten sind bis zu 45% der Fläche für betriebseigene Büros und Verwaltung zugelassen.

- *Gewerbezonen*: In der neuen BZO wurden erstmals spezielle Zonen für das Gewerbe ausgeschieden.

6.7.4. Zielkonformität und Zielkonflikte

Externe Effekte sind marktverzerrend, und deren Korrektur ist aus ökonomischer Sicht erwünscht. Es wird damit grundsätzlich ein Beitrag zum Ziel "Förderung der Funktionsfähigkeit des Bodenmarktes" geleistet. Darüber hinaus werden, da es sich bei den externen Effekten häufig um Umweltexternalitäten handelt, die ökologischen Ziele der Bodenpolitik ebenfalls unterstützt.

Die verschiedenen beschriebenen Handlungsmöglichkeiten weisen jedoch potentielle Zielkonflikte mit anderen bodenpolitischen Zielen auf. Beispielsweise kann die konsequente Internalisierung der externen Kosten des Verkehrs, d.h. eine kostendeckende Verteuerung von Verkehrsleistungen mit den Zielen der Wohnbauförderung und der Streuung des Grundeigentums in Konflikt treten, die zumindest in der Vergangenheit durch Neubauten auf der mit öffentlichen Verkehrsmitteln nur mangelhaft erschlossenen grünen Wiese verfolgt wurden. Eine Strategie der Nutzungstrennung, die unweigerlich zu einem grossen Verkehrsaufkommen zwischen den Nutzungszonen führt, kann mit den Zielen des Schutzes der natürlichen Lebensgrundlagen und der haushälterischen Bodennutzungen in Konflikt geraten. Eine aktive Politik der Nutzungsmischung, die der Tendenz des Marktes zur Nutzungssegregation entgegentreten will, kann dagegen für die Ziele der Schaffung räumlicher Voraussetzungen für die Wirtschaft und der Förderung der Funktionsfähigkeit des Bodenmarktes Probleme aufwerfen, wenn die Allokationsfunktion des Bodenmarktes übermässig eingeschränkt wird.

7. VERTEILUNGSPOLITIK

Während langer Zeit standen in der Bodenpolitik Verteilungsprobleme im Vordergrund. Davon zeugt das Schrifttum zu Bodenproblemen, das im letzten und bis weit ins 20. Jahrhundert verfasst wurde und um Fragen der Bodenbesitzreform, der Grundrentenabschöpfung und dergleichen kreiste. Allokationspolitische Probleme wurden auch wahrgenommen - etwa die Möglichkeit eines suboptimalen Bodenangebots infolge "Bodenmonopols" oder die zu hohe Besiedlungsdichte infolge der Externalitätenproblematik - , waren generell aber in Zeiten geringer Bodenknappheit noch weniger drängend; ihre Bedeutung stieg mit zunehmender Bodenknappheit im wirtschaftlichen Entwicklungsprozess. Im Bereich der Verteilungspolitik sind wie in Abschnitt 4.3. grundsätzlich zwei Problemfelder zu unterscheiden: die ungleiche Verteilung der Grundrente - wenn die Eigentumsrechtsstruktur als gegeben vorausgesetzt wird - sowie die ungleiche Verteilung der Eigentumsrechte an Grund und Boden (siehe dazu auch KALLENBERGER 1979, 43-64). Beim ersten Problemfeld kann zweckmässigerweise das Problem der Bodenspekulation bzw. des Grundrenten- und Bodenpreisanstiegs ausgesondert werden. Die Diskussion in diesem Kapitel erfolgt entlang dieser Dreiteilung.

7.1. Zur Grundrentenverteilung bei gegebener Eigentumsrechtsstruktur

Die Verteilung des Grundrenteneinkommens wird von einem beträchtlichen Teil der Bevölkerung als ungerecht empfunden (SPS 1991). Eine Umverteilung der Eigentumsrechte an Boden scheint jedoch vielen als eine zu radikale Massnahme, oder entsprechende Forderungen bleiben wegen der geringen Realisierungschancen unausgesprochen. Im politischen Prozess wird dann häufig auf drei Handlungsoptionen zurückgegriffen: direkte Eingriffe in den Preismechanismus (Mietzins-, Pachtzins- oder Bodenpreisregulierungen), fiskalische Massnahmen zur Grundrentenabschöpfung sowie Finanzierungshilfen und Subventionen zugunsten benachteiligter Wirtschaftssubjekte.

7.1.1. Eingriffe in den Preismechanismus

Mittels Preiskontrollvorschriften für Baurechts-, Miet- und Pachtzinsen
wird nicht die Grundrente gesenkt oder tiefgehalten (siehe dazu die Ab-
schnitte 3.1. und 4.3.3.), sondern die Grundrente wird teilweise von den
Bodeneigentümern an die Bodennutzer umverteilt (SIEBER 1970, 34).
Dieser Umverteilungsprozess soll nachfolgend (siehe Abb. 7-1) anhand des
Wohnungsmarktes erläutert werden (HARVEY 1987, 289-294).

Abb. 7-1: Die kurzfristigen Auswirkungen der Mietzinskontrolle

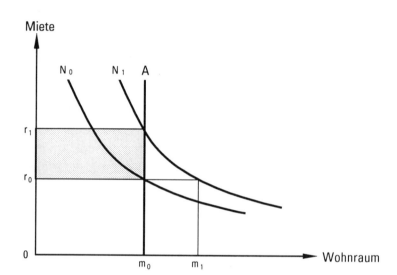

Quelle: HARVEY (1987, 290)

Wegen der hohen Erstellungskosten und der relativ langen Bauzeit ist
das Wohnungsangebot kurzfristig starr (m_0 in Abb. 7-1). Gehen wir davon
aus, dass der Markt anfangs geräumt ist und der Marktmietzins r_0 beträgt.
Nehmen wir jetzt an, dass die Haushaltszahl bzw. die Nachfrage aus einem
exogen gegebenen Grund von N_0 auf N_1 zunimmt, die Miete aber administrativ auf dem ursprünglichen Niveau r_0 fixiert wird. In einem freien
Markt würde der Mietzins auf r_1 steigen. Bei diesem höheren Marktpreis
würde der Markt wiederum geräumt, d.h. der bestehende Wohnraum würde entsprechend den Präferenzen der Haushalte für Wohnungen im Vergleich mit anderen Gütern ohne Angebots- oder Nachfrageüberhänge ver-

teilt[64]. Wenn der Mietzins aber auf r_0 fixiert wird, ist auf zwei Effekte hinzuweisen. *Erstens* gehen die Hausbesitzer des schraffierten Rentenrechteckes verlustig, das wegen der gestiegenen Nachfrage bei einem starren Angebot entsteht - hier findet also eine Umverteilung zwischen Bodeneigentümern und Nutzern statt. *Zweitens* können jene Mieter, die bereits eine Wohnung haben, diese Wohnung untermarktpreisig weiternutzen.

Bloss wird durch den unterbundenen Preisanstieg verhindert, dass der Wohnungsbestand intensiver genutzt wird, und die Mietpreiskontrolle verursacht einen Nachfrageüberhang im Umfang von $m_1 - m_0$. Solche Eingriffe in den Marktmechanismus werden von Ökonomen in der Regel äusserst kritisch beurteilt, da ein Nachfrageüberhang unerfreuliche Massnahmen wie Rationierung oder schwarzmarktmässige Phänomene wie die Bezahlungen von Ablösesummen unter der Hand nach sich ziehen kann.

Allerdings gilt es zu bedenken, dass Mietpreiskontrollen unterschiedliche Stärkegrade aufweisen können. Das Extrem ist der absolute Mietpreisstopp, wie er in der Schweiz weitgehend von 1939 bis 1953 in Kraft war. Weniger strenge Formen sind etwa die Vergleichsmietenregelung, wie sie in Deutschland praktiziert wird, oder die derzeitige Missbrauchsgesetzgebung in der Schweiz, mit der lediglich "missbräuchliche" Erhöhungen verhindert werden sollen. In der Schweiz wurden mit dem Ziel, einen freien Wohnungsmarkt zu erreichen, die während des Zweiten Weltkrieges eingeführten Mietzinskontrollvorschriften nach dem Krieg schrittweise gelockert. Einen freien Wohnungsmarkt gab es allerdings nur vom Dezember 1970 bis zum Inkrafttreten des *Bundesbeschlusses vom 30. Juni 1972 über Massnahmen gegen Missbräuche im Mietwesen (BMM)* und der dazugehörigen *Verordnung* vom 14. Juli 1972 *(VMM)*. Mit der Änderung vom 15. Dezember 1989 wurde das Mietrecht letztmals revidiert und zudem in das Obligationenrecht integriert. Verfassungsmässige Grundlage bildet der am 5. März 1972 in einer Volksabstimmung angenommene Art. 34[septies] BV (siehe dazu Abschnitt 5.2.2.), welcher in der Volksabstimmung vom 7. Dezember 1986 abgeändert wurde (angenommener Gegenvorschlag zur Mieterschutzinitiative). Es handelt sich um eine *Missbrauchsgesetzgebung*. Nach der Missbrauchsgesetzgebung kann der Staat nicht von Amtes wegen in die Mietzinsgestaltung eingreifen. Der Mietzins wird von den Vertragsparteien vereinbart. Der Mieter hat aber das Recht, bei Vorliegen gewisser Tatbestände den Mietzins als missbräuchlich anzufechten. Den zweiten Hauptpfeiler der Mieterschutzbestimmungen stellt der *Kündigungsschutz*

---

[64] Es herrschte keine Wohnungsnot im Sinne eines Wohnungsmangels, da keine Warteschlange entstünde. Wohl könnte aber Mietzinsnot herrschen, wenn sich ärmere Haushalte die höheren Mietzinse nicht mehr leisten können.

dar. Dieser interessiert hier allerdings nur am Rande (BFK 1991, 97-101). Die Bestimmungen über den missbräuchlichen Mietzins sind im Obligationenrecht genauer ausgeführt:

Art. 269 OR

Mietzinse sind missbräuchlich, wenn damit ein übersetzter Ertrag aus der Mietsache erzielt wird oder wenn sie auf einem offensichtlich übersetzten Kaufpreis beruhen.

Art. 269a OR

Mietzinse sind in der Regel nicht missbräuchlich, wenn sie insbesondere:

a.   im Rahmen der orts- oder quartierüblichen Mietzinse liegen;

b.   durch Kostensteigerungen des Vermieters begründet sind;

c.   bei neueren Bauten im Rahmen der kostendeckenden Brutto-Rendite liegen;

d.   lediglich dem Ausgleich einer Mietzinsverbilligung dienen, die zuvor durch Umlagerung marktüblicher Finanzierungskosten gewährt wurde, und in einem dem Mieter im voraus bekanntgegebenen Zahlungsplan festgelegt sind;

e.   lediglich die Teuerung auf dem risikotragenden Kapital ausgleichen;

f.   das Ausmass nicht überschreiten, das Vermieter- und Mieterverbände ... in deren Rahmenverträgen empfehlen.

Die erlaubten Mietzinserhöhungen sind somit eine *Mischung aus Marktelementen (a), Kostenelementen (b-e) und einem Verhandlungselement (f)*; als Kostensteigerungen gelten Erhöhungen der Hypothekarzinsen, von Gebühren, Objektsteuern, Baurechtszinsen, Versicherungsprämien und dergleichen sowie der Unterhaltskosten.

Welche längerfristigen Auswirkungen hat die geschilderte schweizerische Missbrauchsgesetzgebung? Grundsätzlich ist festzuhalten, dass die bisher durchgeführten empirischen Untersuchungen zu dieser Frage äusserst spärlich sind und kein abschliessendes Urteil über die Auswirkungen des BMM zulassen (RÄTZER 1987, 40). Es ist auch unklar, wie bedeutend der Einfluss des BMM auf die Mietpreisbildung effektiv ist, ob er überhaupt "greift". Von Verfechtern der Marktwirtschaft werden aber immer wieder folgende Auswirkungen postuliert (RÄTZER 1987, 34):

-   *Zu tiefe Mieten für bestehende Wohnungen:* Hauseigentümer mögen befürchten, dass rein marktmässige Erhöhungen der Mietzinse für Altbauwohnungen, die nicht auf Kostensteigerungen zurückzuführen sind, angefochten werden. Deshalb ist davon auszugehen, dass das geltende Mietrecht zu einer *Spaltung des Wohnungsmarktes* führt (MÜDESPACHER 1984, 40), da die Berücksichtigung von Kostenelementen bei der Mietzinsgestaltung zu einer Mietpreisdifferenzierung nach Erstellungszeitpunkt führt. Die Mietzinse sind umso teurer, je neuer eine Wohnung ist, da die Kosten von Altbauwohnungen in der Regel geringer sind als diejenigen von Neubauwohnungen (Anstieg der Boden- und Baukosten).

- *Zu hohe Mieten auf neuerstellten Wohnungen:* Hausbesitzer können eine Erosion der langfristigen Rentabilität dadurch zu verhindern suchen, dass sie die Anfangsmiete auf neuerstellten Wohnungen relativ hoch ansetzen (siehe Abb. 7-2). Zwar sind aufgrund der BMM-Bestimmung der Quartierüblichkeit auch diese anfechtbar, doch sind solche Mietzinse wegen der hohen Neubaukosten schwer anfechtbar, und es sind in der Regel keine bestehenden Mietverhältnisse betroffen[65].

Abb. 7-2: Mögliche Entwicklung der Miete einer Wohnung aufgrund der BMM-Bestimmungen im Vergleich zur Marktmiete

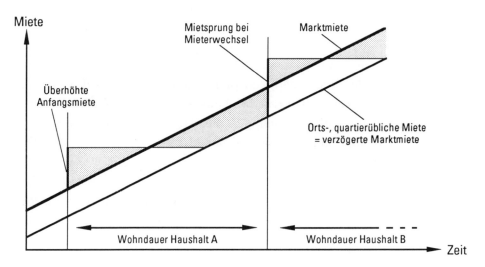

Quelle: nach EEKHOFF (1987, 62)

- *Reduktion der Leerwohnungsquote:* Tief gehaltene Mietzinse heizen die Nachfrage nach Wohnraum an. Die Leerwohnungsquote ist deshalb in einem kontrollierten Markt geringer als in einem freien.
- *Reduktion der Mieterwechselquote bei bestehenden Wohnungen:* Durch den Nachfrageüberhang wird den Vermietern ermöglicht, sorgfältig solche Bewerber auszuwählen, die Merkmale aufweisen,

---

[65] Eine Anfangsmiete unter den Kosten zu Beginn der Lebensdauer der Wohnung beim System der Marktmiete bedingt, dass zu Beginn Eigenkapital eingeschossen wird. Dazu werden nur sehr kapitalkräftige Liegenschaftenbesitzer, z.B. Liegenschaftenverwaltungen mit einer grossen Anzahl Wohnungen, in der Lage sein.

die auf eine geringe Neigung zu Wohnungswechseln und eine geringe Abnützung schliessen lassen. Dies ist aus Sicht der Vermieter allerdings ein positiver Faktor, da Mieterwechsel mit erheblichen Kosten verbunden sein können.

- *Schlechtere Ausnützung (Unterbelegung) der Altwohnungen:* Wegen der zu tiefen Mietzinse für Altwohnungen werden diese schlechter ausgenützt. Insbesondere im Lebenszyklus kann es sich für ältere Leute in grossen Altbauwohnungen nicht lohnen, in eine kleinere, aber teurere Neubauwohnung umzuziehen, nachdem die Kinder den Haushalt verlassen haben.

- *Erhöhte Schwierigkeiten bei der Wohnungssuche für Mieter mit ungünstigen Merkmalen:* Bei Wohnungsnot können die Vermieter Diskriminierungen vornehmen, z.B. nach Nationalität, Hautfarbe oder anderen Merkmalen (z.B. Hund, Schlagzeug, Kinder vorhanden oder nicht). Es ist davon auszugehen, dass von solchen Diskriminierungen eher sozial Schwache betroffen sind. Betroffen wären auch alle Neuzugänger zum Wohnungsmarkt, z.B. Junge oder räumlich Mobile.

- *Reduktion der Neubautätigkeit wegen der höheren Anfangsmieten:* Die höheren Anfangsmieten reduzieren die Nachfrage, was zu einer Reduktion der Neubautätigkeit führen könnte. Dieser Effekt wird allerdings teilweise dadurch kompensiert, dass durch die zu tiefen Mietzinse für Altbauwohnungen die Altbausubstanz ineffizient genutzt wird und dadurch ein Teil der Mieter vom Alt- auf den Neuwohnungsmarkt verdrängt wird.

- *Reduktion der Unterhaltsaufwendungen, rascherer Qualitätsabbau:* Auf eine durch die Mietzinskontrolle verursachte Reduktion der Rendite können die Hauseigentümer durch einen Abbau der Unterhaltsaufwendungen reagieren, d.h. dass die Qualität der Wohnungen dem "zu tiefen" Mietpreis angenähert wird. Dadurch findet ein Qualitätsabbau des Wohnungsbestandes statt.

- *Kürzere Lebensdauer der Gebäude:* Langfristig führen die zu geringen Unterhaltsaufwendungen allerdings dazu, dass im Durchschnitt die Lebensdauer der Miethäuser sinkt.

- *Zunahme der Häufigkeit von Totalrenovationen und Abbrüchen:* Die geringere Lebensdauer der Häuser macht früher eine Totalrenovation oder einen Abbruch, kombiniert mit einem Neubau, nötig. Nach einer solchen Erneuerung ist es in der Regel möglich, den Mietpreis auf ein wesentlich höheres Niveau anzuheben.

- *Grössere Immobilität der Mieter:* Wegen der systematischen Benachteiligung der Neuzugänger zum Wohnungsmarkt werden diejenigen bestraft, die z.B. aus beruflichen Gründen mobil sein müssen. Wenn jemand in einer billigen, mietzinskontrollierten Wohnung in der Stadt A wohnt und ein an sich attraktives Arbeitsangebot in der Stadt B erhält, wozu er aber seine günstige Wohnung aufgeben müsste, wird er sich das zweimal überlegen. Dies zieht insgesamt erhebliche volkswirtschaftliche Kosten nach sich.

Was die Forderung nach Liberalisierung des Wohnungsmarktes und einem Übergang zu einem System der reinen Marktmiete betrifft, ist unbestritten, dass dieser Übergang wegen der enormen Anpassungskosten nur sehr behutsam vor sich gehen dürfte. Klar ist, dass *flankierende verteilungspolitische Massnahmen notwendig* wären (insbesondere *Wohngeld* zugunsten wirtschaftlich schwächerer Haushalte), möglicherweise in einem beträchtlichen Ausmass (siehe auch Abschnitt 7.1.3.). Zudem ist zu befürchten, dass bei einer Ausgangslage mit sehr tiefer Leerwohnungsquote zuerst ein rasanter genereller Mietpreisanstieg (d.h. nicht nur bei Altwohnungen) einsetzen würde. Deshalb müsste eine Liberalisierung des Mietpreisregimes mit einer umfassenden Liberalisierung auf der Angebotsseite, bzw. einer Angebotsausdehnung (Verminderung bauverteuernder Vorschriften, Verbot kartellistischer Absprachen und von Marktzutrittsbeschränkungen im Baugewerbe, Wohnbauförderung und dergleichen) gekoppelt werden (MV 1992, 7).

7.1.2. Fiskalische Massnahmen

Neben Eingriffen in den Preismechanismus wird die Verteilung der Grundrente auch mit fiskalischen Massnahmen zu beeinflussen versucht, d.h. durch diverse Formen der Grundrentenbesteuerung[66]. Der Ausdruck "Grundrentenbesteuerung" beinhaltet, dass die periodisch anfallende Grundrente besteuert oder im Extremfall weggesteuert wird[67]. Zu einer solchen Besteuerung im Sinne einer Einkommensteuer gibt es allerdings verschiedene Alternativen. Die schweizerischen Steuern im allgemeinen und die bodenrelevanten Steuern im besonderen sind wegen der ausgeprägten Kantons- und Gemeindeautonomie sehr uneinheitlich. Es ist deshalb

---

[66] Dabei ist nicht zu vergessen, dass verschiedene fiskalische Massnahmen auch anderen als verteilungspolitischen Zwecken dienen können (siehe z.B. die Baulandsteuer in Abschnitt 6.1.3.).

[67] Es gilt zu beachten, dass sich bei der Grundrentenbesteuerung namentlich im Bereich der städtischen Bodennutzungen Abgrenzungsprobleme zum Kapitalanteil (z.B. die auf einem Grundstück errichteten Gebäude) ergeben. Soll bei der Grundrentenbesteuerung nur der Landanteil besteuert werden, so stellt dies einige Anforderungen bezüglich der Bewertungsverfahren. Dies ist aber machbar, wie das Beispiel Dänemark zeigt, wo für die Grundrentenbesteuerung sämtlicher Grundbesitz getrennt nach Kapital- und Landanteil erfasst wird (MÜLLER / MORCH-LASSEN 1989).

schwierig, eine einigermassen sinnvolle und übersichtliche Systematik zu finden. Hier wird jene von MEIER / FURRER (1988, 25-36) verwendet, die folgende Typisierung vornehmen:

- *Steuern auf der Nutzung bzw. den Erträgen von Boden*: Die Nutzung des Bodens führt in aller Regel zu einem Vermögensertrag; im schweizerischen Steuerrecht gilt, dass Einkommen aus Vermögenswerten der allgemeinen Einkommenssteuer bzw. der Gewinnsteuer unterliegen.
- *Steuern auf dem Eigentum von Boden* (z.B. Liegenschaften- oder Grundsteuer, allgemeine Vermögenssteuer, Kapitalsteuer, Bodenwertzuwachssteuer): Hier wird versucht, der Grundrente über die Besteuerung des Grundstückswertes habhaft zu werden, sei es durch die ordentliche periodische, auch auf Grundstücke anwendbare Vermögenssteuer, sei es durch spezielle Steuern mit eigenen Steuersätzen, wie z.B. die Bodenwertzuwachssteuer.
- *Steuern auf der Transaktion von Boden* (z.B. Grundstückgewinnsteuer, Handänderungssteuer, Erbschafts- und Schenkungssteuer): Hier wird die Grundrente bei Bodentransaktionen teilweise abgeschöpft, also nur dann, wenn ein Grundstück die Hand ändert.

Diesbezügliche Vorschläge sind nicht neu. Zur Verdeutlichung der historischen Dimension der Grundrentenbesteuerung sollen zunächst drei Vorschläge aus früherer Zeit angeführt werden: diejenigen des spätklassischen englischen Ökonomen John Stuart MILL (1806-1873), des Amerikaners Henry GEORGE (1839-1897) sowie des deutschen Bodenreformers Adolf DAMASCHKE (1865-1935) (nach KALLENBERGER 1979, 53-64).

John Stuart MILLs Bodenreformideen basieren einerseits auf der Politischen Ökonomie der Klassiker, andererseits auf seiner sozial-liberalen Vorstellung, wonach die *Produktion* der Güter nach den Grundsätzen einer *marktwirtschaftlichen Ordnung*, die *Verteilung* jedoch nach *sozialen Gerechtigkeitsprinzipien* zu erfolgen habe. MILL war wie die klassischen Ökonomen Adam SMITH und David RICARDO ein grundsätzlicher Befürworter von Privateigentum an Produktionsmitteln. Er relativierte diesen Standpunkt aus seinen Gerechtigkeitsüberlegungen aber schon früh und wurde später zu einem theoretischen Bekenner des gesellschaftlichen Grundeigentums, bzw. der staatlichen Abschöpfung des arbeitslos anfallenden Bodenwertzuwachses. MILL war der Auffassung, dass das Privateigentum in der Realität anders als in abstrakten Idealvorstellungen wirke, da es nicht das Ergebnis eigener Leistung sei, sondern das Resultat von Eroberung und Gewalt oder Überrest aus feudalen Gesellschaftsverhältnissen. MILL lehnte deshalb das private Bodeneigentum bzw. die arbeitslose Aneignung der Erträge ab, wobei er das Nutzungsrecht im Privateigentum belassen wollte. Durch die private Bebauung und Bearbeitung des Landes werde allen gedient. Der Anreiz zur Bebauung sei so am grössten, und es würden so genügend Nahrungsmittel erzeugt. Es solle also kein absolutes privates Verfügungsrecht über den Boden bestehen, es sei den Nutzern lediglich ein privates Nutzungsrecht zuzubilligen. 1870 gründete MILL mit Gesinnungsgenossen die Landreformbewegung Land Tenure Reform Association (LTRA), die in ihrem Bodenreformprogramm die wichtigsten Ideen MILLs übernahm. In den konkreten politischen Forderungen konnte sich die LTRA aber nicht zur Enteignung privaten Grundeigentums durchringen, sondern beschränkte sich auf die Forderung nach einer blossen *Besteuerung des Bodenwertzuwachses*. Praktisch sollte diese Wertzuwachssteuer so verwirklicht werden, dass sofort nach Inkrafttreten der postulierten Bodenreform die Grundstückswerte eingeschätzt würden. Dieser Bodenwert bliebe unbesteuert, da es nach MILL zu kompliziert wäre, zwischen dem tatsächlich arbeitslosen Teil der Grundrente (der "reinen" Grundrente) und dem auf eigener Arbeit beruhenden Teil der Grundrente (Bodenverbesserungen) zu unterscheiden. Nach Ablauf einer bestimmten Periode, z.B. nach 10 Jahren, sollte eine neue Bodenschätzung stattfinden. Der dann feststellbare Wertzuwachs müsste dem Staat abgetreten werden, wobei die Grundeigentümer ihre nachweisbaren Kapital- und Arbeitsinvestitionen sowie einen der Geldentwertung entsprechenden Betrag abziehen dürften.

Henry GEORGE, der Begründer der "Einsteuerbewegung" (Single Tax Movement), formte seine bodenpolitischen Überzeugungen aufgrund seiner Beobachtungen des Bodenmarktes im amerikanischen Mittleren Westen während der grossen Einwanderungsschübe im letzten Jahrhundert. In den letzten Jahren des 19. Jahrhunderts gab es in den Vereinigten Staaten noch eine westliche "Grenze" bzw. "Frontier". Als die europäischen Einwanderer ins Land strömten, standen für die Böden mehr und mehr Arbeitskräfte zur Verfügung. Dadurch erhöhte sich die Produktivität der Böden. Vor allem aber stieg wegen des Wettbewerbs der Bodennachfrager die Grundrente. Nicht nur fruchtbare Ackerböden, sondern auch günstig gelegene Grundstücke an Verkehrsknotenpunkten und in Städten erzielten zunehmende Grund- und Lagerenten. GEORGE zog die Rechtfertigung dieser unverdienten Gewinne in Zweifel, die denjenigen zufielen, die rechtzeitig Land erworben hatten. Er war der Ansicht, dass die Grundrente einen Überschuss darstellt, den man, ohne davon eine Beeinträchtigung der Produktionsanreize befürchten zu müssen, stark besteuern könne. Er wollte sämtliche Grundrenteneinkommen wegsteuern, und er stellte sich vor, dass die Grundrentenbesteuerung zur Finanzierung sämtlicher Staatsausgaben ausreichen würde und die auf Arbeit und Kapital erhobenen Steuern abgeschafft werden könnten, wodurch eine gerechtere Gesellschaft geschaffen werden könnte. Seine bodenmarktlichen Überlegungen können anhand von Abb. 7-3 erläutert werden.

Abb. 7-3: Grundrentenbesteuerung bei völlig unelastischem Bodenangebot

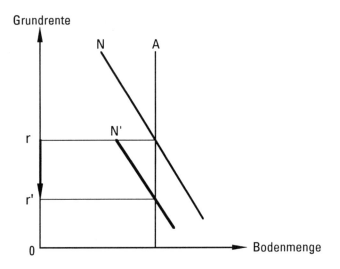

Quelle: SAMUELSON / NORDHAUS (1985, 605)

GEORGE ging - wie die Klassiker der Nationalökonomie - davon aus, dass das Bodenangebot vollkommen unelastisch sei. Im Zusammenspiel mit der Nachfrage ergibt sich eine bestimmte Gleichgewichtsgrundrente *r*. Es sei nun angenommen, dass alle Grundrenten mit einer Steuer von 50 Prozent belastet werden. Die Gesamtnachfrage nach Boden wird durch die Steuer nicht verschoben. Die Pächter sind nach wie vor bereit, den gleichen Betrag für die Bodenbenützung zu entrichten. Die Grundrentensteuer hat also keinen Einfluss auf den Gleichgewichtspachtsatz, er bleibt bei *r*. Das Bodenangebot ist wegen der getroffenen Starrheitsannahme bei einer Besteuerung der Grundrente ebenfalls unverändert. Die Steuer vermindert jedoch die Grundrente der Bodenbesitzer, sie geht auf *r'* zurück. Für Grundeigentümer bewirkt die Grundrentenbesteuerung dasselbe, wie wenn sich die Nachfragekurve von *N* auf *N'* verschoben hätte. Bei einem völlig unelastischen Angebot kann also nach der Auffassung von Henry GEORGE die gesamte Steuerlast den Bodeneigentümern aufgebürdet werden (SAMUELSON / NORDHAUS 1985, 604-606).

Die entscheidende empirische Frage lautet natürlich, ob das Bodenangebot wirklich vollkommen unelastisch ist und ob die Steuerlast wirklich nicht auf die Bodennutzer überwälzt werden kann (siehe dazu weiter unten die Diskussion der Grundstückgewinnsteuer). Mit seinen Ideen verfügte GEORGE um die Jahrhundertwende über eine erhebliche Anhängerschaft. Dennoch drang er mit seinen Ideen nicht durch; eine eigentliche Grundrentenbesteuerung konnte er also nicht bewirken. Der starke Einfluss der Einsteuerbewegung hat aber doch dazu beigetragen, dass im heutigen amerikanischen Steuersystem der "Property Tax", einer Vermögenswertbesteuerung von Grundeigentum, bei der Finanzierung der lokalen öffentlichen Dienstleistungen eine zentrale Stellung zukam und immer noch zukommt.

Im deutschen Sprachraum wurde solches Gedankengut auch vertreten, wobei insbesondere Adolf DAMASCHKE zu erwähnen ist. Ein Jahr nach dem Tode von GEORGE wurde 1898 der 33-jährige Lehrer DAMASCHKE Vorsitzender des "Bundes Deutscher Bodenreformer" (BDB), der weitgehend die Ideen der Bodenreformer MILL und GEORGE vertrat. Im Gegensatz zu radikaleren Bodenreformern plädierte DAMASCHKE für eine gemässigte, schrittweise Vorgehensweise. Die reformistische Haltung mag zur grossen Verbreitung seiner drei Hauptwerke "Aufgaben der Gemeindepolitik", "Die Bodenreform" und "Geschichte der Nationalökonomie" beigetragen haben. DAMASCHKEs Ideen wurden im Programm des BDB von 1898 erstmals etwas konkreter ausformuliert, das unter anderem die folgenden zentralen Forderungen enthielt (DAMASCHKE 1902, 61):

- Erhaltung und planmässige Erweiterung des Gemeinde-Grundeigentums,
- Besteuerung des unbebauten städtischen Bodens nach dem Wert, der durch Selbsteinschätzung des Eigentümers zu bestimmen ist; Enteignungsrecht der Gemeinden zu dem durch Selbsteinschätzung bestimmten Wert,
- Abschöpfung von Wertzuwächsen, die auf Verbesserungsmassnahmen der öffentlichen Hand, insbesondere Infrastrukturbauten, zurückzuführen sind,
- Vorkaufsrecht der öffentlichen Hand bei ländlichen Zwangsverkäufen,
- Unterstützung von solchen Baugenossenschaften, die am gemeinschaftlichen Eigentum festhalten, z.B. durch pachtweise Überlassung von Gemeinde-Grundeigentum.

DAMASCHKEs Bodenreformkonzept verzichtete also auf radikale Forderungen, wie die Enteignung des privaten Grundeigentums und die vollständige Abschöpfung der privaten Grundrente, und suchte einen parlamentarischen Weg der schrittweisen Reform. Hauptziele des BDB blieben die Schaffung einer Steuer auf dem arbeitslosen Renteneinkommen und die Verwirklichung einer Bodenwertzuwachssteuer analog zum Vorschlag von MILL. Die meisten Forderungen von DAMASCHKE sind noch nicht erfüllt, werden aber immer wieder neu gestellt (z.B. Erweiterung des Gemeindegrundeigentums, Planungsmehrwertabschöpfung).

Nach diesem historischen Überblick sollen nun zwei Steuern dargelegt werden, die in der gegenwärtigen schweizerischen bodenpolitischen Diskussion besonders bedeutsam sind: die tatsächlich in Kraft befindliche Grundstückgewinnsteuer und die immer wieder geforderte Planungsmehrwertabschöpfung.

Grundstückgewinnsteuer

Hierbei handelt es sich um eine Steuer auf Transaktionen von Boden. Sämtliche Schweizer Kantone kennen eine Besteuerung der Grundstückgewinne, wobei nur realisierte Gewinne (d.h. Gewinne, die beim Verkauf eines Vermögensobjektes anfallen), nicht aber rein buchmässige Wertzuwächse[68] besteuert werden. Die *Steuerhoheit* liegt in der Regel bei den Kantonen, und den Gemeinden kommt ein Anteil am Ertrag zu. Das *Steuerobjekt* ist der Gewinn beim Verkauf von Grundstücken; dieser Gewinn ist grundsätzlich Bestandteil des Einkommens. Ob er der allgemeinen Einkommenssteuer oder einer Sondersteuer unterliegt, ist je nach Kanton und nach weiteren Kriterien (z.B. Rechtspersönlichkeit des Veräusserers, Geschäfts- oder Privatgrundstück) unterschiedlich (MEIER / FURRER 1988, 25f. und 55f.; INFORMATIONSSTELLE 1989). Beim *Steuermass* kennt man drei verschiedene Ausgestaltungen:
- *Progressive* Steuer auf dem *Gewinn* mit *Zuschlag* für kurze und *Ermässigung* für lange *Besitzdauer*: dies ist der am häufigsten anzutreffende Fall, er wird in 16 Kantonen angewendet (z.B. auch im Kanton Zürich). Je höher der Gewinn ist, desto höher ist auch die Steuerprogression. Steuermass, Zuschläge und Ermässigungen sind allerdings sehr unterschiedlich.
- *Progressive* Steuer auf *Gewinn* ohne Zuschlag für kurze oder Ermässigung für lange Besitzdauer (dieses System findet z.B. in den Kantonen Basel-Stadt, St.Gallen und Waadt Anwendung).

---

[68] Diese wären der Gegenstand der oben erwähnten Bodenwertzuwachssteuer (siehe dazu EEKHOFF 1987, 229-232).

- *Degressive* Steuer nach der *Besitzdauer*: Hierbei ist nicht die Höhe des Gewinnes, sondern die Besitzdauer der entscheidende Faktor der Steuerprogression (z.B. Kantone Aargau und Genf).

Die Grundstückgewinnsteuer soll unverdiente Gewinne abschöpfen. Die Gewinne, die sich aus dem Bodenverkauf ergeben, werden deshalb als unverdient angesehen, weil sie meistens nicht durch besondere Leistungen des Bodeneigentümers entstehen[69], sondern durch die Leistungen der öffentlichen Hand (Einzonung, Infrastrukturbauten wie z.B. Strassen, Ver- und Entsorgung) bzw. der Nachbarn und durch besondere Marktkonstellationen. Es ist aber darauf hinzuweisen, dass die Grundstückgewinnsteuer nicht nur mit verteilungspolitischen und ethischen Argumenten gerechtfertigt wird. Von der Grundstückgewinnsteuer erhofft man sich auch eine Eindämmung der Bodenspekulation, eine Mobilisierung des Grundstückmarktes und eine Stabilisierung der Bodenpreise.

Was die *Wirkungen* der Grundstückgewinnsteuer betrifft, so ist insbesondere auf den Vorwurf einzutreten, sie beeinträchtige die Funktionsfähigkeit des Bodenmarktes. Einerseits *schränke* sie die räumliche *Mobilität* von Wirtschaftssubjekten *ein*, weil sie bei der Veräusserung von Wohneigentum hohe Steuern abliefern müssen, die ihnen dann für den Kauf eines mit grosser Sicherheit teureren Ersatzobjektes fehlten (KLEINEWEFERS 1989b). Dieser Vorwurf (Beschränkung der Mobilität) ist zweifelsohne berechtigt. Eine Lösungsmöglichkeit könnte hier sein, dass von der Grundstückgewinnsteuer befreit wird, wer selbstgenutztes Wohneigentum verkauft, um andernorts ein Ersatzobjekt zur Selbstnutzung zu erwerben. Diese Regelung besteht auch bereits in einigen Kantonen in bezug auf innerkantonale Wohnortswechsel.

Als zweiter Vorwurf gegenüber der Grundstückgewinnsteuer wird vorgebracht, dass die Bodenbesitzer ihren Boden eher zurückhalten, dass sich also das *Angebot verenge*. Potentielle *Anbieter*, die den Boden bereits *selber nutzen*, werden wohl ihr Angebot tendenziell zurückhalten, da durch die Grundstückgewinnsteuer die Gewinnaussichten vermindert werden (MEIER / FURRER 1988, 62-63). Allerdings dürfte ihre Verkaufsbereitschaft auch ohne Steuer eher gering sein, da sie eine hohe Präferenz für Selbstnutzung des Bodens haben. Zudem besitzen sie das Grundstück in der Regel während längerer Zeit und werden deshalb aufgrund des degressiven Steuerverlaufs mit einer weniger hohen Steuer belastet. Der Saldo der Auswirkungen der Grundstückgewinnsteuer auf selbstnutzende Grundeigentümer ist also schwer zu bestimmen. Was die Kategorie der *Anleger* betrifft,

---

[69] Investitionen, die der Veräusserer während der Besitzdauer tätigte, können bei der Grundstückgewinnberechnung geltend gemacht werden und unterliegen nicht der Grundstückgewinnsteuer.

so ist zu vermuten, dass die Grundstückgewinnsteuer deren Verkaufsbereitschaft verringert, was zu einer Immobilisierung des Bodenmarktes und zu einer Erschwerung der Wanderung zum besten Nutzer beiträgt. Die degressive Ausgestaltung ist ein weiterer Grund für die Einschränkung des Angebots. Allerdings ist anzunehmen, dass es sich bei Erwartung von hohen zukünftigen Bodenpreissteigerungen unabhängig von der Steuer lohnt, mit dem Verkauf des Bodens zuzuwarten[70]. Um das Problem der Angebotsverengung zu vermeiden, wäre eine kontinuierliche Besteuerung der Grundrente oder des Bodenwertes (z.B. mittels der erwähnten Bodenwertzuwachssteuer) anstelle der Besteuerung des Grundstückgewinns bei dessen Realisierung zweckmässiger (vgl. die Ausführungen zur Baulandsteuer in Abschnitt 6.1.3. und zur Planungsmehrwertabschöpfung weiter unten in diesem Abschnitt).

Ein weiterer Kritikpunkt gegenüber der Grundstückgewinnsteuer betrifft die *Überwälzung auf die Nachfrager*, dass die Last also gar nicht von der eigentlich beabsichtigten Gruppe der Grundeigentümer getragen werde. Zur Verdeutlichung dieses allfälligen Überwälzungsvorganges soll ein Modell von MEIER / FURRER (1988, 95-62) übernommen werden (siehe Abb. 7-4). Zuerst ist dabei auf einige Besonderheiten des Grundstückgewinns einzugehen. Die Herstellung von Boden verursacht - von den Erschliessungskosten abgesehen - keine Kosten. Der Erlös ergibt sich also nicht aus der Differenz zwischen Umsatz und Produktionskosten. Der Grundstückgewinn entspricht nicht einem Produktionsgewinn, sondern entsteht lediglich aufgrund der Marktkonstellation und ohne eigene Leistung ("windfall profit").

Ausgangspunkt für die Nachfragekurve ist das Wertgrenzprodukt sowie die erwarteten Erträge aus dem Boden als Anlageobjekt; dabei spielen auch nicht-monetäre Faktoren eine Rolle (z.B. das Sicherheitsargument). Es ist anzunehmen, dass die *Nachfrage* nach Boden relativ *preisunelastisch* ist, insbesondere wegen der Attraktivität und Wertbeständigkeit des Bodens als Anlageobjekt. In bezug auf die Bodenangebotskurve wird von einem *preiselastischen Bodenangebot* ausgegangen (zur Begründung siehe Abschnitt 4.2.1.). Da das Bodenangebot nicht durch Kostenüberlegungen bestimmt wird, wird eine spezielle Annahme über das Anbieterverhalten getroffen: Jeder Eigentümer hat eine bestimmte Gewinnvorstellung. Dabei orientiert er sich am Nettogewinn. Wird dieser Gewinn nicht erreicht, dann ist er nicht bereit, sein Grundstück zu verkaufen. Die Einführung

---

[70] Es ist zu ergänzen, dass sich das *Nachfrageverhalten* von Anlegern durch die Grundstückgewinnsteuer ändern kann, da dadurch die Attraktivität von Boden im Vergleich zu anderen Anlagekategorien beeinflusst wird. Ob die Nachfrage tatsächlich reduziert wird, hängt allerdings vom Grundstückgewinnsteuermass und den Bodenpreissteigerungen einerseits und der Rendite alternativer Anlageobjekte andererseits ab.

einer Grundstückgewinnsteuer bewirkt nun, dass der vom jeweiligen Anbieter geforderte Preis steigt, um den gleichen Nettogewinn zu sichern.

Was nun die Überwälzung der Steuer auf die Nachfrager betrifft, so hängt diese von der Preiselastizität des Angebots und der Nachfrage ab. Wenn man davon ausgeht, dass es sich beim Bodenmarkt um einen Verkäufermarkt handelt und die Marktmacht bei den Anbietern liegt, weil sie über ein besonders knappes Gut verfügen, kann erwartet werden, dass eine gewisse Überwälzung der Grundstückgewinnsteuer möglich ist. Diese Überwälzung ist in Abb. 7-4 graphisch dargestellt.

Abb. 7-4: Überwälzung einer Grundstückgewinnsteuer

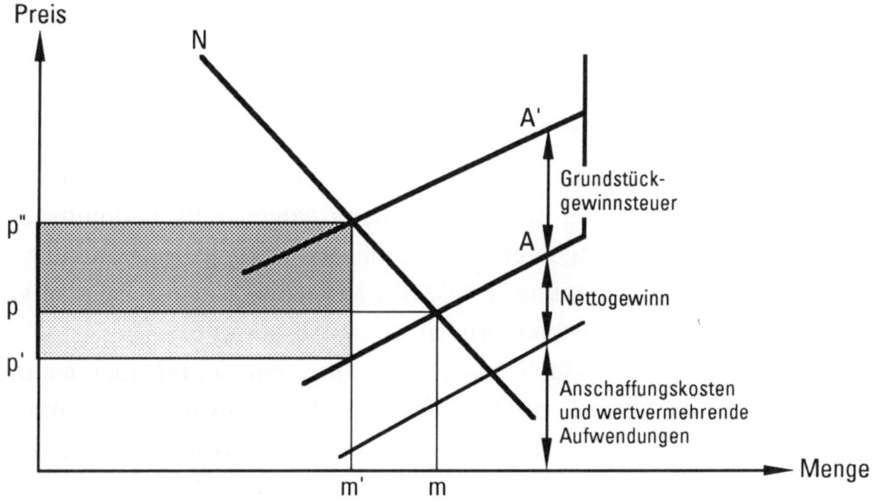

Quelle: MEIER / FURRER (1988, 61)

Ohne die Grundstückgewinnsteuer (Angebotskurve A) kommt der Bodenpreis auf p zu liegen. Wird dann eine Grundstückgewinnsteuer von z.B. 50% eingeführt, werden die Eigentümer zur Sicherstellung eines gleichbleibenden Nettoerlöses ihre Preisforderungen um den Steuerbetrag erhöhen (Angebotskurve A'). Die gehandelte Bodenmenge sinkt von m auf m', der Marktpreis für den Boden (Bruttopreis) steigt auf p'', während der effektiv den Grundeigentümern zufliessende Nettopreis auf p' sinkt. Die Anbieter tragen eine Last im Umfang der hell schraffierten, die Nachfrager im Umfang der dunkel schraffierten Fläche.

Abschliessend sei nochmals an die weiter oben geschilderte Grundrentenbesteuerungsidee von GEORGE erinnert. Er ging von einem vollkommen preisunelastischen, starren Bodenangebot aus. Nur aufgrund dieser Annahme konnte er zum Schluss kommen, dass die Grundeigentümer

171

die Last der Steuer alleine tragen würden und dass keine Mengenreaktion zu erwarten wäre. Sobald man - realistischerweise - diese Annahme lokkert, ist aber sowohl mit einer Preis- als auch mit einer Mengenreaktion zu rechnen.

Planungsmehrwertabschöpfung

Der Ausgleich von planungsbedingten Mehrwerten - im folgenden der Einfachheit halber als "Mehrwertabschöpfung" bezeichnet - ist eine seit Jahrzehnten heiss umstrittene Massnahme, die bisher nur ansatzweise in die Realität umgesetzt werden konnte. Mit der Mehrwertabschöpfung sollen die Bodenwertsteigerungen, die den Grundeigentümern aufgrund von Leistungen der öffentlichen Hand zufliessen, abgeschöpft werden. Rein marktmässige und konjunkturbedingte oder durch Aufwendungen des Grundeigentümers bewirkte Mehrwerte sollen dabei nicht erfasst werden. Drei Zwecke stehen im Vordergrund (EJPD 1991, 296):

- Herstellung von Gerechtigkeit in der Verteilung der Grundrente,
- finanzielle Entlastung der Raumplanung wegen Entschädigungszahlungen für Auszonungen und massgebliche Nutzungsbeschränkungen,
- Verstärkung des Nutzungsdrucks (in ähnlicher Weise, wie man sich das von der Baulandsteuer erhofft; siehe Abschnitt 6.1.3.).

Den verschiedenen Planungs- und Planungsrealisierungsmassnahmen entsprechend kann dieses Instrument folgende Planungsmehrwerte umfassen (WIRTH 1972, 229): Einzonungsmehrwerte, Umzonungsmehrwerte, Aufzonungsmehrwerte, Erschliessungsmehrwerte, Verkehrslagemehrwerte und Ausstattungsmehrwerte. Diese Mehrwerte können graphisch verdeutlicht werden (siehe Abb. 7-5). Als Objekte einer Mehrwertabgabe können grundsätzlich in Frage kommen: lediglich Zonierungsmehrwerte (Ein-, Um-, oder Aufzonungsmehrwert), Zonierungsmehrwerte *und* der Erschliessungsmehrwert, oder Zonierungsmehrwerte, Erschliessungsmehrwert *und* der Mehrwert infolge Ausstattungsmassnahmen.

Abb. 7-5: Planungsmehrwerte

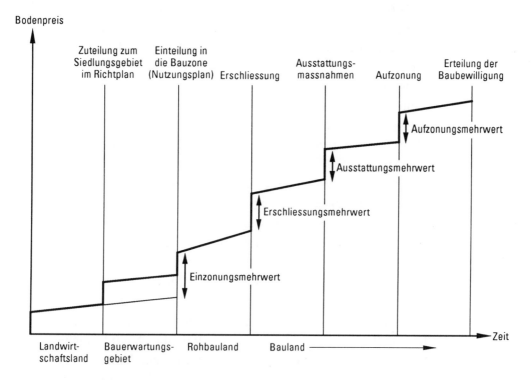

Quelle: nach WIRTH (1972, 229)

Erhebliche Probleme ergeben sich im Zusammenhang mit der Bezifferung der Mehrwertabgabe. Namentlich die Abgrenzung der planungsbedingten von den marktmässigen Mehrwerten ist sehr schwierig. Nach WIRTH (1972, 230) sollte insbesondere von der Erhebung einer Mehrwertabgabe auf Ausstattungsmassnahmen abgesehen werden, da eine kausale Verknüpfung von Grundstückswertsteigerungen mit einer Ausstattungsmassnahme und die Isolierung von anderen Einflüssen kaum möglich seien. Es stehen deshalb die *Zonierungs-* und *Erschliessungsmehrwerte* im Vordergrund. Was die Zonierungsmehrwerte betrifft, so wäre, wenn jetzt die Mehrwertabschöpfung eingeführt würde, wegen des fortgeschrittenen Standes der Raumplanung in der Schweiz (Richt-, Nutzungspläne weitgehend erstellt) und wegen der gegenwärtig viel zu grossen Bauzonen die Abschöpfung von Einzonungsmehrwerten nicht mehr so zentral. Von grösserer Bedeutung wären dagegen die Aufzonungsmehrwerte, wenn man z.B. an die Forderungen nach einer Lockerung der Ausnützungsziffer oder die anstehenden Umnutzungen alter, bislang extensiv genutzter innerstädtischer Industrieareale denkt (MUGGLI 1992, 5).

Als Zeitpunkte für die Einforderung der Mehrwertabgabe kommen theoretisch in Frage:

- Der Zeitpunkt unmittelbar nach Erlass des kantonalen oder kommunalen Richtplanes der Besiedlung oder nach Erlass des unmittelbar verbindlichen Nutzungsplanes (dieser Zeitpunkt ist aber wie oben erwähnt nicht mehr so zentral),
- Der Zeitpunkt unmittelbar nach Erstellung der Baureife des von der Nutzungsplanung begünstigten Grundstückes,
- Der Zeitpunkt der Erteilung einer Baubewilligung für das betreffende Grundstück,
- Der Zeitpunkt der Vollendung der Überbauung oder der Veräusserung des Grundstückes.

Es stellt sich insbesondere die Frage, ob die Fälligkeit bereits an die *Realisierbarkeit* oder erst an die *Realisierung* des Mehrwertes angeknüpft werden sollte. Naheliegend erscheint auf den ersten Blick die Anknüpfung einer Mehrwertabgabe an die tatsächliche Realisierung des Mehrwertes anlässlich der Veräusserung des Grundstückes oder der selbständigen Nutzung. Gegen eine solche Regelung ist jedoch einzuwenden, dass das Problem der Baulandhortung verschärft würde (vgl. die Ausführungen zur Grundstückgewinnsteuer). Es bestünde der Anreiz, zur Vermeidung der Mehrwertabgabe die Grundstücke sowohl vom Markt als auch von der planerisch vorgesehenen Ausnützung zurückzuhalten. Gegen die Mehrwertabgabe aufgrund blosser Realisierbarkeit spricht, dass finanzschwächere Grundeigentümer zur Aufgabe ihres Grundeigentums gezwungen werden könnten. Es sollte daher nach einer Mittellösung gesucht werden, z.B. Fälligkeit als *Kapitalbetrag* bei Realisierung, der jedoch vom Beginn der Realisierbarkeit des Mehrwertes an beispielsweise halbjährlich zu *verzinsen* wäre (WIRTH 1972, 246).

Die Mehrwertabgabe verfügt über eine lange Leidensgeschichte, denn sie wurde immer wieder gefordert, scheiterte aber meist am Widerstand davon betroffener Kreise. Es sei daran erinnert, dass in der *ersten Auflage* des *Bundesgesetzes über die Raumplanung* vom 4. Oktober 1974, welche in der Volksabstimmung vom 13. Juni 1976 - knapp - *verworfen* wurde, in Art. 37 eine eidgenössische Mehrwertabgabe vorgesehen war:

Art. 37 (Mehrwertabschöpfung)

[1] Werden durch die Nutzungspläne oder sonstige planerische Vorkehren sowie durch deren Durchführung erhebliche Mehrwerte geschaffen, so sind sie durch Abgaben oder Landabtretungen von dem nach kantonalem Recht zuständigen Gemeinwesen auf den Zeitpunkt der Realisierung in angemessener Weise abzuschöpfen.

2 ... .

3 Der Ertrag der Abschöpfung ist für Raumplanungszwecke zu verwenden, ein Teil davon für einen gesamtschweizerischen volkswirtschaftlichen Ausgleich im Sinne von Artikel 45. ...71.

4 ... .

5 Der Bundesrat erlässt Richtlinien über die anwendbaren Kriterien und die Höhe der Abschöpfung.

Gemäss dem geltenden Raumplanungsgesetz vom 22. Juni 1979 (Art. 5, Abs. 1) gilt nur noch: "Das kantonale Recht regelt einen angemessenen Ausgleich für erhebliche Vor- und Nachteile, die durch Planungen nach diesem Gesetz entstehen." Dieser Rechtssetzungsauftrag ist bis heute nicht zufriedenstellend erfüllt worden (EJPD 1991, 296). Trotz der langen Zeitspanne seit dem Inkrafttreten des RPG haben nur gerade zwei Kantone spezifische Abschöpfungsinstrumente bzw. Ausgleichsmechanismen für planungsbedingte Mehrwerte eingeführt (LOCHER 1992, 11f.): die Kantone Basel-Stadt und Neuenburg. Die Ergänzung des *baselstädtischen* Hochbautengesetzes vom 16. Juni 1977 unterstellt die durch Planungsmassnahmen ausgelösten Mehrwerte einer Mehrwertabgabe. Im Kanton Basel-Stadt gelten als abgabepflichtige Planungsmassnahmen Zoneneinteilung, Erteilung von Ausnahmebewilligungen und Erhöhung der Ausnützungsziffer. Die Abgabe beträgt 40% des planungsbedingten Mehrwertes und ist fällig zum Zeitpunkt des Baubeginns. Das *neuenburgische* Gesetz vom 2. Oktober 1991 über die Raumplanung unterwirft die Einzonung eines Grundstückes in eine Bauzone oder in eine andere Nutzungszone einer Mehrwertabgabe von 20%; die Abgabe ist spätestens beim Verkauf des Grundstücks zu entrichten[72].

---

71 Dieser volkswirtschaftliche Ausgleich war für einzelne Wirtschaftssektoren (Art. 45, Abs. 1), Regionen (Abs. 2) sowie Gemeinwesen und Bewirtschafter (Abs. 3) vorgesehen, die wirtschaftliche Nachteile aufgrund von raumplanerischen Massnahmen erlitten:
Art. 45 (Volkswirtschaftlicher Ausgleich und Abgeltung)
1 Der Bund regelt durch Spezialgesetz einen volkswirtschaftlichen Ausgleich zugunsten der Land- und Forstwirtschaft als Abgeltung für die Auflagen und Leistungen im Interesse der Raumplanung.
2 In gleicher Weise ist ein Ausgleich zugunsten von Gebieten vorzunehmen, die durch Massnahmen der Raumplanung in ihrer Entwicklung eingeschränkt werden und nicht bereits einen genügenden wirtschaftlichen Entwicklungsgrad aufweisen.
3 An Gemeinwesen und Bewirtschafter, deren Gebiete oder Grundstücke für Erholungs- und Schutzzwecke in unzumutbarer Weise beansprucht werden, kann der Bund Entschädigungen leisten. ... .
72 Nebst diesen "offensichtlichen Lösungen" gibt es in sämtlichen Kantonen auch noch verkappte Abschöpfungen von planungsbedingten Mehrwerten, und zwar im Rahmen der Besteuerung der Grundstückgewinne. Die Grundstückgewinnsteuern beziehen sich allerdings nicht nur auf planungsbedingte Mehrwerte, sondern auf sämtliche Mehrwerte. Bei einer landesweiten Einführung einer expliziten Planungsmehrwertabschöpfung müssten natürlich diese Mehrwerte im Rahmen der Grundstückgewinnsteuer abgezogen werden, so dass nicht mit massiven Mehreinnahmen zu rechnen wäre. "Einzuräumen ist freilich, dass diese Grundstückgewinnsteuern vielfach ... nicht zielkonform ausgestaltet sind" (LOCHER 1992, 14), so dass sich die Forderung nach einer Mehrwertabschöpfung weiterhin rechtfertigen lässt.

7.1.3. Finanzierungshilfen und Subventionen

Neben regulativen Eingriffen in den Preismechanismus oder fiskalischen Massnahmen kann der Staat auch mit Finanzierungshilfen und Subventionen Verteilungspolitik betreiben. Damit wird nicht mehr direkt die Grundrente umverteilt, sondern es werden mit allgemeinen Staatsmitteln unerwünschte Effekte des Bodenmarktes zu mildern versucht. Beispielsweise kann der Staat zinsgünstige Darlehen oder À-fonds-perdu-Beiträge an wohnungsmarktliche Investitionen gewähren (sog. *Objekthilfe*), damit die erforderlichen kostendeckenden Mieten tiefer zu liegen kommen (vgl. das bodenpolitische Ziel "Versorgung mit Wohnraum zu tragbaren Bedingungen"). Oder er kann direkt einkommensschwache Wirtschaftssubjekte, z.B. mittels des bereits in Abschnitt 7.1.1. erwähnten Wohngeldes, unterstützen, um diesen die Miete einer Wohnung auf dem freien Wohnungsmarkt zu ermöglichen (sog. *Subjekthilfe*).

Als ein für die Schweiz besonders wichtiges Beispiel ist das eidgenössische *Wohnbau- und Eigentumsförderungsgesetz (WEG) vom 4. Oktober 1974* zu erwähnen. Mit dem WEG möchte der Bund dazu beitragen, die gröbsten Mängel bei der Wohnungsversorgung zu überwinden und die Wohneigentumsbildung zu fördern. Das WEG bietet verschiedene Hilfen an; die wichtigsten davon können von allen Bauträgern beansprucht werden. Andere stehen ausdrücklich nur den gemeinnützigen Bauträgern zu. Mit dem WEG wird ein breites Spektrum wohnungspolitischer Anliegen und Aktivitäten für unterschiedlichste Bedürfnisse abgedeckt. Es enthält Förderungsmassnahmen im Bodenbereich und bietet Finanzierungs- und Verbilligungshilfen für den Bau und die Erneuerung von Miet- und Eigentumsobjekten. Es dient dem Erwerb von individuellem Wohneigentum oder der Erhaltung preisgünstiger Mietwohnungen. Es leistet spezielle Unterstützungen für die Erstellung von Wohnungen für Betagte, Behinderte und Jugendliche in Ausbildung. Es ermöglicht die Gewinnung von Wohnraum in leerstehenden Objekten, die Förderung von Hausgenossenschaften, von Mieterbeteiligungsmodellen und neuen Wohnformen. Neben einer Reihe anderer Massnahmen enthält es insbesondere die folgenden, im vorliegenden Zusammenhang wichtigen Massnahmen.

- *Bundesbürgschaften zur Erleichterung der Fremdfinanzierung:* Diese stehen sowohl privaten als auch gemeinnützigen Bauträgern zur Verfügung. Für private Ersteller von Mietwohnungen sowie für Ersteller oder Käufer von Eigentumsobjekten verbürgt der Bund Hypothekardarlehen bis zu 90% der Anlagekosten (Grundstücks- und Erstellungskosten) oder der Erwerbskosten (Kaufpreis).

- *Beiträge zur Mietzins- und Lastenverbilligung:* Diese stehen ebenfalls sowohl privaten als auch gemeinnützigen Bauträgern zur Verfügung. Es ist zwischen der Grundverbilligung, einer Objekthilfe, und der Zusatzverbilligung, einer mit der Objekthilfe gekoppelten Subjekthilfe, zu unterscheiden. Die Grundverbilligung, das Kernelement des WEG, stellt keine Subvention, sondern lediglich eine zeitliche Umschichtung der finanziellen Lasten dar. Im Rahmen der Grundverbilligung wird die anfänglich hohe Wohnkostenbelastung durch rückzahlbare Vorschüsse auf ein Niveau reduziert, das unter der an sich kostendeckenden Belastung (Zinsen und Schuldentilgung) liegt (siehe Abb. 7-6). Anschliessend steigt die Wohnkostenbelastung alle zwei Jahre um einen bestimmten Prozentsatz. Sobald die grundverbilligte Miete die effektiven Kosten übersteigt, beginnt die Rückzahlung der Vorschüsse, bis diese in der Regel innerhalb von 25 bis 30 Jahren zurückerstattet sind. Da die *Vorschüsse voll verzinslich* sind, gibt es für die Beanspruchung von Grundverbilligungen keine Einkommens- und Vermögenslimiten.

Abb. 7-6: Das Grundverbilligungssystem des Bundes

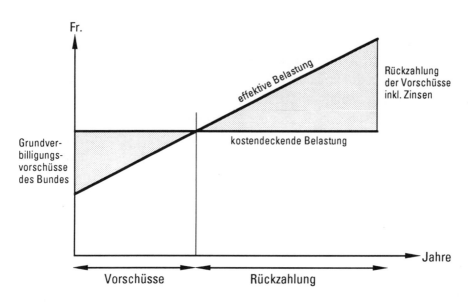

Quelle: BWO, 4

Zur weiteren Verbilligung kann der Bund Personen und Haushalten sogenannte *Zusatzverbilligungen* gewähren, sofern das Einkommen und das Vermögen die geltenden Limiten nicht übersteigen. Dabei handelt es sich um nicht rückzahlbare, jährliche Beiträge, die einem bestimmten Prozentsatz der Anlagekosten entsprechen. Es gibt zwei Stufen von Zusatzverbilligungen. Die Zusatzverbilligung I wird den berechtigten Haushalten während 11 Jahren ausgerichtet; die Zusatzverbilligung II ist doppelt so hoch und wird während 25 Jahren für Betagte, Invalide sowie Personen in Ausbildung gewährt.

Wie sind Finanzierungshilfen und Subventionen zu beurteilen? Hierbei ist zwischen Objekt- und Subjektförderung zu unterscheiden. Ganz grundsätzlich ist an die Möglichkeit zu denken, dass bei der *Objektförderung* ähnliche Probleme auftreten können, wie wenn der Staat regulierend in den Preismechanismus eingreift. Wenn z.B. der Staat mit Steuergeldern Liegenschaften aufkauft, um sie "der Spekulation zu entziehen", und sie dann untermarktpreisig vermietet, wird dadurch ein gespaltener Wohnungsmarkt wie nach dem System der Kostenmiete geschaffen. Meist bestehen dann Einkommens- und Vermögenslimiten für die Belegung solcher Wohnungen. Ein grosser Verwaltungs- und Kontrollaufwand ist nötig, um langfristig die kriteriengerechte Bewohnung sicherzustellen (Kündigung des Mietverhältnisses, wenn die Einkommens- und Vermögenslimiten überschritten werden).

Zumindest in der Theorie schneidet die *Subjekthilfe* weit besser ab. Kaum jemand bestreitet ernsthaft, dass ein Teil der Bevölkerung auf verteilungspolitische Hilfen angewiesen ist, um eine Wohnung zu finden, und die Subjekthilfe wird dazu als geeignet angesehen, weil damit ohne Verzerrung von Märkten direkt jenen Wirtschaftssubjekten geholfen werden kann, die Unterstützung benötigen (ATKINSON 1983, 256f.; vgl. auch die Diskussion der Agrarsubventionen in den Abschnitten 6.6.2. und 6.6.3.).

Bezüglich der eher negativen Bewertung der Objektförderung und namentlich im Zusammenhang mit der Neubautätigkeit gilt es allerdings zu bedenken, dass heute angesichts der hohen Boden- und Baukosten mit herkömmlichen, vor allem durch hohe Anfangsbelastungen gekennzeichneten Finanzierungsmodellen nur noch in einem unzureichenden Ausmass investiert würde, weil die erforderlichen kostendeckenden Anfangsmieten vom Markt kaum mehr geschluckt, d.h. auch von Leuten mit mittleren Einkommen nicht mehr getragen werden können. FREY (1990, 135ff.) stellt deshalb die Frage in den Raum, ob "Wohnen" zu einem meritorischen Gut[73] geworden sei. Hohe Neubaumieten können zwar gemäss der in Abschnitt

---

[73] Mit diesem Ausdruck bezeichnet die Wirtschaftstheorie Güter, die zwar in einem freien Markt angeboten werden, aber nicht im gesellschaftlich erwünschten Ausmass. Zur Erhöhung des Marktangebotes werden staatliche Markteingriffe als notwendig erachtet. Ein klassisches Lehrbuchbeispiel ist die Bildung, die auf privaten Märkten angeboten werden könnte (Privatschulen), im Hinblick auf eine lückenlose Versorgung aber schwergewichtig öffentlich bereitgestellt wird.

7.1.1. erwähnten These, dass in einem regulierten Wohnungsmarkt überhöhte und in einem freien Markt tiefere als kostendeckende Anfangsmieten eintreten würden, auch auf den Mieterschutz zurückgeführt werden. Dennoch sind sich weite Kreise einig, dass etwas gegen die hohe Anfangsbelastung, entstehend aus den notwendigen Zins- und Amortisationszahlungen, unternommen werden muss. In diesem Sinn kann das Grundverbilligungssystem des WEG, das ja keine eigentliche Subvention, sondern nur eine zeitliche Umlagerung darstellt, als sinnvolle Massnahme bezeichnet werden.

7.1.4. Zielkonformität und Zielkonflikte

Es wurde oben im Rahmen der Diskussion einzelner Massnahmen bereits jeweils auf einige damit verbundene Probleme hingewiesen. An dieser Stelle sollen nicht diese massnahmenspezifischen Erörterungen weitergeführt werden, sondern es sollen - wie schon in Kapitel 6 bei der Darlegung allokationspolitischer Handlungsoptionen - einige Bezüge eher grundsätzlicher Art zu den in Kapitel 5 vorgestellten bodenpolitischen Zielen der Schweiz gemacht werden.

Wie bereits aus der Diskussion einzelner Massnahmen hervorgegangen ist, gibt es bei verteilungspolitisch motivierten Grundrentenumverteilungen eine Reihe von Konflikten mit allokativen bodenpolitischen Zielen. Namentlich besteht ein Konflikt mit dem bodenpolitischen Ziel "Förderung der Funktionsfähigkeit des Bodenmarktes", da durch alle drei beschriebenen Handlungsoptionen Verzerrungen und Behinderungen des Bodenmarktes erzeugt werden können (z.B. Behinderung der Arbeitskräftemobilität durch Mieterschutz oder des Bodenmarktes durch die Grundstückgewinnsteuer). Ferner ist ein Zielkonflikt mit dem Ziel der haushälterischen Bodennutzung erkennbar. Inbesondere die Handlungsoption "Eingriffe in den Preismechanismus" behindert, wie anhand des Mieterschutzes gezeigt wurde, eine effiziente Wohnraumbewirtschaftung und Bodennutzung (schlechte Ausnützung der Altbausubstanz)[74].

Es ist auch nicht auszuschliessen, dass durch verteilungspolitisch motivierte Massnahmen den verteilungspolitischen Zielen langfristig geschadet wird. Wenn es zutrifft, dass Eingriffe in den Preismechanismus auf dem Wohnungsmarkt die Rendite von Investitionen verringern und die Investitionstätigkeit dadurch abgeschwächt wird, wird dem Ziel der Wohnbauförderung geschadet. Es sei auch an die Hypothese erinnert, dass die tief gehaltenen Altbaumieten das Ziel "Streuung des Grundeigentums" negativ be-

---

[74] Vgl. auch die Auswirkungen der Preisstützung in der Agrarpolitik (Abschnitt 6.6.2.).

einflussen, weil es sich so für die Konsumenten zu wenig lohne, in Wohneigentum zu investieren (vgl. Abschnitt 4.3.1.). Bei den fiskalischen Massnahmen ist unklar, ob die effektiv beabsichtigten Zielgruppen die Kosten tragen, oder ob nicht vielmehr die Konsumenten wegen möglicher Überwälzungen davon betroffen werden. Es drängt sich somit die Schlussfolgerung auf, dass die Verteilungspolitik zweckmässigerweise auf anderem Wege als durch Markteingriffe erfolgen sollte (Trennung von Allokations- und Verteilungspolitik; Subjekt- anstatt Objekthilfe; vgl. OKUN 1975).

7.2. Zum Problem der Bodenspekulation

Im Abschnitt 4.3. wurde auf Begriff, Wesen und die verschiedenen Sichtweisen der Bodenspekulation bereits ausführlich eingegangen. Die verschiedenen Sichtweisen der Bodenspekulation können natürlich auch ganz unterschiedliche Massnahmenvorschläge nach sich ziehen. Hier sollen die möglichen oder immer wieder vorgeschlagenen Massnahmen in drei Bereiche gegliedert werden: Ausdehnung des Bodenangebots, Verminderung der Bodennachfrage sowie spezifische, explizite "Antispekulationsmassnahmen" wie Preisvorschriften, Wiederveräusserungsverbot und dergleichen.

7.2.1. Ausdehnung des Bodenangebots

Unabhängig von der Sichtweise der Bodenspekulation (siehe Abschnitt 4.3.2.) wird jedermann darin einig gehen, dass die Bodenspekulation ganz wesentlich ein knappheitsbedingtes Phänomen ist. Wenn Knappheit aus einer spezifischen Angebots- und Nachfragekonstellation entsteht, so liegt es nahe, über die Vergrösserung des Bodenangebots dessen Knappheit etwas zu mildern. Nun wurde in Abschnitt 6.1.1. bei der Diskussion des Allokationsproblems "Nichtvermehrbarkeit des Bodens" gezeigt, dass der menschliche Lebensraum in der Schweiz praktisch nicht ausdehnbar ist. Wohl besteht aber die Möglichkeit, durch Umnutzung für bestimmte Bodennutzungsarten weiteren Raum zu schaffen. Es sind namentlich Vertreter der Bauwirtschaft, die eine Vergrösserung der Bauzonen und Massnahmen zur Mobilisierung von Bauland (z.B. mittels Baulandsteuer) und zur Nutzungsintensivierung innerhalb des besiedelten Gebietes verlangen. Dies könnte zweifellos einen dämpfenden Einfluss auf die Bodenpreise haben, birgt aber verschiedene Gefahren für die ökologischen und erhaltenden bodenpolitischen Ziele, worauf bereits in Abschnitt 6.1. hingewiesen wurde.

7.2.2. Verminderung der Bodennachfrage

Auf diese Handlungsoption sind wir ebenfalls bereits im Zusammenhang mit der Nichtvermehrbarkeit des Bodens eingegangen. Es wurde dort schon festgehalten, dass die grundlegenden Nachfragedeterminanten - Bevölkerungswachstum, Produktivitätszunahme, Einkommenswachstum - entweder der wirtschaftspolitischen Beeinflussung nicht zugänglich sind oder aus anderen als bodenpolitischen Gründen als wünschenswert erachtet werden. Nach SIEBER (1970, 63) gibt es aber doch gewisse Möglichkeiten auf der Nachfrageseite, die der Bekämpfung der Bodenspekulation dienen können. So blieben gewisse Massnahmen möglich gegen die zunehmende Konzentration der Bevölkerung und der Wirtschaftskraft in den grossen Städten, wo die Bodenknappheit besonders akut ist. Er erachtet hierfür eine *Dezentralisierungspolitik* für notwendig (Regional- und Raumordnungspolitik). Nachfragemildernd und damit in Richtung einer Dämpfung des Bodenpreisanstieges wirkten auch die *Aufhebung der künstlichen Tiefhaltung der* Altwohnungsmietpreise, welche zu einer übermässigen Neubautätigkeit - und damit Bodennachfrage - führe (siehe dazu die Diskussion des Mieterschutzes in Abschnitt 7.1.1.), sowie *Massnahmen gegen den ausländischen Bodenerwerb*, wobei letztere Massnahme, wie in Abschnitt 6.1.2. gezeigt, im Zusammenhang mit den europäischen Integrationsbestrebungen zunehmend problematisch wird. Als die weitaus wirksamste nachfrageseitige Massnahme gegen die Bodenspekulation sieht er jedoch die *Inflationsbekämpfung* durch eine entsprechende Geldpolitik. Wie in Abschnitt 4.3.3. dargelegt wurde, hat die Geldentwertung insbesondere dadurch einen Einfluss auf die Bodenpreise, dass durch die Flucht in die Sachwerte die Nachfrage nach Boden erhöht und gleichzeitig das Angebot wegen Bodenhortung verengt wird.

7.2.3. "Antispekulationsmassnahmen"

Neben diesen eher indirekt und langfristig wirkenden Massnahmen gegen die Bodenspekulation wird immer wieder - namentlich in Zeiten überbordender Bodenspekulation - eine Reihe von Massnahmen gefordert, welche explizit, direkt und ausschliesslich der Bekämpfung der Bodenspekulation dienen sollen. Deren Zweckmässigkeit soll nachfolgend erörtert werden.

Preisvorschriften

Die Unterstellung des Bodens unter ein Regime von Höchstpreisen ist aus ökonomischer Warte als blosse Symptomkur und deshalb als unzweckmässig zu erachten (SIEBER 1970, 65). Mit der Festlegung von Höchstpreisen würde allein die offene Bodenpreissteigerung durch ein zurückgestaute ersetzt, was eine Reihe unerfreulicher Begleiterscheinungen nach sich zöge. Dazu gehört die Entstehung von Nachfrageüberhängen und von Schwarzpreisen. An der Knappheit des Bodens würde sich durch eine Höchstpreisvorschrift nichts ändern (vgl. die Erläuterungen zum Mieterschutz in Abschnitt 7.1.1.).

Besteuerung der Bodenpreissteigerungen

Durch die Besteuerung von Bodenpreissteigerungen soll der Boden als Anlageobjekt weniger attraktiv gemacht werden. Dazu kommen all jene Steuern in Betracht, die in Abschnitt 7.1.2. erwähnt wurden: Steuern auf den Erträgen des Bodens, Steuern auf Bodeneigentum, Steuern auf Bodentransaktionen. Ob die Besteuerung der Bodenpreissteigerungen z.B. mittels der Grundstückgewinnsteuer im Kampf gegen die Bodenspekulation und die Bodenpreissteigerungen etwas auszurichten vermag, ist allerdings fraglich. Diese Steuern können u.U. auch das Bodenangebot verengen, also die Bodenknappheit vergrössern und die Bodenpreise weiter ansteigen lassen. Wenn die Steuern auf die Nachfrager überwälzt werden können, heizen sie die Bodenpreissteigerung ebenfalls weiter an (siehe die Beurteilung der Grundstückgewinnsteuer in Abschnitt 7.1.2.).

Kommunalisierung des Bodens

Unter dem Stichwort "Kommunalisierung des Bodens" können Massnahmen zusammengefasst werden, die die Bodenspekulation über ein vergrössertes Bodeneigentum der öffentlichen Hand und eine aktivere Bodenpolitik derselben mildern sollen. Namentlich geht es hier um das *gesetzliche Vorkaufsrecht der öffentlichen Hand*[75]. Vertritt man die Ansicht, dass die Bodenspekulation nicht die Ursache, sondern die Folge von Bodenknappheit und ohnehin steigenden Grundrenten ist, so kann man von der Kommunalisierung keine Bremsung des Bodenpreisanstieges erwarten. Denn die Kom-

---

[75] Hierbei ist zwischen dem unlimitierten und dem limitierten Vorkaufsrecht zu unterscheiden. Bei ersterem kann das Gemeinwesen den Boden zu dem zwischen den Privaten vereinbarten Verkehrswert erstehen. Bei letzterem hat das Gemeinwesen in jedem Fall Vorrang.

munalisierung ändert nichts an der Knappheit des Bodens. Wird der dem Gemeinwesen gehörende Boden dem Meistbietenden in Baurecht, Pacht oder Miete gegeben, so führt die Kommunalisierung zu keiner Verminderung der Baurechts-, Miet- und Pachtpreise. Allerdings würden die Grundrenteneinnahmen nicht mehr Privaten, sondern der öffentlichen Hand zufliessen, was aus verteilungspolitischen Gründen zu begrüssen wäre, sofern die Verwendung der Mittel sozialverträglich wäre. Wird der Boden dagegen untermarktpreisig abgegeben, so entstehen Probleme, die wir bereits im Zusammenhang mit dem Mieterschutz behandelt haben. Eine andere Abgabe der Nutzungsrechte als durch marktmässige Versteigerung "würde bei einer weitreichenden oder umfassenden Kommunalisierung zu bedenklichen Korruptionsgefahren, zu Günstlingswirtschaft und politischer Stimmenfängerei Anlass geben" (SIEBER 1970, 65)[76].

Weitere regulative Eingriffe in den Bodenmarkt

Neben den genannten Antispekulationsmassnahmen sind noch einige weitere regulative Eingriffe in den Bodenmarkt zu erwähnen, z.B. Sperrfristen für die Wiederveräusserung von Grundstücken und dergleichen, womit ebenfalls die Attraktivität des Bodens als Anlageobjekt vermindert werden soll. Als konkretes Beispiel können hier die *bodenrechtlichen Sofortmassnahmen im Siedlungsbereich* von 1989 erwähnt werden. Am 6. Oktober 1989 hat die Bundesversammlung drei dringliche Bundesbeschlüsse betreffend Sperrfrist, Pfandbelastungsgrenze und Anlagevorschriften verabschiedet. Seit Mitte der 80er Jahre hatte sich die Lage auf dem Bodenmarkt dramatisch verschärft. Der Bundesrat wollte mit Sofortmassnahmen auf die Entwicklung der Bodenpreise und das Überhandnehmen rein spekulativer Geschäfte reagieren. Ziel der bis 31. Dezember 1994 befristeten Sofortmassnahmen war es, die Spekulationsmentalität auf dem Bodenmarkt zu brechen, Auswüchse zu bekämpfen und die Nachfrage nach Boden zumindest kurzfristig zu dämpfen. Das Paket des Bundesrates enthielt insbesondere folgende Massnahmen (BUNDESRAT 1989):
- Einführung einer *Sperrfrist* von fünf Jahren für die Veräusserung von nichtlandwirtschaftlichen Grundstücken,
- Einführung einer *Belastungsgrenze* für nichtlandwirtschaftliche Grundstücke von vier Fünfteln des Verkehrswertes,

---

[76] Auf die Idee der Trennung von Verfügungs- und Nutzungsrechten wird in Abschnitt 7.3.2. allerdings noch detaillierter eingegangen.

- *Anlagevorschriften* für Einrichtungen der beruflichen Vorsorge und für Versicherungseinrichtungen (maximal 25% des Gesamtvermögens in Immobilien).

Hinter der Sperrfrist stand die Hoffnung, dass dadurch rein spekulative Käufer abgeschreckt werden, dass namentlich die Ende der 80er Jahre immer schneller drehende Spekulationsspirale ("Kaskadenverkäufe") unterbrochen werden könnte. Die Einführung einer Belastungsgrenze hatte ihren Grund darin, dass unzählige Spekulanten ohne Eigenmittel, d.h. fast ausschliesslich mit Fremdmitteln der Banken, Grundstücke und Liegenschaften aufkauften. Man erhoffte sich eine Reduktion der Nachfrage durch die Bedingung, dass nun mindestens ein Fünftel des Verkehrswertes aus Eigenmitteln bestehen musste. Die Anlagevorschriften für Pensionskassen und Versicherungen basieren auf der Hypothese, dass diese Anleger wegen ihrer Finanzkraft und ihrem grossen Anlagebedarf beträchtlich zum Bodenpreisanstieg beitragen. Durch eine Reduktion der bisherigen Obergrenze betreffend Immobilienanlagen von 50% auf 25% erhoffte man sich ebenfalls eine Abkühlung der spekulationsbedingten Überhitzung am Bodenmarkt.

Wie sind solche Massnahmen einzuschätzen? Wenn man wiederum die Bodenspekulation nicht als die Ursache der Bodenpreissteigerungen, sondern als deren Folge ansieht, so wird man kaum preissenkende Wirkungen erwarten oder im Gegenteil sogar nachteilige Folgen befürchten (vgl. die Ausführungen zu den übrigen "Antispekulationsmassnahmen"). Allerdings streiten, wie in Abschnitt 4.3.2. erwähnt wurde, auch namhafte Ökonomen nicht ab, dass es zuweilen zu irrealen Entwicklungen und Überhitzungen am Bodenmarkt kommen kann, die zu Bodenpreisen jenseits ökonomischer Rationalität führen können. Hier stellt sich auch für grundsätzliche Befürworter des Marktes die Frage, ob nicht mit befristeten Sofortmassnahmen eingegriffen werden sollte. So argumentierte übrigens auch der BUNDESRAT (1989, 4): "Der Bundesrat ist sich durchaus bewusst, dass die vorgeschlagenen Massnahmen zum Teil bloss Folgeerscheinungen eines sich ungünstig entwickelnden Marktes bekämpfen. Die Sofortmassnahmen sollen durch ursachentherapeutische Massnahmen ergänzt ... werden." Anfangs der 90er Jahre beruhigte sich dann der Liegenschaftenmarkt merklich. Es ist aber unklar, ob dies nicht eher auf die Hypothekarzinserhöhungen und die einsetzende Rezession zurückzuführen war.

7.2.4. Zielkonformität und Zielkonflikte

Die Handlungsoption "Ausdehnung des Bodenangebots" wurde bezüglich Zielkonformität und Zielkonflikten mit anderen bodenpolitischen Zielen bereits in Abschnitt 6.1. beurteilt. Bodenpolitisch bedenklich wäre, wenn die Angebotsausdehnung durch vermehrtes Bauen auf der grünen Wiese umgesetzt würde, während Intensivierung der Bodennutzung und Förderung des Nutzungswandels im bereits überbauten Gebiet ganz allgemein zu begrüssen ist, sofern die erwähnten Grundsätze beachtet werden (keine generelle Nutzungsintensivierung, Verdichtung vor allem an mit öffentlichem Verkehr gut erschlossenen Orten, etc.). Bei der Handlungsoption "Verminderung der Bodennachfrage" steht als wirksamste Massnahme die Inflationsbekämpfung im Vordergrund. Bezüglich der Inflationsbekämpfung sind keine negativen Auswirkungen auf andere bodenpolitische Ziele erkennbar, und Geldwertstabilität ist ja auch aus allgemeinen volkswirtschaftlichen Überlegungen anzustreben.

Die "Antispekulationsmassnahmen" können primär mit dem Ziel der Förderung der Funktionsfähigkeit des Bodenmarktes in Konflikt geraten, namentlich wenn der Preismechanismus langandauernd und stark beeinträchtigt wird (z.B. mittels permanenter Preiskontrollen). Allerdings können Notstandsmassnahmen gegen Überhitzungserscheinungen am Bodenmarkt in Zeiten ausgeprägter Hochkonjunktur auch für grundsätzliche Befürworter des Marktmechanismus vertretbar sein.

7.3. Zur ungleichen Verteilung der Eigentumsrechte an Boden

Im Rahmen der Diskussion von Möglichkeiten der Verminderung der ungleichen Verteilung von Eigentumsrechten an Boden sollen hier zwei grundlegende Handlungsoptionen unterschieden werden. Es sind dies die Eigentumsförderung und die Trennung von Verfügungs- und Nutzungsrechten über den Boden[77].

---

[77] Es sei daran erinnert, dass wir bei der Diskussion allokationspolitischer Massnahmen der Bodenpolitik in Kapitel 6 auf den Funktionsmangel "monopolartige Angebotsstruktur" nicht eingetreten waren, sondern die Erörterungen hierher verschoben haben. Es geht in diesem Abschnitt also nicht ausschliesslich um verteilungspolitische Fragen. Eigentumsrechtspolitischen Massnahmen oder Massnahmenvorschlägen liegen in der Realität auch häufig nicht nur verteilungs-, sondern auch allokationspolitische Absichten zugrunde.

7.3.1. Eigentumsförderung

Die Verteilung des Grundeigentums auf einen möglichst grossen Teil der Bevölkerung entspricht einem allgemein akzeptierten staatspolitischen Ziel. Das Postulat einer breiten Streuung des Grundeigentums - es geht heutzutage primär um *Wohn*eigentum - ist auch im Zusammenhang mit der Eigentumsgarantie zu sehen, welche nicht nur die Position der bereits über Eigentum Verfügenden schützen, sondern auch den Zugang zu Eigentum ermöglichen soll. Auch lässt sich wohl die Eigentumsgarantie langfristig gesellschaftspolitisch nur rechtfertigen, wenn auch ein namhafter Teil der Bevölkerung davon profitieren kann. Der Wert der breiten Eigentumsstreuung liegt vor allem in der damit verbundenen Möglichkeit des Einzelnen, sich besser und ungestörter zu entfalten. Selbstgenutztes Grundeigentum vermag zudem ein hohes Mass an Sicherheit zu vermitteln, von seinem Zuhause nicht vertrieben zu werden.

Was konkrete Massnahmen zur Eigentumsförderung betrifft, so sind einmal *Finanzierungshilfen und Subventionen* zu nennen. Als Beispiel ist hier erneut das Wohnbau- und Eigentumsförderungsgesetz (WEG) zu erwähnen, welches bereits in Abschnitt 7.1.3. vorgestellt wurde. Die wichtigsten Massnahmen des WEG (Bürgschaften, Beiträge zur Mietzins- und Lastenverbilligung) können auch für die Wohneigentumsförderung zum Einsatz gelangen.

Ein anderer Ansatz ist die vermehrte Nutzung der *Vermögen von institutionellen Anlegern* (insbesondere Pensionskassen). Kritiker der Pensionskassen (z.B. KLEINEWEFERS 1989b) beanstanden immer wieder, dass die Pensionskassen den Arbeitnehmern den Zugang zu Wohneigentum erschweren. Zum einen schwäche der hohe, obligatorische Lohnabzug die Finanzkraft der Arbeitnehmer, und zum anderen erwachse ihnen genau mit dem ihnen abgezogenen Geld eine mächtige Konkurrenz auf den Liegenschaftenmärkten. Daraus leiten sich Forderungen ab wie z.B. (EJPD 1991, 155-164):

- Verpflichtung der institutionellen Anleger zur Gewährung von Hypothekardarlehen,
- Verwendung der Mittel der beruflichen Vorsorge (zweite Säule) für Wohneigentum,
- Verwendung der Mittel der gebundenen Selbstvorsorge (dritte Säule) für Wohneigentum.

Mittlerweile ist die Verwendung von Mitteln der dritten Säule möglich, während bezüglich der zweiten Säule Vorbereitungen im Gang sind.

Nach Auskunft des Bundesamtes für Wohnungswesen wird die Verwendung von Mitteln der beruflichen Vorsorge ab ca. 1995 möglich sein.

Meist orientiert man sich bei der Eigentumsförderung an der Idee des *Alleineigentums*, d.h. an der Idee, dass ein einzelner Eigentümer (bzw. eine Familie) über ein Wohneigentumsobjekt verfügen sollte. Es wird allerdings nie möglich sein, allen Einwohnern Grundeigentum in Gestalt von Alleineigentum zu verschaffen. Insbesondere für die wirtschaftlich weniger Leistungsfähigen bieten *gemeinschaftliche Eigentumsformen* (z.B. Gesamteigentum[78], Miteigentum[79] inkl. Stockwerkeigentum, Genossenschaften) Wege, um eine dem Alleineigentümer angenäherte Stellung mit einem verhältnismässig bescheidenen finanziellen Engagement zu erreichen. Die Bodenknappheit bedingt ohnehin eine Siedlungsstruktur mit vielen Mehrfamilienhäusern. Eine breite Eigentumsstreuung ist deshalb nur möglich, wenn die gemeinschaftlichen Eigentumsformen vermehrt zum Zug kommen, und diese Lösung ist auch als ökologisch sinnvoll zu erachten (EJPD 1991, 54). Erreicht werden könnte dieses Ziel durch vermehrte Unterstützung und Förderung dieser Eigentumsformen, z.B. durch finanzielle Unterstützung von Wohngenossenschaften oder Finanzierungserleichterungen für den Erwerb von Miteigentum. In diesem Bereich bietet beispielsweise auch das WEG Möglichkeiten:

- Die bereits beschriebenen *finanziellen Anreizsysteme* (Bürgschaften, Beiträge zur Mietzins- und Lastenverbilligung) können auch bei gemeinschaftlichen Eigentumsformen zum Einsatz kommen.
- *"Fonds de roulement"-Darlehen* an Dachorganisationen des gemeinnützigen Wohnungsbaus mit dem Zweck, den angeschlossenen Genossenschaften die Finanzierung von Neubau- und Erneuerungsvorhaben sowie den Erwerb von Land und von Liegenschaften zu günstigen Zinsbedingungen zu erleichtern.
- *Objektbezogene Darlehen* zur Förderung von Hausgenossenschaften, Pilotprojekten, neuen Genossenschaftsmodellen.
- *Beratung* für gemeinnützige Bauträger.

7.3.2. Trennung von Nutzungs- und Verfügungsrechten

Wenn wir uns noch einmal die vielen verschiedenen, in diesem Kapitel diskutierten verteilungspolitischen Massnahmen vergegenwärtigen, so fällt auf, dass eine radikale Möglichkeit, nämlich die Überführung des Bodens

---

[78] Beim Gesamteigentum können die Eigentümer nur gemeinsam über das Eigentumsobjekt verfügen.
[79] Beim Miteigentum kann jeder Eigentümer über seinen Anteil an der Sache verfügen.

in die Verfügungsgewalt des Staates, bisher nur ganz kurz angeschnitten wurde. Bei der Diskussion der Bodenspekulation wurde der Vorschlag der Kommunalisierung des Bodens erwähnt. Wenn auch dort beigefügt wurde, dass die Kommunalisierung oder Verstaatlichung an der Bodenknappheit nichts ändere, so wäre dennoch aus verteilungspolitischer Sicht zu begrüssen, wenn die Grundrenteneinnahmen nicht mehr wenigen privaten Grundbesitzern, sondern der Allgemeinheit zuflössen, sofern diese die Mittel effizient und sozial gerecht verwenden würde. Nun wird man einwenden können, dass nach dem kläglich gescheiterten Experiment des real existierenden Sozialismus, in dem der Boden kollektiviert und auch mehrheitlich durch staatliche Organisationen oder Körperschaften genutzt wurde, niemand mehr ernsthaft für eine Bodenverstaatlichung eintreten könne.

Es muss jedoch vor einem allzu simplifizierenden Gegensatz zwischen Privateigentum und Staatseigentum gewarnt werden (BINSWANGER 1978, BROMLEY 1989, WACHTER 1992, 27f.). Nach KALLENBERGER (1979, 109) ist das "Eigentum ... keineswegs eine quasi naturgesetzlich unveränderliche, unbeschränkte und ungeteilte Sachherrschaft, die dem Eigentümer als Inhaber des Rechtstitels 'Eigentum' immer und überall eine entsprechend totale Verfügungs-, Ausschliessungs- und Nutzungsmacht über 'seine' Sache bzw. indirekt über andere Menschen verliehen hat". Faszinierend ist dagegen die Idee des *geteilten Eigentums*, bei der es um eine Aufspaltung des Bodeneigentums in ein Verfügungs- und ein Nutzungseigentum geht (KALLENBERGER 1979, 109ff.). D.h. dass das Verfügungsrecht - und damit auch die Grundrenteneinnahmen - dem Staat zufallen sollten, während die Bodennutzungsrechte analog zum Baurechtsprinzip Privaten zukommen sollten. Diese Idee wird unterschiedlich begründet. Eine rein verteilungspolitische Begründung wäre die Überführung der Grundrente von den Privaten an die Allgemeinheit. Allokationspolitisch kann argumentiert werden, dass private Verfügungsrechte über den Boden den Bodenmarkt behinderten ("Bodenmonopol"). Eine andere Begründung liegt darin, dass die Grundrente zu einem grossen Teil nur aufgrund spezifischer Marktkonstellationen oder der Leistung der öffentlichen Hand entsteht und ungerechtfertigterweise den Privaten zufliesse (vgl. z.B. BÜTTLER 1992).

Es stellt sich natürlich die Frage nach der genauen Kompetenzverteilung an die Inhaber der Verfügungs- und Nutzungsrechte. Dabei gibt es grundsätzlich zwei Positionen. Wenn Ökonomen für die Trennung von Verfügungs- und Nutzungsrechten einstehen, dann fordern sie in aller Regel die *Versteigerung der Nutzungsrechte* an die Meistbietenden, wobei letzteren im Rahmen der Rechtsordnung und der Raumplanung freistehen

würde, wie sie den Boden nutzen wollen. BÜTTLER (1992, 4) beispielsweise schlägt die Einrichtung von sog. Landbanken vor, die damit beauf-
tragt würden, die Vergabe von zeitlich befristeten Bodenpachtverträgen
(Baurechtsverträgen) im Auktionsverfahren zu gewährleisten. Aufgrund
des Auktionsverfahrens müssten die Bodennutzer eine Grundrente bezahlen, die sich in einem freien Wettbewerbsmarkt für den Boden einstellen
würde. Es würden mit einem solchen System die Kriterien der optimalen
Allokation des Bodens erfüllt (siehe Abschnitt 4.1.), und es wäre kaum mit
substantiell tieferen Miet- und Pachtzinsen gegenüber dem heutigen System
zu rechnen. Aber die Allgemeinheit käme in den Genuss der Grundrente,
könnte damit öffentliche Leistungen finanzieren und andere Einnahmequel-
len entlasten[80].

Eher wirtschaftskritisch argumentierende Vertreter dieses Gedankengutes schlagen dagegen die Vergabe der Bodennutzungsrechte nach *anderen
als ökonomischen Kriterien* vor. Das Bodenreformmodell der Schweizerischen Gesellschaft für ein neues Bodenrecht (SGNB 1983, KALLENBER-
GER 1979, 354ff.) schlägt die Schaffung eines Bodenrates als Konzessions-
behörde vor, welcher Bodennutzungskonzessionen nach demokratisch bestimmten, gesetzlichen Zuteilungskriterien zu vergeben hätte, die stark
durch soziale Ausgleichsüberlegungen geprägt sind (Begünstigung der sozial Schwächeren, der Selbstnutzer, von Genossenschaften, der Gemeinwesen gegenüber rein gewinnorientierten Bodennutzern).

Es handelt sich hierbei um recht alte Ideen, was anhand einiger historischer Beispiele verdeutlicht werden soll (siehe dazu KALLENBERGER
1979, 45-52). Zuerst soll Hermann Heinrich GOSSENs (1810-1858) Bo-
denverstaatlichungsidee vorgestellt werden, der allerdings nicht primär
verteilungspolitische, sondern allokationspolitische Überlegungen (boden-
marktlicher Funktionsmangel "Bodenmonopol") zugrundeliegen. Danach
soll Silvio GESELLs (1862-1930) Freilandkonzept dargelegt werden. Anschliessend wird auf die stadtplanerisch inspirierte Bodenreformkonzeption
von Hans BERNOULLI (1876-1959) hingewiesen.

Der Volkswirtschafter Hermann Heinrich GOSSEN[81] beschreibt
1854 in seinem Hauptwerk "Entwicklung der Gesetze des menschlichen

---

[80] Dieses System schlugen im Jahre 1991 führende amerikanische Wirtschaftswissenschafter (u.a. William
BAUMOL, Franco MODIGLIANI, Richard MUSGRAVE, Tibor SCITOVSKY und Robert SOLOW) dem
damaligen sowjetischen Präsidenten GORBATSCHOV in einem offenen Brief vor (ÉTUDES FONCIÈRES
1991). Nach dem Zusammenbruch des Kommunismus in der ehemaligen Sowjetunion hätten ideale Bedingungen für die Einführung eines solchen Bodenrechtssystems bestanden. Für die übrigen Bereiche der Wirtschaft empfahlen die Wirtschaftswissenschafter einen kompromisslosen Privatisierungskurs.

[81] Begründer der "Gossenschen Gesetze": 1. Gesetz der Bedürfnissättigung: der Grenznutzen eines Gutes
nimmt mit wachsender verfügbarer Menge dieses Gutes ab. 2. Gesetz vom Ausgleich der Grenznutzen: das
Maximum an Bedürfnisbefriedigung ist erreicht, wenn die Grenznutzen der zuletzt beschafften Teilmengen
der Güter gleich sind.

Verkehrs und der daraus fliessenden Regeln für menschliches Handeln" eine Bodenverstaatlichungskonzeption unter Aufrechterhaltung der freien Konkurrenz und der marktwirtschaftlichen Wirtschaftsordnung. GOSSEN war grundsätzlich von der allokativen und distributiven Überlegenheit des Marktes gegenüber anderen Ordnungsmechanismen überzeugt und demzufolge auch ein Verfechter der freien Marktwirtschaft. Im privaten Bodeneigentum sah er allerdings ein Hindernis der freien Konkurrenzordnung und eines funktionierenden Grundstückmarktes ("Bodenmonopol"). Mit seiner allokationspolitischen Argumentation unterscheidet sich GOSSEN von anderen, ethisch oder verteilungspolitisch argumentierenden Bodenreformern. Er postulierte eine volle Entschädigung der Grundeigentümer bei der Bodenverstaatlichung; deren Grundstücke sollten kontinuierlich durch den Staat aufgekauft werden. Er war überzeugt, dass das verstaatlichte Land anschliessend an den Meistbietenden auf Lebzeit verpachtet werden müsste, wobei es dem Pächter vollständig freistehen würde, wie er sein Pachtland nutzen will. Da der Wert des Bodens mit steigender Bevölkerung zunimmt, sollte in den Pachtverträgen festgehalten werden, dass sich das Nutzungsentgelt jährlich um mindestens ein Prozent erhöht. GOSSEN erhoffte sich von der Bodenverstaatlichung mit lebenslangen Pachtverträgen primär eine erhöhte Mobilität des Produktionsfaktors Boden und eine Überwindung feudaler Verhältnisse. Nach GOSSEN wäre es möglich, sämtliche Staatsausgaben aus den Grundrenteneinnahmen zu decken. Dies war für ihn aber bloss eine erfreuliche Nebenwirkung; sein Hauptinteresse galt den allokativen Funktionsmängeln des Bodenmarktes bei privatem Grundeigentum.

Silvio GESELL gilt als Begründer der Freilandbewegung. Hier soll seine Bodenreformkonzeption wiedergegeben werden, wobei auf die ergänzende "Freigeld-Lehre" hier nicht eingegangen werden kann. 1911 veröffentlichte GESELL sein Hauptwerk "Die natürliche Wirtschaftsordnung" (GESELL 1938). Sein Freilandkonzept beruht auf der Überzeugung, dass der Boden als natürliche Lebensgrundlage allen Menschen gehöre. "Freiland" bedeutet nicht, dass der Boden den Menschen gratis zur Verfügung gestellt werden soll, sondern meint vielmehr die Abschaffung grundeigentumsbedingter Vorrechte. Als politisches Ziel strebte die Freilandbewegung die Verstaatlichung des gesamten Grundbesitzes und dessen Umwandlung in Pachthöfe und -betriebe an. Zuerst würden nach seinem Konzept die privaten Bodeneigentümer gegen volle Entschädigung enteignet: "[D]er Staat kauft den gesamten Privatgrundbesitz auf und zwar Ackerboden, Wald, Bauplätze, Bergwerke, Wasserwerke, Kiesgruben, kurz alles. Der Staat ... entschädigt die Grundbesitzer. Der zu bezahlende Preis richtet sich nach dem Pachtzins, den das Grundstück bisher einbrachte oder einbringen würde. Der ermittelte Pachtzins wird dann zum Zinssatz der Pfandbriefe kapitalisiert und der Betrag den Grundbesitzern in verzinslichen Schuldscheinen der Staatsanleihe ausbezahlt. ... Wie kann aber der Staat solche gewaltige Summen verzinsen? ... Mit dem Pachtzins des Bodens, der ja nunmehr in die Staatskasse fliesst." (GESELL 1938, 68; siehe Abb. 7-7).

Abb. 7-7: Wie der Rückkauf von Grund und Boden finanziert wird

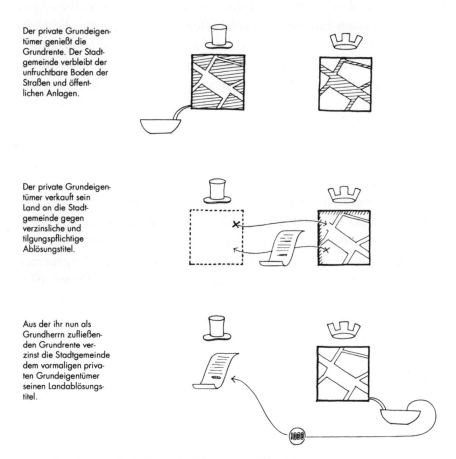

Der private Grundeigentümer genießt die Grundrente. Der Stadtgemeinde verbleibt der unfruchtbare Boden der Straßen und öffentlichen Anlagen.

Der private Grundeigentümer verkauft sein Land an die Stadtgemeinde gegen verzinsliche und tilgungspflichtige Ablösungstitel.

Aus der ihr nun als Grundherrn zufließenden Grundrente verzinst die Stadtgemeinde dem vormaligen privaten Grundeigentümer seinen Landablösungstitel.

Hut = Symbol für die Bürgerschaft bzw. das Privateigentum
Krone = Symbol für die Obrigkeit bzw. das Gemeineigentum
Quelle: BERNOULLI (1946, 105)[82]

Der Boden sollte nach GESELLs Vorstellung nach der Übernahme durch den Staat öffentlich an die Meistbietenden versteigert werden: "Die Übergabe des Bodens an die Bebauer erfolgt auf dem Wege der öffentli-

---

[82] BERNOULLI war Anhänger der Freilandlehre, weswegen seine Graphik zur Verdeutlichung von GESELLs Idee verwendet wird.

chen Pachtversteigerung, an der sich jeder Mensch beteiligen kann" (GE-SELL 1938, 67). Es handelt sich beim Freilandkonzept also durchaus um eine marktwirtschaftliche Idee, die Abschaffung von grundeigentumsbedingten Vorrechten soll sogar erst die Voraussetzung für einen wirklichen Wettbewerb schaffen.

Die Grundrenten würden in mehrjährigen Abständen neu eingeschätzt und die Pachtzinsen dementsprechend angepasst. Nach der Abzahlung der Schulden gegenüber den bisherigen Grundeigentümern würden die Pachtzinseinnahmen an die Mütter verteilt: Die Freilandbewegung "sucht dem Gedanken Eingang zu verschaffen, den Müttern für die Mehrbelastung, die ihnen durch die Aufzucht der Kinder zufällt, eine Staatsrente auszusetzen ... . Für diese Mutterrenten soll die Grundrente herangezogen werden, statt dass man diese, wie von Henry George vorgeschlagen wurde, für die Beseitigung der Steuern benutzt"[83] (GESELL 1938, 91-92). GE-SELL sah in der Bodenverstaatlichung und anschliessenden Verpachtung an den Meistbietenden die einzige praktische Möglichkeit, die Probleme der Bodenzerstückelung und Bodenverschuldung wirksam einer Lösung zuzuführen (GESELL 1938, 77).

Eine interessante Synthese des diskutierten Gedankengutes nahm der Schweizer Architekt Hans BERNOULLI vor. Ihn beschäftigten sowohl allokative als auch distributive Funktionsmängel des Bodenmarktes. Bei BERNOULLI, dem Architekten und Stadtplaner, entstand das Engagement für die Bodenreform aus der Sorge um die Stadt. Nach dem Ersten Weltkrieg wurde er Anhänger der Freiwirtschaftslehre von GESELL und vertrat diese in Hochschule und Politik. Er zählte zu den Gründern der "liberalsozialistischen Partei", für die er später, 1947 bis 1951, in den Nationalrat einzog. Doch zuvor, 1938, kostete ihn sein politisches Engagement seine Stelle an der ETH Zürich, 1939 seinen Professorentitel. BERNOULLI sah in der Zersplitterung des Grundeigentums, welches ein städtebauliches Chaos begünstige, ein wesentliches Hindernis für eine rationale Stadtplanung. "Das stete Werden, Wandeln, und Sicherneuern der Stadt duldet es nicht, darf es nicht dulden, dass ihr Grund und Boden parzellenweise einzelnen Eigentümern zugeteilt wird, ... dass angesichts der dringendsten öffentlichen Aufgaben unter den Augen der Behörden an den entscheidenden Punkten von unverantwortlichen Privaten Grund und Boden verhandelt, verkauft, verteilt und verbaut wird. In das hohe Spiel zwischen öffentlicher

---

[83] Weiter unten auf S. 92: "Mit dieser Unterstützung ... wird jede Frau imstande sein, ... ihre Kinder gross zu ziehen, ohne unbedingt auf Geldbeträge des Mannes angewiesen zu sein. Wirtschaftliche Rücksichten könnten die Frauen nicht mehr brechen. Bei der Gattenwahl würden die geistigen, körperlichen, die vererbungsfähigen Vorzüge statt des Geldsackes den Ausschlag geben. So kämen die Frauen wieder zu ihrem Wahlrecht ... ."

Gewalt und privatem Recht ... ist eine falsche Karte gezaubert worden: das Eigentumsrecht Einzelner am Land der Kommune" (BERNOULLI 1946, 22).

Je avantgardistischer die Architekten jener Zeit waren, um so radikaler setzten sie den Bruch mit den gewachsenen Bau- und Eigentumsstrukturen in ihren Entwürfen voraus[84]. Die städtebaulichen Idealplanungen von LE CORBUSIER und anderen Architekten aus jener Zeit wären ohne diese Vorgabe gar nicht denkbar. BERNOULLI (1946, 106) forderte in Anlehnung an GESELL eine kompromisslose Entprivatisierung des Bodens, seine Kommunalisierung (gegen Entschädigung) und die Vergabe von befristeten Nutzungsrechten. Neben der Stadtplanung beschäftigte ihn aber ebenso sehr das Problem der Verteilung der Grundrente, wofür ihm die Kommunalisierung des Bodens ebenfalls als geeignete Lösung erschien.

Zwar hat sich heute die Haltung der Architekten und Stadtplaner zu einer möglichen "Idealplanung" oder "Idealstadt" entscheidend geändert. Denn nicht nur haben die sozialistischen Städte des ehemaligen Ostblocks aus der totalen Verfügbarkeit des Bodens nichts erschaffen können, das einer idealen Stadt auch nur nahekäme. Auch die Grossiedlungen und Satellitenstädte der sechziger Jahre in Westeuropa haben heftige Kritik erfahren. Die städtebaulichen Vorstellungen setzen heute vielmehr auf Vielfalt, Veränderbarkeit, zufälliges Wachstum, Kleinteiligkeit. "Was an Bernoullis Werk bleibt, sind nicht seine Schlüsse, die er gezogen hat, sondern seine ganzheitliche, unbestechliche Interpretation von Stadt" (NOVY 1991, 134). Eine marktwirtschaftlich orientierte Trennung von Verfügungs- und Nutzungsrechten ohne gesamtgesellschaftlichen Planungsanspruch bleibt eine äusserst attraktive Idee zur Versöhnung allokativer und distributiver bodenpolitischer Zielsetzungen.

BERNOULLIS Gedankengut konnte bisher nicht umfassend verwirklicht werden. Allerdings stellt das in der Schweiz nicht unübliche *Baurecht*, wonach ein Grundstück für die Errichtung eines Bauwerkes nicht käuflich, sondern zur zeitlich befristeten Nutzung abgetreten wird, einen Präzedenzfall dar. Ferner gibt es in der Schweiz mit der Wasserrechtsgesetzgebung einen weiteren interessanten, vielleicht eher weniger bekannten Präzedenzfall. Diesen Bereich regelt auf Bundesebene das *Bundesgesetz über die Nutzbarmachung der Wasserkräfte vom 22. Dezember 1916*. Darin ist festgeschrieben, dass das kantonale Recht zu bestimmen habe, welchem Gemeinwesen (Kanton, Bezirk, Gemeinde) die Gewässerhoheit bezüglich öffentlicher Gewässer (Seen, Flüsse, Bäche, Kanäle, die nicht in Privatbesitz

---

[84] Vgl. auch das Problem der wohnungswirtschaftlichen externen Effekte (Abschnitte 4.2.7. und 6.7.), deren Entstehung an die Existenz einer Vielzahl von Grundeigentümern gebunden ist.

sind) zusteht (Art. 2). Das über die Gewässerhoheit verfügende Gemeinwesen entscheidet über die Nutzung der Wasserkräfte bzw. die Vergabe von befristeten Wassernutzungskonzessionen und ist auch der Empfänger des *Wasserzinses* (Art. 49), eines Entgeltes für die Nutzung von Gewässern zur Elektrizitätsproduktion. In den zwei grossen Alpenkantonen Wallis und Graubünden verfügen die *Gemeinden* über die Gewässerhoheit. Diese Regelung ist von einer beträchtlichen verteilungspolitischen Bedeutung, was die regionale Verteilungsproblematik betrifft. Denn es verschafft vielen Alpengemeinden eine grosse Autonomie zur Erfüllung öffentlicher Aufgaben und ist mit ein Grund für die im Vergleich zu anderen Alpenländern relativ vorteilhafte Situation vieler peripher gelegener Schweizer Alpengemeinden. Dabei hat die Wasserrechtsgesetzgebung den Ausbau der Wasserkraftnutzung in keiner Weise behindert (WACHTER 1993a).

7.3.3. Zielkonformität und Zielkonflikte

Es ist unbestritten, dass die heutige Eigentumsverteilung in der Schweiz unbefriedigend ist. Es stellt sich allerdings die Frage, ob in dieser unbefriedigenden Situation bei der Eigentumsförderung auf die Karte "Förderung des Alleineigentums" gesetzt werden sollte. Abgesehen davon, dass angesichts der bodenmarktlichen Realitäten davon kaum eine substantielle Verbesserung der Grundeigentumsverteilung erwartet werden kann, ist Alleineigentum kritisch in bezug auf verschiedene ökologische bodenpolitische Ziele zu hinterfragen. "Einfamilienhausteppiche" laufen den Zielen "Haushälterische Bodennutzung", "Schutz der natürlichen Lebensgrundlagen", "Schutz des Agrarlandes" und "Konzentrierte Dezentralisation" zuwider. Gemeinschaftliches Eigentum schneidet in dieser Hinsicht um einiges besser ab und sollte deshalb nachhaltig gefördert werden.

Es ist schade, dass die Idee der Trennung von Verfügungs- und Nutzungsrechten nie ernsthaft umzusetzen versucht wurde. Denn sie böte die Möglichkeit, die Konflikte zwischen Allokations- und Verteilungspolitik zu entschärfen. Ein Markt für Nutzungsrechte könnte so spielen, wie es in Abschnitt 4.1. dargelegt wurde und wie es dem bodenpolitischen Ziel "Förderung der Funktionsfähigkeit des Bodenmarktes" entspräche. Gleichzeitig erhielte der Staat eine grössere Durchsetzungskraft im Bereich der Raumplanung, da er nun anstelle Privater das Verfügungsrecht über den Boden besitzen würde. Davon wäre zu erwarten, dass er den bodenpolitischen Zielen, die raumplanerische Massnahmen erfordern (z.B. "Schutz der natürlichen Lebengrundlagen", "Konzentrierte Dezentralisation"), grössere Nachachtung verschaffen könnte. Mit den Grundrenteneinnahmen könnte der Staat die verteilungspolitischen Ziele verfolgen, ohne in bodenrelevante Märkte eingreifen zu müssen (z.B. Wohngeld an Bedürftige anstelle von Eingriffen in den Preismechanismus oder Finanzierung eines garantierten Mindesteinkommens).

8. BODENMARKTPOLITIK IN EINER SOZIALEN UND ÖKOLOGISCHEN MARKTWIRTSCHAFT

8.1. Ganzheitliche und marktkonforme Bodenmarktpolitik

Die in Kapitel 4 diskutierten allokations- und verteilungspolitischen Probleme des Bodenmarktes haben immer wieder als Rechtfertigungen für staatliche Eingriffe gedient. Der Bodenmarkt wird vielerorts als ein Markt betrachtet, der die in Abschnitt 4.1. formulierten Zwecke nicht in befriedigender Weise erfüllt und durch andere Bodenallokationsmechanismen (z.B. staatliche Bodenbewirtschaftung) ersetzt werden müsste. In der Schweiz ist zwar, wie in Kapitel 5 gezeigt, die Eigentumsgarantie in der Verfassung fest verankert. Dennoch stellt der Boden bzw. die Bodennutzung nach mehreren Jahrzehnten staatlicher bodenpolitischer Aktivität (z.B. auf den Gebieten Raumplanung, Steuerrecht, Mieterschutz) einen der am höchsten regulierten Rechtsbereiche dar. Verschiedene Bodenmarktbereiche sind beträchtlich vom freien Markt "wegreguliert" worden (z.B. landwirtschaftlicher Bodenmarkt, Wohnungsmarkt) und leiden teilweise unter schwerwiegenden Verzerrungen. Zudem beklagen weite Kreise der Bevölkerung die ausserordentliche Regelungsdichte, die kaum mehr überblickbar sei und mehr und mehr Freiräume einschränke.

In der gegenwärtigen wirtschaftlichen und politischen Umbruchphase, in der eingespielte Politiken vermehrt hinterfragt und marktwirtschaftliche Lösungen immer mehr in den Vordergrund gerückt werden, zeichnet sich denn auch eine bodenpolitische Neuorientierung ab. Es erstaunt nicht, dass der Bodenmarkt im Zusammenhang mit den Deregulierungs- und Liberalisierungsbestrebungen für die Revitalisierung der Schweizer Volkswirtschaft jeweils an vorderster Front genannt wird (NZZ 12./13.12.92, 2.2.93). Es besteht nun aber die Gefahr, dass das Pendel zu sehr in die entgegengesetzte Richtung ausschlägt (BODENBLATT 1993). Denn der Bodenmarkt weicht, wie in Kapitel 4 festgestellt wurde, von einem idealen Markt in teilweise beträchtlichem Ausmass ab. Es wurde eine Vielzahl von Marktunvollkommenheiten und -versagen diskutiert, die nach wie vor relevant sind. Ein Bedarf an Bodenpolitik besteht weiterhin.

In den Kapiteln 6 und 7 wurden verschiedene Handlungsoptionen und Massnahmen zur Lösung von Bodenmarktproblemen diskutiert. Es bestand aber gleichzeitig die Absicht, auf die möglichen Zielkonflikte bei einer einseitigen Orientierung an einem bestimmten Marktversagen oder bodenpolitischen Ziel aufmerksam zu machen. Dies bedeutet für eine ganzheitliche Bodenpolitik, dass die einzelnen Ziele so interpretiert werden sollten, dass möglichst wenige unerwünschte Nebeneffekte auftreten, und dass nach Möglichkeiten zur Verminderung von Zielkonflikten zu suchen ist. In diesem abschliessenden Kapitel sollen als Synthese einige Eckpunkte einer bodenmarktpolitischen Strategie aufgezeigt werden, die Handlungsvorschläge zur Bewältigung der Bodenmarktprobleme aufweist, welche der Notwendigkeit einer möglichst marktkonformen Bodenpolitik gerecht werden.

Angestrebt wird eine ganzheitliche, aktive Marktlösung für die Bodenmarktprobleme, die jedoch die Augen vor den diversen Marktunvollkommenheiten und -versagen des Bodenmarktes nicht verschliesst, und die nicht mit staatlicher Inaktivität oder laisser faire gleichgesetzt werden kann. Die hier propagierte Bodenmarktstrategie versucht, die allokations- und verteilungspolitischen Probleme des Bodenmarktes durch eine *aktive Gestaltung marktkonformer Rahmenbedingungen* und die *Korrektur von Marktversagen* zu lösen. Die primären Zielsetzungen der hier vorgeschlagenen Bodenmarktpolitik sind somit einerseits die Behebung von Fehlallokationen auf dem Bodenmarkt, und zweitens die Erreichung verteilungspolitischer Ziele, ohne die Allokationsfunktion des Marktes über Gebühr zu tangieren. Es soll somit eine Bodenmarktstrategie aufgezeigt werden, die sich am Leitbild einer sozialen und ökologischen Marktwirtschaft orientiert.

8.2. Allokationspolitische Folgerungen

8.2.1. Siedlungsentwicklung nach innen

Ein zentraler Konfliktbereich der Bodenpolitik besteht zwischen ökologischen und "Bauzielen". Der Konflikt zwischen Bodennutzungen im Siedlungsbereich und agrarischen bzw. ökologischen Bodennutzungen vermindert sich allerdings, wenn man sich die Nutzungsreserven im Siedlungsraum vergegenwärtigt. Die durch das Planungsrecht, den Ausbau der Verkehrsinfrastrukur und die Kostenunterdeckung im Verkehrswesen begünstigte Orientierung der Bauwirtschaft auf den Neubau auf der grünen Wiese[85] führten zu Entwicklungprozessen, die übermässig viel Boden und Landschaft beanspruchen. Eine Umorientierung der Bodenpolitik im Siedlungsbereich hin zu einer Siedlungsentwicklung nach innen (HÄBERLI u.a.

---

[85] Nach wie vor gehen fast 70% der Bauinvestitionen in Neubauten und nur etwas über 30% in die Erneuerung (WÜEST u.a. 1990, 4).

1991, 133-136) würde dagegen versuchen, die Nutzungsreserven und Verdichtungspotentiale im Siedlungsgebiet besser zu nutzen. Das Verdichtungspotential in den äusseren Stadtquartieren, in den Vorortsgemeinden und in den mittleren Zentren ist gross. Es geht darum, dieses Potential zu nutzen. Siedlungsentwicklung nach innen bedeutet in erster Linie, in den bestehenden Siedlungen eine lebendige, attraktive und dichte Wohn- und Arbeitswelt zu schaffen oder zu erhalten. Innere Erneuerung, qualifizierte Verdichtung (Verdichtung an gut gelegenen und mit öffentlichen Verkehrsmitteln erschlossenen Orten), Verkehrsberuhigung, Rückeroberung öffentlicher Räume etc. sind Schlüsselworte für Massnahmen einer Siedlungsentwicklung nach innen, die nicht auf Kosten der Siedlungsqualität zu gehen braucht.

Für eine Siedlungsentwicklung nach innen sind all diejenigen diskutierten Massnahmen von Interesse, die die Nutzungsintensivierung innerhalb des Siedlungsgebietes fördern und den Bodenmarkt verflüssigen. Dazu sind z.B. zu zählen: die Verkehrswertbesteuerung von Bauland bzw. Baulandsteuer zur Dynamisierung des Baulandangebots (unter der Voraussetzung, dass die zu grossen Bauzonen vorgängig reduziert werden; vgl. Abschnitt 8.2.2.), behutsame Liberalisierung von Bauvorschriften (z.B. Lockerung der Ausnützungsziffer an mit dem öffentlichen Verkehr gut erschlossenen Lagen und unter der Voraussetzung der Mehrwertabschöpfung), optimale Erschliessung des Siedlungsgebietes mit öffentlichen Verkehrsmitteln zur umweltfreundlichen Verringerung von Transport- und Verlagerungskosten (sofern flankierende Massnahmen zur Eindämmung des motorisierten Individualverkehrs getroffen werden), Schaffung erhöhter Markttransparenz (Veröffentlichung von Eigentumsübertragungen und dergleichen), Beschleunigung von Baubewilligungsverfahren, aktive Schaffung räumlicher Voraussetzungen für die Wirtschaft (Bereitstellung von Infrastrukturen und Wirtschaftsstandorten an mit dem öffentlichen Verkehr gut erschlossenen Lagen).

8.2.2. Siedlungsbegrenzung

Dieser Flexibilisierung, Verflüssigung und qualitativen Aufwertung der Bodennutzung im Siedlungsbereich muss aber zur Sicherstellung wichtiger bodenbeanspruchender Kollektivgüter (insbesondere Umweltgüter) ein wirksamer Schutz der natürlichen Lebensgrundlagen Boden, Wald und Landschaft sowie von ausreichend Agrarland entgegengestellt werden, da deren Inwertsetzung für Siedlungs- und Infrastrukturzwecke irreversibel ist und diese Güter für immer verloren gehen lässt. In diesem Zusammenhang ist die Forderung des Nationalen Forschungsprogrammes "Boden" nach einer Siedlungsbegrenzung zu sehen (GABATHULER u.a. 1990, HÄBERLI u.a. 1991, 137f.). Darunter ist eine strikte Begrenzung des Baugebietes (z.B. mittels eines Sachplanes "Siedlung") zu verstehen, die dem Bauen am Siedlungsrand ein Ende setzt und es vermehrt auf die Nutzungsreserven im Siedlungsraum ausrichtet. Das heutige Raumplanungsgesetz kann diese Forderung noch nicht erfüllen, denn die Bauzonen dürfen unter Berücksichtigung der 15-Jahre-Frist ausgedehnt werden und sind heute ohnehin generell zu gross (siehe die Abschnitte 6.1.3. und 6.6.1.). Siedlungsbegrenzung bedeutet deshalb, dass die Bauzonen verkleinert werden und das Siedlungsgebiet danach definitiv zu begrenzen ist (Schutz des Nichtsiedlungsgebietes analog zum heute bereits bestehenden absoluten Schutz der Waldfläche). Um die Auswirkungen des verkleinerten Baulandangebots auf die Bodenpreise zu verringern, ist das Angebot in den verbleibenden Bauzonen zu dynamisieren (siehe Abschnitt 8.2.1.). Durch eine Siedlungsbegrenzung könnte der Schutz ausreichender Flächen für die Regelung der Naturkreisläufe, für die Landwirtschaft, für die Flora und Fauna und für die Erholung sichergestellt werden.

8.2.3. Koordination und Steuerung der Raumnutzung

Eine Begrenzung des Siedlungsraums und eine Deregulierung innerhalb desselben reichen nicht aus. Insbesondere wichtige Infrastrukturen und Wirtschaftsstandorte sind im Hinblick auf die Schaffung optimaler Voraussetzungen für die Wirtschaft aktiv zu bündeln und zu gestalten. Am sinnvollsten wäre eine Steuerung der Raumnutzung entlang des öffentlichen Verkehrsnetzes (Bahn und Bus 2000; S-Bahnen) mit Wirtschaftsstandorten an wichtigen Verkehrsknotenpunkten (vgl. z.B. das in Abschnitt 6.6.1. vorgestellte Projekt ESP im Kanton Bern). Mit einer zweckmässigen Koordinierung und Steuerung der Raumnutzung, in Kombination mit einer Siedlungsentwicklung nach innen und einer strikten Siedlungsbegrenzung, könnte - auch wenn die Entwicklung in der Vergangenheit vieles bereits verunmöglicht hat - dem landesplanerischen Leitbild der konzentrierten Dezentralisation Nachachtung verschafft werden. Der föderalistische Aufbau der schweizerischen Raumordnungspolitik und der Raumplanung hat allerdings den Nachteil, dass überkantonalen und nationalen Erfordernissen zu wenig Beachtung geschenkt wird. Eine Neubelebung der Diskussion um landesplanerische Leitbilder, insbesondere das Leitbild der konzentrierten Dezentralisation, ist deshalb erforderlich.

8.2.4. Räumliche Konzepte des Natur- und Landschafts-schutzes

Eine Politik der beschriebenen Art benötigt als wichtiges Element aber auch räumliche Natur- und Landschaftsschutzkonzepte. Für einen nachhaltigen Natur- und Landschaftsschutz genügt die Überlassung von Restflächen nicht. Es braucht dringend vernetzte naturnahe Gebiete, um eine Degradierung der Naturelemente aufgrund von Isolierung und fehlenden Austauschs zu vermindern (HAMPICKE 1987, BROGGI / SCHLEGEL 1989, KUHN / NIEVERGELT 1992). In diesem Themenkreis sind auch die Probleme im Zusammenhang mit produzierten Umweltgütern (Schutzfunktionen, ökologischer Ausgleich, landschaftliche Schönheit; vgl. Abschnitt 4.2.6.) zu erwähnen, die von der Land- und der Forstwirtschaft als gemeinwirtschaftliche Leistungen erbracht werden. Ein grosser Teil dieser Umweltgüter liegt in der Schweiz im Alpenraum, wobei der Nutzen direkt oder indirekt dem ganzen Land zufällt. Im Rahmen einer ganzheitlichen Bodenpolitik ist dafür zu sorgen, dass neben der Übernutzungsproblematik auch die Probleme der Unternutzung des Naturraumpotentials mit geeigneten Mitteln angegangen werden (vgl. Abschnitt 6.6.3.; siehe auch WACHTER 1993b, 48-50 und 57-59).

8.2.5. Internalisierung der externen Kosten des Verkehrs

An verschiedenen Stellen in diesem Buch wurde die grosse bodenpolitische Bedeutung des Verkehrswesens dargelegt. Heute sind die Anreize im Verkehr falsch gesetzt. Die Kostenunterdeckung namentlich des Strassenverkehrs (vor allem aufgrund der externen Umweltkosten) führt zu einer übermässigen Nachfrage nach Verkehrsleistungen und fördert das Ausufern der Städte, die Sub- und Desurbanisierung sowie die funktionale Entmischung (vgl. Abschnitt 4.2.7.). Dadurch wird ein Konflikt mit den ökologischen und agrarischen Zielen der Bodenpolitik erzeugt. Die Internalisierung der externen Kosten des Verkehrs (vgl. Abschnitt 6.7.) stellt eine grundlegende Voraussetzung und Rahmenbedingung einer rationalen Bodenpolitik dar, ohne dass damit direkt in den Bodenmarkt regulierend eingegriffen wird. Dadurch könnten die Grundsätze "Siedlungsentwicklung nach innen" und "Siedlungsbegrenzung" wirkungsvoll unterstützt werden.

8.3. Verteilungspolitische Folgerungen

8.3.1. Ideallösung: Trennung von Nutzungs- und Verfügungsrechten

Ergänzend zu den genannten Stossrichtungen bedarf es sozialer Ausgleichsmechanismen, weil die Verteilungsproblematik schon in der Gegenwart ausgeprägt ist, und da sich durch eine Siedlungsbegrenzung, d.h. durch eine bodenpolitisch bedingte zusätzliche Verknappung des Bodens, Grundrenten und Bodenpreise möglicherweise zusätzlich erhöhen. Der soziale Ausgleich hat aber möglichst effizient und ohne die Schaffung von Zielkonflikten mit anderen bodenpolitischen Zielen zu erfolgen. Die Ideallösung wäre die in Abschnitt 7.3.2. vorgestellte Idee der Trennung von Verfügungs- und Nutzungsrechten am Boden mit einem Markt für die Nutzungsrechte. Diese Lösung würde einerseits erlauben, dem Markt seine in Abschnitt 4.1. dargelegten Funktionen zu belassen bzw. zurückzugeben, und anderseits mit den der Allgemeinheit zufliessenden Grundrenten eine Verteilungspolitik ohne Eingriffe in den Markt zu betreiben (analog zum in Abschnitt 6.7.2. beschriebenen Ökobonus). Wenn auch Modelle für einen Übergang vom heutigen in das vorgeschlagene System bestehen (z.B. Ausgabe von Bodenablösungsobligationen an die bisherigen Grundeigentümer, Verzinsung und Amortisation mit den nunmehr dem Staat zufliessenden Grundrenteneinnahmen; SGNB 1983, 10-25), ist allerdings aufgrund der politischen Realitäten kaum anzunehmen, dass ein solches Bodenrechtssystem in der näheren Zukunft eingeführt werden kann.

8.3.2. Allokationsneutrale Verteilungspolitik

Es ist deshalb nach anderen Möglichkeiten der Verteilungspolitik zu suchen, die ohne Behinderung der allokativen Funktionen des Bodenmarktes durchgeführt werden können. Dabei stehen heute angesichts der gesellschaftspolitischen Bedeutung des Wohnungsmarktes diesbezügliche Massnahmen im Vordergrund. In diesem Zusammenhang ist an die von Ökonomen immer wieder geübte Kritik an Eingriffen in den Preisbildungsprozess (z.B. mit Massnahmen des Mieterschutzes) zu erinnern (vgl. Abschnitt

7.1.1.), mit denen Marktverzerrungen und Ressourcenverschwendung erzeugt würden. Es wird deshalb von Ökonomen immer wieder gefordert, die Unterstützung sozial Schwacher nicht über Eingriffe in die Preisbildung vorzunehmen, sondern gesondert mittels Massnahmen der Subjekthilfe. Bezüglich des Wohnungsmarktes wäre dies z.B. das Wohngeld, das ganz gezielt nur die Bedürftigen befähigen würde, auf dem freien Wohnungsmarkt eine Wohnung zu finden, ohne dass damit Fehlallokationen auf dem Wohnungsmarkt verursacht würden.

Freilich wäre bei einem Systemwechsel von der heutigen schweizerischen Missbrauchsgesetzgebung zu einem System der reinen Marktmiete mit erheblichen Umstellungsproblemen zu rechnen. Vor allem bei einer Ausgangslage mit einer sehr tiefen Leerwohnungsquote wäre wohl zunächst mit einem beträchtlichen generellen Mietpreisanstieg zu rechnen, mit möglicherweise dramatischen sozialen Auswirkungen. Eine Deregulierung des Mietpreisregimes müsste deshalb zwingend mit einer umfassenden Liberalisierung auf der Angebotsseite bzw. einer Angebotsausdehnung gekoppelt werden (Verminderung bauverteuernder Vorschriften, Verbot kartellistischer Absprachen im Baugewerbe, Wohnbauförderung und dergleichen).

Die fiskalischen Massnahmen der Grundrentenabschöpfung werden weiterhin notwendig sein. Namentlich wenn im Rahmen der Deregulierung von Bauvorschriften (z.B. der Ausnützungsziffer) den Grundeigentümern leistungslose Mehrwerte entstehen, sind diese abzuschöpfen. Fiskalische Massnahmen der Grundrentenabschöpfung sollten aber soweit wie möglich allokationsneutral ausgestaltet werden, um den Bodenmarkt nicht zu behindern. So wäre beispielsweise eine kontinuierliche Grundrenten- oder Bodenwertbesteuerung, die einen gewissen Nutzungsdruck erzeugen würde, einer Steuer wie der Grundstückgewinnsteuer zum Zeitpunkt der Realisierung eines Grundstückgewinns, wodurch ein Anreiz zur Bodenhortung vermittelt wird, vorzuziehen (vgl. Abschnitt 7.1.2.). Oder es müsste beispielsweise zur Verminderung von Mobilitätsbeschränkungen Grundstückgewinnsteuern beim Verkauf von Wohneigentum erlassen werden, wenn der Verkauf nur vorgenommen wird, um andernorts ein Ersatzobjekt zu erwerben.

8.3.3. Förderung gemeinschaftlicher Wohn- und Eigentumsformen

Dass die Schweiz weiterhin eine Wohnbau- und eine Eigentumsförderungspolitik betreiben muss, ist unbestritten und enspricht dem schweizerischen bodenpolitischen Zielsystem (vgl. Abschnitt 5.2.2.). Staatliche Förderungsanstrengungen dürfen unter den heutigen schweizerischen Bedingungen aber nicht schwergewichtig auf die Förderung von Alleineigentum an freistehenden Einfamilienhäusern ausgerichtet werden. Die engen Raumverhältnisse in der Schweiz verbieten "Einfamilienhausteppiche" aus ökologischen Gründen als bodenpolitische Handlungsoption. Zudem wird es bei den hohen schweizerischen Bodenpreisen und Baukosten ohnehin nie möglich sein, allen Bewohnern der Schweiz Grundeigentum in Gestalt von Alleineigentum zu verschaffen. Insbesondere für die finanziell Schwächeren (aber auch für die städtische Bevölkerung) bieten gemeinschaftliche Eigentumsformen wie Mit- oder Stockwerkeigentum sowie genossenschaftliches Eigentum eine sinnvolle Alternative zum Alleineigentum (EJPD 1991, 18). Auch unter dem Blickwinkel des Flächenverbrauchs stellen gemeinschaftliche Eigentumsformen sinnvolle Lösungen dar; sie bieten also die geringsten Zielkonflikte mit den erhaltenden und ökologischen Zielen der Bodenpolitik. Deshalb verdienen gemeinschaftliche Wohnformen eine nachhaltige Förderung.

Literaturverzeichnis

Albers G. 1988: Stadtplanung - eine praxisorientierte Einführung. Darmstadt

Alonso W. 1964: Location and Land Use: Toward a General Theory of Land Use. Cambridge

Angelini T. 1972: Möglichkeiten zur Verbesserung der Funktionsfähigkeit des Bodenmarktes. In: Wirtschaft und Recht, Heft 4, S. 269-286

Arbeitsgruppe wirtschaftliche Entwicklungsschwerpunkte des Kantons Bern 1992: Wirtschaftliche Entwicklungsschwerpunkte im Kanton Bern. Zweiter Zwischenbericht an den Regierungsrat des Kantons Bern, Bern

ARP (Amt für Raumplanung des Kantons Zürich) 1992: Bauzonen. Raumplanung im Kanton Zürich, Heft 18, Zürich

Atkinson A.B. 1983: The Economics of Inequality. Oxford

Banks R. (Hrsg.) 1989: Costing the Earth. London

Barlowe R. 1986: Land Resource Economics - The Economics of Real Estate. Englewood Cliffs (4. Auflage)

Bartels D. 1982: Wirtschafts- und Sozialgeographie. In: Handwörterbuch der Wirtschaftswissenschaft, Band 9, Stuttgart

Bernasconi R. 1991: Wirtschaftliche Entwicklungsschwerpunkte. In: Information Raumplanung, Nr. 2, S. 3-4

Bernoulli H. 1946: Die Stadt und ihr Boden. Erlenbach-Zürich

BfK (Bundesamt für Konjunkturfragen) 1991: Teuerung bei Inlandgütern - Vorabstudie über Wohnungsmiete und Mieterschutzbestimmungen. Bern

BFL (Bundesamt für Forstwesen und Landschaftsschutz), MAB-Programmleitung (Hrsg.) 1987: Bergwald (Kurzfassung des Schlussberichtes zum Schweizerischen MAB-Programm Nr. 22: Combe J., Frei C. 1986: Die Bewirtschaftung des Bergwaldes: Entscheidungsgrundlagen und Handlungskonzepte). Bern

BfS (Bundesamt für Statistik) 1992: Die Bodennutzung in der Schweiz - Arealstatistik 1979/85. Bern

Bindella R. 1974: Die Baulandsteuer - Ein Mittel zur Bekämpfung der Baulandhortung in der Schweiz. Dissertation Hochschule St.Gallen, St.Gallen

Binswanger H.C. 1978: Eigentum und Eigentumspolitik. Zürich

Blaich F. 1984: Merkantilismus, Kameralismus, Physiokratie. In: Issing O. (Hrsg.): Geschichte der Nationalökonomie. München, S. 35-47

Blümel W., Pethig R., von dem Hagen O. 1986: The Theory of Public Goods: A Survey of Recent Issues. In: Journal of Institutional and Theoretical Economics, Vol. 142, S. 241-309

Bodenblatt (Organ der Interessengemeinschaft Boden) 1993: Deregulierung contra Umwelt- und Bodenpolitik, Nr. 1, S. 2-3

Boesch H. 1966: Wirtschaftsgeographie. Braunschweig

Boesch M. 1989: Engagierte Geographie - Zur Rekonstruktion der Raumwissenschaft als politik-orientierte Geographie. Erdkundliches Wissen, Heft 98, Stuttgart

Bosshard A.E. 1961: Vorschlag für eine neue City Zürichs. In: Neue Zürcher Zeitung, 15. Juli, Wochenendbeilage

Broggi M.F., Schlegel H. 1989: Mindestbedarf an naturnahen Flächen in der Kulturlandschaft. Bericht Nr. 31 des Nationalen Forschungsprogrammes "Boden", LiebefeldBern

Bromley D.W. 1989: Property Relations and Economic Development: The Other Land Reform. In: World Development, Vol. 17, S. 867-877

BRP (Bundesamt für Raumplanung), BLW (Bundesamt für Landwirtschaft) 1990: Sachplan Fruchtfolgeflächen (FFF) - Fassung für die Anhörung der Kantone. Bern

BRP (Bundesamt für Raumplanung), BLW (Bundesamt für Landwirtschaft) 1992: Sachplan Fruchtfolgeflächen (FFF) - Festsetzung des Mindestumfanges der Fruchtfolgeflächen und deren Aufteilung auf die Kantone. Bern

Bundesrat 1987: Bericht über den Stand und die Entwicklung der Bodennutzung und Besiedlung in der Schweiz (Raumplanungsbericht) vom 14. Dezember 1987. Bern

Bundesrat 1989: Botschaft über bodenrechtliche Sofortmassnahmen im Siedlungsbereich vom 16. August 1989. Bern

Bundesrat 1992: Siebter Landwirtschaftsbericht. Bern

Burkhalter R. 1991: Das Projekt ESP - Wirtschaftliche Entwicklungsschwerpunkte und Entlastungsstandorte im Kanton Bern. In: Information Raumplanung, Nr. 2, S. 4-7

Büttler H.-J. 1980: Einführung in die Stadtökonomie. Vorlesungsskript Universität Zürich, Zürich

Büttler H.-J. 1992: Eine ökonomische Theorie des Bodenrechts: Landbanken oder Bodensteuer? In: ORL-DISP, Nr. 110, S. 3-6

BWO (Bundesamt für Wohnungswesen): Die wichtigsten Elemente des Wohnbau- und Eigentumsförderungsgesetzes (WEG). Bern (undatiert)

Carlberg M. 1978: Stadtökonomie. Göttingen

Chamberlin E. 1933: The Theory of Monopolistic Competition. Cambridge

Daly H.E., Cobb J.B. 1989: For the Common Good. Boston

Damaschke A. 1902: Die Bodenreform. Jena

Dawson A.H. 1984: The Land Problem in the Developed Economy. London

Deiss J., Perazzi L., Sabooglu M. 1989: Le marché foncier dans les zones de construction. Bericht Nr. 32 des Nationalen Forschungsprogrammes Boden, Liebefeld-Bern

Dovring F. 1987: Land Economics. Boston

Dürrenberger G., Ernste H., Furger F., Jaeger C., Steiner D., Truffer B. 1990: Das Dilemma der modernen Stadt. Berlin

Eekhoff J. 1987: Wohnungs- und Bodenmarkt. Tübingen

Eggertsson T. 1990: Economic Behavior and Institutions. Cambridge

EJPD (Eidgenössisches Justiz- und Polizeidepartement) 1991: Bausteine zur Bodenrechtspolitik - Schlussbericht der interdepartementalen Arbeitsgruppe "Weiterentwicklung des Bodenrechts". Bern

EJPD (Eidgenössisches Justiz- und Polizeidepartement), BRP (Bundesamt für Raumplanung) 1981: Erläuterungen zum Bundesgesetz über die Raumplanung. Bern

Endres A. 1985: Umwelt- und Ressourcenökonomie. Darmstadt

Epping G. 1977: Bodenmarkt und Bodenpolitik in der Bundesrepublik Deutschland. Berlin

Études Foncières 1991: Dear Mr. Gorbachev. Nr. 52, S. 39

Fahrländer K.L. 1992: Deregulierung - mehr als ein Schlagwort? In: Information Raumplanung, Nr. 3, S. 3-5

Fisher A.C. 1981: Resource and Environmental Economics. Cambridge

Franck G. 1992: Raumökonomie, Stadtentwicklung und Umweltpolitik. Stuttgart

Frey B.S. 1981: Theorie demokratischer Wirtschaftspolitik. München

Frey R.L. 1979: Die Infrastruktur als Mittel der Regionalpolitik. Bern

Frey R.L. 1981: Wirtschaft, Staat und Wohlfahrt. Basel

Frey R.L. 1990: Städtewachstum, Städtewandel. Basel

Frey R.L. 1992: Koordination der Raumordnungspolitik: durch den Bund oder durch föderativen Wettbewerb? In: ORL-DISP, Nr. 111, S. 29-34

Frey R.L., Güller P. (Hrsg.) 1989: Szenarien der Stadt- und Verkehrsentwicklung - Vorstudie für das Nationale Forschungsprogramm "Stadt und Verkehr". Zürich

Friedrich R. 1992: Ist die Lex F. noch situationsgerecht? In: Neue Zürcher Zeitung, 11. Mai, S. 19

Fritsch M. 1980: Begründung und Ausgestaltungsmöglichkeiten einer "Agglomerationsbesteuerung". IIM discussion paper Nr. 80-71, Berlin

Gabathuler C., De Tommasi R., Schweizer M., Hoenke M., Steinbach T., Wüest H. 1990: Siedlungsbegrenzung Schweiz - Möglichkeiten und Grenzen einer Siedlungsentwicklung nach innen. Bericht Nr. 57 des Nationalen Forschungsprogrammes Boden, Liebefeld-Bern

Gabathuler C., Wüest H. 1989: Bauwerk Schweiz - Grundlagen und Perspektiven zum Baumarkt der 90er Jahre. Zürich

Gatti-Sauter S., Maurer J., Ringli H. (Hrsg.) 1989: Zur künftigen Richtplanung in der Schweiz. Berichte zur Orts-, Regional- und Landesplanung, Nr. 78, Zürich

Geiger M. 1985: Wohnung, Wohnstandort und Mietzins. Schriftenreihe Wohnungswesen, Bd 33. Bern

George H. 1879: Progress and Poverty. New York

Gesell S. 1938: Die natürliche Wirtschaftsordnung. Bern (8. Auflage)

Güller P., Stamm H.P. 1989: Alternativ-Welten: Wie sähe eine Schweiz mit spürbar weniger Mobilität aus?. In: Frey R.L., Güller P. 1989, S. 4-1 - 4-27

Häberli R., Lüscher C., Praplan Chastonay B., Wyss C. 1991: Bodenkultur - Vorschläge für eine haushälterische Nutzung des Bodens in der Schweiz. Zürich

Haller W., Karlen P. 1992: Raumplanungs- und Baurecht. Zürich

Hampicke U. 1987: Ökologische Vorgaben für die Agrarökonomie - Umrisse einer Landwirtschaft ohne Ausrottung von Arten. IIUG-report 87-10, Berlin

Hard G. 1973: Die Geographie - Eine wissenschaftstheoretische Einführung. Berlin

Harvey J. 1987: Urban Land Economics. London (2. Auflage)

Henderson J.V. 1985: Economic Theory and the Cities. Orlando (2. Auflage)

Holzheu F. 1980: Bodenpolitik. In: Handwörterbuch der Wirtschaftswissenschaft, Bd 2, Stuttgart

Hoover E.M. 1948: The Location of Economic Activity. New York

Informationsstelle für Steuerfragen 1989: Die Besteuerung der Grundstückgewinne. Bern

Kallenberger W. 1979: Bodenreformkonzeptionen. Dissertation Universität Zürich, Zürich

Kanemoto H. 1980: Theories of Urban Externalities. Amsterdam

Kleinewefers H. 1989a: Die bösen Spekulanten sind nur scheinbar böse. In: Weltwoche, 18. Mai 1989

Kleinewefers H. 1989b: Man sollte den Pensionskassen ihre Wohnungen nehmen. In: Weltwoche, 25. Mai 1989

Krutilla J.V., Fisher A.C. 1985: The Economics of Natural Environments. Washington D.C. (2. Auflage)

Kuhn U., Nievergelt B. 1992: Naturschutzgesamtkonzept für den Kanton Zürich. Zürich

Külp B. 1982: Wohlfahrtsökonomik I: Grundlagen. In: Handwörterbuch der Wirtschaftwissenschaft, Bd. 9, Stuttgart

Kuster J. 1989: Wohnbaulandpreise im Umland von Zürich. Dissertation Universität Zürich, Zürich

Leftwich R.H., Sharp A.M. 1984: The Economics of Social Issues. Plano, Texas

Leibundgut H. 1975: Wirkungen des Waldes auf die Umwelt des Menschen. Erlenbach-Zürich

Leimgruber W., Aerni K. (Red.) 1988: Leitbild Geographie Schweiz. In: Geographica Helvetica, Nr. 1, S. 33-44

Lendi M. (Hrsg.) 1985: Raumplanung - Vademecum. Zürich

Lendi M. 1988: Grundriss einer Theorie der Raumplanung. Zürich

Lendi M. 1990: Welche Raumordnungspolitik brauchen wir in den 90er Jahren? Unveröffentlichtes Manuskript. Zürich

Lendi M., Elsasser H. 1991: Raumplanung in der Schweiz. Zürich (3. aktualisierte Auflage)

Lendi M., Hepperle E., Nef R. 1990: Probleme des Bodenrechts. Zürich

Locher P. 1992: Die Probleme mit dem Mehrwertausgleich: gibt es neue Erkenntnisse? In: VLP 1992, S. 9-22

Mackscheidt K. 1982: Zur Kritik einiger Rechtfertigungsargumente für staatliche Interventionen auf dem Wohnungsmarkt. In: Zeitschrift für Wirtschafts- und Sozialwissenschaften, 102. Jg., S. 113-134

Maibach M., Iten R., Mauch S. 1992: Internalisieren der externen Kosten des Verkehrs - Fallbeispiel Agglomeration Zürich. Bericht Nr. 33 des Nationalen Forschungsprogrammes "Stadt und Verkehr", Zürich

Markandya A., Pearce D. 1988: Sustainable Future: Natural Environments and the Social Rate of Discount. In: Project Appraisal, Vol. 3, Nr. 1, S. 2-12

Mayumi K. 1991: Temporary Emancipation from Land: From the Industrial Revolution to the Present Time. In: Ecological Economics, Nr. 4, S. 35-56

Meier A. 1989: Markt, Interventionismus, Magie - Varianten der Bodenpolitik. In: Neue Zürcher Zeitung, 9. August, S. 33

Meier A., Furrer J. 1988: Der Einfluss der Besteuerung auf den Bodenmarkt, die Bodennutzung und die Bodenrente. Bericht Nr. 19 des Nationalen Forschungsprogrammes Boden. Liebefeld-Bern

Mishan E.J. 1967: The Costs of Economic Growth. Harmondsworth

Mishan E.J. 1981: Introduction to Normative Economics. New York, Oxford

Mishan E.J. 1982: Introduction to Political Economy. London

Moor H. 1975: Die Wohlfahrtsfunktionen der Landwirtschaft und deren Abgeltung. Dissertation Universität Bern, Bern, Frankfurt am Main

Müdespacher A. 1984: Wohnungsmarkt und Wohneigentum. In: ORL-DISP, Nr. 75, S. 36-45. Zürich

Muggli R. 1992: Zum Zweck dieser Schrift: Überblick im Bereich "Mehrwertabschöpfung". In: VLP 1992, S. 5-8

Müller A., Morch-Lassen G. 1989: Land Valuation and Fiscal Policy in Denmark. In: Banks R. 1989, S. 169-176

Musgrave R.A., Musgrave P.B., Kullmer L. 1987: Die öffentlichen Finanzen in Theorie und Praxis. Bd.1, Tübingen (4. Auflage)

MV (Schweizerischer Mieterinnen- und Mieterverband) 1992: Marktmiete contra Mieterschutz. Zürich

Niehans J. 1966: Eine vernachlässigte Beziehung zwischen Bodenpreis, Wirtschaftswachstum und Kapitalzins. In: Schweizerische Zeitschrift für Volkswirtschaft und Statistik, Nr. 2, Juni, S. 195-200

Nielsen C. 1992: Der Wert stadtnaher Wälder als Erholungsraum. Rüegger - Reihe Ökologie, Band 13, Chur, Zürich

Novy K. 1991: Stichwort: Bodenreform. Anhang zur Neuauflage von Bernoulli (1946), Basel, S. 131-134

NZZ (Neue Zürcher Zeitung) 15./16. August 1992: Tiefzinsen - Ein volkswirtschaftliches Labsal? S. 27

NZZ (Neue Zürcher Zeitung) 8./9. Juli 1989: Was leisten hohe Bodenpreise? S. 33

NZZ (Neue Zürcher Zeitung) 27. August 1992: Chancen und Risiken im bäuerlichen Bodenrecht. S. 19

NZZ (Neue Zürcher Zeitung) 12./13. Dezember 1992: Wie es zu schaffen wäre - Das wirtschaftspolitische Gerüst des sogenannten Alleingangs. S. 31

NZZ (Neue Zürcher Zeitung) 24. Februar 1993: Jahresanalyse des VSM - Erneuerungsimpulse für den Werkplatz Schweiz. S. 27

NZZ (Neue Zürcher Zeitung) 25. März 1993: Unlimitierte Vorkaufsrechte für Mieter und Gemeinden? Vernehmlassung über Bodenrechtsmassnahmen. S. 21

Okun A.M. 1975: Equality and Efficiency: The Big Tradeoff. Washington, D.C.

Olson M. 1968: Die Logik des kollektiven Handelns. Tübingen

ORL (Institut für Orts-, Regional- und Landesplanung an der Eidgenössischen Technischen Hochschule Zürich) 1973: Die Leitbilder und ihre Anwendung. Schriftenreihe zur Orts-, Regional- und Landesplanung, Nr. 16. Zürich

ORL (Institut für Orts-, Regional- und Landesplanung an der Eidgenössischen Technischen Hochschule Zürich) 1974: Werdende Raumplanung. Schriftenreihe zur Orts-, Regional- und Landesplanung, Nr. 19, Zürich

ORL-DISP (Dokumente und Informationen zur Schweizerischen Orts-, Regional- und Landesplanung) 1980a: Sondernummer "Geschichte der Landesplanung". Nr. 56, Zürich

ORL-DISP (Dokumente und Informationen zur Schweizerischen Orts-, Regional- und Landesplanung) 1980b: Sondernummer "Ökologie in der Raumplanung". Nr. 59 / 60, Zürich

Pearce B.J., Curry N.R., Goodchild R.N. 1978: Land, Planning and the Market. University of Cambridge, Department of Land Economy, Occasional Paper Nr. 9, Cambridge

Pezzey J. 1989: Economic Analysis of Sustainable Growth and Sustainable Development. World Bank, Environment Department Working Paper Nr. 15, Washington, D.C.

Pfannschmidt M. 1990: Vergessener Faktor Boden - Marktgerechte Bodenbewertung und Raumordnung. Lütjenburg

Pogodzinski J.M., Sass T.R. 1990: The Economic Theory of Zoning: A Critical Review. In: Land Economics, Vol. 66, Nr. 3, S. 294-314

Pommerehne W.W. 1987: Präferenzen für öffentliche Güter. Tübingen

Randall A. 1980: Resource Economics. New York

Randall A., Castle E.N. 1985: Land Resources and Land Markets. In: Handbook of Natural Resource and Energy Economics, Vol. II, S. 571-620, Amsterdam

Rast R. 1990: Verdichten: Erneuerung oder Zerstörung? Materialien zur Raumplanung. Bern

Rätzer E. 1987: Mieterschutz und Wohnungsmarkt - Die Mietpreisbeschränkung im schweizerischen Missbrauchsbeschluss. In: Schweizerische Zeitschrift für Volkswirtschaft und Statistik, Heft 1, S. 23-43

Recktenwald H.C. 1984: Die Klassik der ökonomischen Wissenschaft. In: Issing O. (Hrsg.): Geschichte der Nationalökonomie. München, S. 49-71

Rees J. 1985: Natural Resources - Allocation, Economics and Policy. London

Ricardo D. 1817: On the Principles of Political Economy and Taxation. London

Richardson H.W. 1969: Regional Economics. London

Richardson H.W. 1978: Urban Economics. Hinsdale, Illinois

Rieder P. 1982: Grundlagen der Agrarmarktpolitik. Zürich

Rieder P., Caneve S., Bernegger U. 1990: Der Einfluss agrarwirtschaftlicher Massnahmen auf die Nutzung landwirtschaftlichen Bodens. Bericht Nr. 44 des Nationalen Forschungsprogrammes Boden, Liebefeld-Bern

Rieder P., Huber R. 1992: Landwirtschaftlicher Bodenmarkt und Bodenpolitik. Schriftenreihe des Instituts für Agrarwirtschaft / ETH, Nr. 5, Zürich

Ringli H., Gatti-Sauter S., Graser B. 1988: Kantonale Richtplanung in der Schweiz. Berichte zur Orts-, Regional- und Landesplanung, Nr. 63, Zürich

Robinson J. 1933: The Economics of Imperfect Competition. London

Robinson T.J.C. 1989: Economic Theories of Exhaustible Resources. London, New York

Roelli A. 1981: Bestimmungsfaktoren der schweizerischen Wohneigentumsquote. Schriftenreihe Wohnungswesen, Bd. 21. Bern

Rosenberger W. 1992: Schweizerinnen und Schweizer: Boden-los zufrieden? In: Bodenblatt, Nr. 1, S. 1-2

Rossi A. 1973: Theorien der optimalen Stadtgrösse. In: ORL-DISP, Nr. 28, S. 29-34

Samuelson P.A. 1964: Volkswirtschaftslehre. Bd. 2. Köln

Samuelson P.A., Nordhaus W.D. 1985: Economics. New York (12. Auflage)

Schätzl L. 1978: Wirtschaftsgeographie 1 (Theorie). Paderborn

Schilling R. 1982: An ihren Wunschträumen sollt ihr sie erkennen. In: Tagesanzeiger Magazin, Nr. 23, 12 Juni, S. 32-42

Schlieper U. 1980: Externe Effekte. In: Handwörterbuch der Wirtschaftswissenschaft, Bd. 2, Stuttgart

Schwarz G. (Hrsg.) 1988: Wo Regeln bremsen - Deregulierung und Privatisierung im Vormarsch. Zürich

SGNB (Schweizerische Gesellschaft für ein neues Bodenrecht) 1983: Modellvorstellungen zur Bodenrechtsreform. Blätter für ein neues Bodenrecht, Sondernummer, Bern

Sieber H. 1970: Bodenrecht und Bodenpolitik. Bern

Smith D.M. 1977: Human Geography - A Welfare Approach. London

SPS (Sozialdemokratische Partei der Schweiz) 1991: Recht auf Wohnen. Fakten und Argumente, Nr. 5. Bern

Stadtkanzlei Zürich 1992: Abstimmungszeitung zur Gemeindeabstimmung vom 17. Mai.

Statistisches Jahrbuch der Schweiz, Ausgabe 1993, Zürich

Statistisches Jahrbuch des Kantons Zürich, Ausgabe 1992, Zürich

TA (Tagesanzeiger) 14. 8. 1989: Wieviel Wohnraum braucht der Mensch? S. 7

TA (Tagesanzeiger) 3. 12. 1991: S-Bahn änderte nichts auf Zürichs Strassen. S. 15

TA (Tagesanzeiger) 21. 1. 1993: Finanzinnovation aus der Amtsstube bremst Talfahrt im Wohnungsbau. S. 33

Tschäni H. 1986: Wem gehört die Schweiz? Unser Eigentums- und Bodenrecht auf dem Weg zum Feudalsystem. Zürich

Tschurtschenthaler P. 1986: Das Landschaftsproblem im Fremdenverkehr - dargestellt anhand der Situation des Alpenraumes. Dissertation Universität Innsbruck, Bern, Stuttgart

Turvey R. 1957: The Economics of Real Property: An Analysis of Property Values and Patterns of Use. London

VCS (Verkehrs-Club der Schweiz) 1989: Der Ökobonus: Vorschläge zur Realisierung des Modells. Herzogenbuchsee

Vickerman R.W. 1984: Urban Economies. Oxford

VLP (Schweizerische Vereinigung für Landesplanung) (Hrsg.) 1992: Mehrwertausgleich in der Raumplanung - Zum Stand des Ausgleichs planungsbedingter Mehrwerte in der Schweiz. VLP-Schriftenreihe, Nr. 57, Bern

Volkart-Fürrer R. 1982: Räumliche Spezialisierung der landwirtschaftlichen Produktion in einer städtischen Region: Inter- und intraregionale Spezialisierung in der Agglomeration Zürich. Dissertation Universität Zürich, Zürich

Von Thünen J.H. 1826: Der isolierte Staat in Beziehung auf Landwirtschaft und Nationalökonomie. Hamburg

Wachter D. 1990: Externe Effekte, Umweltschutz und regionale Disparitäten - Begründung und Ausgestaltungsmöglichkeiten einer umweltbezogenen internalisierungsorientierten Regionalpolitik. Wirtschaftsgeographie und Raumplanung, Vol. 9, Zürich

Wachter D. 1991: Regionalpolitik und Umweltschutz - zum Konzept einer "internalisierungsorientierten Regionalpolitik". In: ORL-DISP, Nr. 104, S. 38-44

Wachter D. 1992: Farmland Degradation in Developing Countries: The Role of Property Rights and an Assessment of Land Titling as a Policy Intervention. Land Tenure Center Paper, Nr. 145, Madison, Wisconsin

Wachter D. 1993a: Die Bedeutung von Eigentumsrechten für die räumliche Verteilung von Landschaftsschutzkosten - dargestellt am Beispiel der Schweiz. In: Die Erde, Zeitschrift der Gesellschaft für Erdkunde zu Berlin, Heft 1, S. 53-62

Wachter 1993b: Vertiefung sozio-ökonomischer Aspekte der Alpenkonvention und ihrer Protokolle. BUWAL-Umweltmaterialien, Nr. 1, Bern

Walther P. 1984: Die Brachlandentwicklung im schweizerischen Alpenraum. Dissertation Universität Zürich, Zürich

Wegelin F. 1992: Bevölkerungsentwicklung - Konsequenzen für die räumliche Entwicklung. In: Infoheft Raumplanung, Nr. 4, S. 8-10

Weimer D.L., Vining A.R. 1989: Policy Analysis - Concepts and Practice. Englewood Cliffs

Wirth M. 1972: Die Ausgestaltung der Planungsmehrwertabschöpfung. In: Wirtschaft und Recht, Heft 4, S. 223-250

Wittmann W. 1992: Marktwirtschaft für die Schweiz. Frauenfeld

Wüest H., Schweizer M., Gabathuler C. 1990: Bauland Schweiz - Grundlagen und Perspektiven zum Bau- und Baulandmarkt und zur Siedlungsentwicklung der 90er Jahre. Zürich

Wurtzebach C.H., Miles M.E. 1991: Modern Real Estate. New York (4. Auflage)

Ziercke M. 1980: Faktorpreisbildung III: Rente, Bodenpreise. In: Handwörterbuch der Wirtschaftswissenschaft, Bd. 2, Stuttgart

Zürcher M. 1988: Ökologische Marktwirtschaft - Zur Diskussion des umweltpolitischen Instrumentariums. In: Wirtschaftspolitische Mitteilungen, Nr. 8, Zürich

Zimmermann K. 1985: Umweltpolitik und Verteilung. Berlin